安徽师范大学徽学研究丛书

清代绩溪邵棠研究

方 静◎编著

安徽师范大学出版社
·芜湖·

图书在版编目(CIP)数据

清代绩溪邵棠研究 / 方静编著. —芜湖:安徽师范大学出版社,2019.8
ISBN 978-7-5676-3727-6

Ⅰ.①清… Ⅱ.①方… Ⅲ.①邵棠—人物研究 Ⅳ.①K825.6

中国版本图书馆CIP数据核字(2018)第188482号

清代绩溪邵棠研究

方　静◎编著

责任编辑:孙新文
装帧设计:张　玲
出版发行:安徽师范大学出版社
　　　　　芜湖市九华南路189号安徽师范大学花津校区　　邮政编码:241002
网　　　址:http://www.ahnupress.com/
发 行 部:0553-3883578　5910327　5910310(传真) E-mail:asdcbsfxb@126.com
印　　　刷:江苏凤凰数码印务有限公司
版　　　次:2019年8月第1版
印　　　次:2019年8月第1次印刷
规　　　格:700 mm×1000 mm　　1/16
印　　　张:15.75
字　　　数:222千字
书　　　号:ISBN 978-7-5676-3727-6
定　　　价:49.90元

序 一

"古今载籍多有参不透之遗义，古今典故多有见不到之遗事"，这《闻见晚录·序》之首句用于当下对邵棠的研究亦十分贴切。邵棠是一位生活在清中期的绩溪乡贤，是一个记载于官方与民间文献中的传奇人物，家谱中称他"里中无讼者数十年，名倾一时，人到于今诵其德"；时人称其一身正气，急公好义，乐于助人饮誉皖浙的义士；邵棠自称"未曾摧眉折腰，瞒心昧己。自问无愧于天地，无愧于祖宗"；光绪年间礼部褒奖其"文苑"匾额称他"气意豪迈，孝友若兰，所著有《徽志补正》《闻见晚录》《黄庐纪游》等……准其名标千古，春秋享祀，以光大典"，虽多只言片语，邵棠之人品、成就已著然纸上。然百余年的岁月流逝和社会变迁，斯人正在历史的记忆中逐渐模糊，民间的记忆亦多为片断，几成"见不到之遗事"。

所幸的是，关于邵棠的系统记忆及其著作即将付梓出版，一个鲜活的邵棠形象亦将重现，而这一切与方静先生的努力密不可分。方静先生于我为师友之谊，他要我为其《清代绩溪邵棠研究》出版写几句话，我亦当谨遵之。

初闻方静先生准备整理邵棠的传说及著作已是七八年前的事，我虽忝列徽学研究之中，但对邵棠并不太熟悉，主要的印象是其著有《徽志补正》《闻见晚录》，且是一个具有"讼师"形象的人物。今细读书稿，得以更加全面地了解邵棠其人。

邵棠是一位对保存地方文献具有强烈责任感与使命感的人。其虽任奎文阁典籍时间很短，但却显示了他与文献整理的关联性，而礼部褒奖的"文苑"

匾亦表彰了他在文献整理上的贡献，由此可见从官方视野来看邵棠无疑是与其文献成就分不开的。《徽志补正》中的《徽志补遗》侧重于从文献中挖掘出未被《徽州府志》记录的九十多位人物事迹，涉及七十余部文献，既有《新五代史》《元史》《明史》等正史著作，也有《泾县志》《淳安县志》《旌德县志》等地方志书，还有《全唐诗》《宋诗》等诗集，《弇州文集》《容台集》等文集也在其中，表现了邵棠涉猎之广及其对地方文献的关注。《徽志正误》则主要是纠正徽州方志中记载失误的四十余处，而《大鄣山辨》则是针对《婺源县志》称大鄣山在婺源而进行的考辨。邵棠致力于地方文献的考证工作，则是出于兴修府志的紧迫感与保存文献的使命感，他在《跋》中说"适龚暗斋夫子来守我徽，政通人和，公余之暇，延请名宿续修郡志。棠携此册谒之，猥蒙许可，送之志馆，以备参考"，惜美志不遂，因暗斋夫子调离，"志馆亦立马中止矣。人寿几何，河清难俟，志之续修，渺渺无期。二三同人，恐此册之湮没而无闻也，教付剞劂，刊以存之。自惭学浅才疏，不几如《颜氏家训》所云'田里闲人，言辞鄙陋'，自谓清华，流布丑拙乎！奈驴卷兔册，自忘其俚，衹有漆颜，以听世人之底嗤而已"，其对府志不能及时编修的失落感及保存文献的责任感体现无遗，进而成为激发他保存文献的动力。除致力于方志文献的考证、收集外，他的《闻见晚录》则对徽州方言、徽州风俗用力尤勤，同样体现了其对地方文献的深厚感情。

邵棠是一位对地方秩序形成具有重要影响的人。1998年黄山书社版《绩溪县志》称他"处乡党，善排解，刚直明断，毫不徇情，左近无诉讼达数十年"，这是对他在地方社会治理中作用的认可，而他在地方上的影响也被演绎成30个具有传奇色彩的故事。这些随时间沉淀下来的民间故事，体现了他"孝友若兰"的品格、不"攒眉折腰"的气节、纾困解难的智慧，不仅成为一种民间的历史记忆，也成为纯朴的乡风影响着一代又一代的绩溪人。

方静先生整理的邵棠研究，不仅使邵棠的形象丰满起来，也为徽学研究提供了新视角。对地方人物开展研究，无疑是徽学研究中重要的一环，如何对像邵棠这类在民间社会中有一定影响力的人物开展研究，本书无疑提供了一个有益的启示。该研究成果的三个做法是十分值得借鉴的：一是将传奇故事整理与文献整理相结合，使民间历史记忆与传统文献记载相互补充；二是将文献研究与田野调查相结合，一方面对文献资料进行细致梳理，一方面对历史遗存进行实地考察，最大限度地挖掘史料，特别是方静先生对邵棠"文苑"匾额的寻找，给人留下了深刻的印象，该匾对了解官方视野中的邵棠具有重要参考价值；三是将学术研究与文献整理相结合，方静先生对邵棠资料的收集是为了更好地对其进行研究，这则有利于深化对邵棠其人其事的认识。可以说邵棠的影响起于民间故事，但对邵棠认识的深化则是建立在对史料的研究之上。

对邵棠研究的另一个意义在于启发我们如何更好地去认识古代文献的价值。邵棠的影响虽然不出皖浙，而且还带有"刀笔吏"的色彩，但他在地方社会中传递的却是一种正能量，是一种社会情怀和社会责任，也可以说是更具地气，更有生命力的价值追求。关于邵棠的文献更多的是民间故事和他为数不多的方志考证资料，但这中间却体现了他的治学态度和责任担当，以及他对社会的关切，对普通民众的关爱。因此，如果对于这类群体的文献资料开展深入的整理与研究，也会使我们的研究工作更贴近于民众的生活，这是否是今后对地方人物整理的一个方向，是非常值得期待的一个问题。

是为序。

徐 彬

2019 年 1 月

序 二

我十几岁离开伏岭下①老家，一直在外工作多年。平时很少回老家问事。只记得，小时住的祖屋庭院很大，里面有棵古桂花树，枝繁叶茂，花开季节，满屋飘香。有关我祖邵棠的事迹，过去略有耳闻。最近老家族人修谱，才知道邵棠颇为传奇的一生。这也勾起了我这个邵氏子孙极大的兴趣，触动了我内心深处的乡愁。

我的故乡伏岭，旧称纹川，属于绩溪岭南，是个宋代建村以邵姓为主的古村落。绩溪母亲河登源河就发源于伏岭一带的大鄣山脉。过去，这里土地贫瘠，农耕自然条件极差，为了活命，男人往往"十三四岁往外一丢"，走商学艺成为谋生的常态。印象中，这里的人外出做厨师的较多，因此后来便有了"徽厨之乡"的美誉。

伏岭邵姓始祖是百二公，子孙又分上中下三门。从邵棠算起，我应是其第五世孙。先祖邵棠一脉可谓"读书人家"，但多因怀才不遇绝意仕途。邵棠承继了家族遗风，一生多半在家乡闭门读书或在外游学，为人和气友善，偏爱匡扶正义、打抱不平，日久天长，名扬在外，以至于死后一百余年，在杭州及徽州一带，仍流传着他脍炙人口的传奇故事。

本书中口传故事的主要收集整理者邵华昆、邵华昌是我本家，他们兄弟俩从小耳濡目染，比我更留意家族长辈口传。这种家族代代相传的故事，更

---

① 伏岭村是大的自然村落，原由伏岭下村拓展到伏岭上村。旧称伏岭下。现上下村已连成一片，也称伏岭村。

加客观真实，细节更加亲切动人。从这些口传故事可知，邵棠为人豪放洒脱，一生急公好义，生前修桥铺路，造亭建桥，施贫救急，做了许多功德无量的善事好事。他足智多谋，为民解难，为友申冤，不畏强权，智斗贪官污吏，成为为四邻八村排忧解难的好帮手，乡党族人心中正义的象征，其意义远远超出了"刀笔讼师"的荣誉。

从本书中可以看出，邵棠生活的年代，正是清王朝由盛转衰的时期。由于社会动荡，国力衰落，封建中国遭受深重的灾难，于是官逼民反，白莲教首领姚三官、林青、王聪儿等先后起义。与此同时，西方列强乘虚输入大量鸦片，致使社会危机不断加深，民众处于水深火热之中。处于内忧外患之时，邵棠早已体察到清朝统治的黑暗、官场的腐恶和民不聊生的惨状，因此，终生绝意仕途，把徽州老家作为一个世外桃源，也作为他施展才华、体现人生价值的一片天地。

徽州乃"程朱阙里"，素有"东南邹鲁"之谓。社会重文崇教，宗族自治历来已久，乡绅贤达在社会管理体制中起着十分重要的作用，他们一度成为官府治理的重要补充，对保一方安宁，正一域风俗，承一脉文化，起了不可替代的作用，这就是所谓的"乡贤文化"。邵棠就是非常典型的一例。作为绩溪著名乡贤，邵棠有史可查，有碑可树，是伏岭邵氏宗族的荣光，他用他的一生为绩溪纹川邵氏写下了精彩而传奇的一笔。

方静先生历经数年，在各大图书馆寻找资料，走街串巷进行田园调查，研究梳理"邵棠现象"，整理编纂此书，让我们邵氏后辈子孙看到了一个真实、丰满、鲜活的"四先生"，让"文苑"精神光芒永固，这是非常值得赞赏的。借此书正式出版之际，作为桂花树下的邵氏子孙，诉说一下内心话，借以纪念这位大智大勇、名垂不朽的邵氏先贤。

邵棠第五世孙　邵有为写于上海

2018 年 4 月

目　录

研　究　篇

著　作　篇

口 传 篇

研究篇

清代绩溪传奇人物邵棠研究

方　静

邵棠（1756—1833年），字绮园，讳棠，号国宝。生活在清中期，距今两百余年，做过短暂的奎文阁典籍①，精通历史，著有《徽志补正》《闻见晚录》等，是一个学识渊博、擅长地方志书考辨的专家，又是一个智慧过人、行事果敢、正义感极强的乡绅，也是一个行侠仗义、精通律法的讼师。作为当时家喻户晓的人物，有关他智斗绍兴师爷、排解乡邻纷争、处理官民争利的传奇故事在民间流传甚广。通过对这一历史人物的研究，可以了解清代徽州乡村宗族自治模式，窥探徽州民俗乡土之风。

一、《伏岭下邵老四的刀笔传奇》手抄书稿的发现

绩溪自古"邑小士多"，文化底蕴丰厚。2012年上半年，笔者在绩溪伏岭下村邵昌后先生家里看到了一本《伏岭下邵老四的刀笔传奇》手抄本，立刻引起了注意。这本长27cm、宽19cm的小楷毛笔"手抄本"，封面注明2005年3月由伏岭中心小学翻印，内容包括22个故事，共178页。经邵昌后介绍，手抄本的抄录者是邵涵春（行名盛海），抄录于1993年夏季。邵涵春原为绩溪县伏岭信用社主任，也是邵氏子孙，笔者采访他时他已88岁。他告诉我，手抄本是根据邵华健藏的油印版本抄录的。

---

① （清）清恺编著,徐子超、汪均安、汪无奇点校:嘉庆《绩溪县志》卷九《选举志》,黄山书社2010年版,第285页。

《伏岭下邵老四的刀笔传奇》编集者为邵华昆、邵华昌兄弟，文字整理为邵华昆。据昌后先生介绍，华昆、华昌为邵棠第四世孙，华昆在贵州省都匀市烟草局工作，精通文史，颇有家族遗风，却于几年前去世。2012年上半年的一天，笔者找到了邵华昌本人。他住在绩溪县城中医院宿舍楼的五楼，当时94岁，见面时精神尚可，但思维有时有些紊乱。关于邵棠传奇这本书，邵华昌并不能告诉笔者多少背景内容（遗憾的是邵华昌先生已于2017年去世）。2013年7月5日，一个偶然的机会，笔者又在伏岭下村邵茂凯先生处发现了一本油印本图书，名为《邵老四的传说》，共178页，最后一页上有"108千字，印数20本，通讯处：贵州都匀市烟草局"字样，篇目与前者相同。据邵涵春介绍，这是邵氏兄弟收集整理的"原稿"，因油印数少，只赠给了华昌、华昆一脉的直系亲戚。

《伏岭下邵老四的刀笔传奇》书影

后来，笔者在绩溪北村已故学人程光宪先生《枯木逢春集》（增订再版）一书中，又发现了"一鸣惊人""桃树一棵不卖""坐花轿"3个故事，文章脚注有"本文曾发表于1985年《乡音》第二期，'桃树一根不卖'曾单独发表于1984年9月4日的《徽州报》"的注释。笔者在政协绩溪县委员会文史、学习委员会1996年编纂的《绩溪文史》第四辑中，发现了署名为邵华昌、邵华昆的《邵老四的传说》一文，文中收集整理了"老师爷白挨四十板""一壶水救活千亩田""耍滑头漆商挨大板""做棺木知县被革职""巧指点废墟变工场""抱不平治服大恶霸""谢仗义新娘施凉茶""建路亭方便往来人"8个故事。这也表明，邵棠的传奇故事流传已久，并引起了一部分族人和本土学者的关注。鉴于这些故事的传承性和传奇性，以及历史的、人文的和社会的价值，笔者萌发了研究邵棠的想法。

在笔者的建议下，邵昌后先生根据其父亲邵茂深的口述，整理了"神童妙对退阔少""'一口'摆平棘手事""卵石充银诓亲子"3个故事。正当准备封稿出版之时,笔者又在伏岭小学老师程林达处发现了"巧识'痣'两惩'嚼舌根'"等两篇有关邵棠的故事,这样经过精选合成了30个故事。事实上,民间还有不少邵棠的故事在流传,但岁月蹉跎,有的已成记忆碎片,有的随着时间已湮没在历史尘埃之中。

二、光绪《华阳邵氏宗谱》揭示的邵棠家世

为了研究邵棠其人,必须从研究邵棠家世入手,先找到邵氏族谱。经多方寻找,笔者在邵昌后先生的帮助下,在临溪镇隐张坑村邵社根先生处看到了一套完整的《华阳邵氏宗谱》,共16册18卷,为清光绪三十三年（1907年）续修版。该谱依据清乾隆庚辰版《华阳邵氏宗谱》续修,赐进士出身、翰林院庶吉士邵章作序。后来,笔者又在伏岭下村邵涵春家里看到了这套族谱的缩印本,在绩溪瀛洲龙川小学邵宗惠老师处看到了拍摄的光绪《华阳邵氏宗谱》的电子版本。

光绪《华阳邵氏宗谱》书影

据光绪《华阳邵氏宗谱》载,伏岭邵氏在南宋绍兴年间从淳安安坑迁入古歙井潭,当时"逆贼峰起",继迁华阳（绩溪）境内隐川。始祖为百二公。百二公,讳宣,又名小二,生五子:文一,文亨,文佑,文四,文祖,其中卜居华阳纹川（伏岭）的是文亨公（子世傫）、文佑公（子世师）二支。"世傫公为塘塝上大园四分派始祖。而世师公越二世唯仲良公、仲礼公传衍,是为横巷派"。

查光绪《华阳邵氏宗谱》，邵棠的曾祖父邵如松为西门岭派十七世，字茂林。邵棠的祖父，字庶先，讳振翔，郡庠生，学殖甚富，为文必根理要，为学使孙嘉淦赏识。以亲殁，不逮禄养，绝意仕进，讲学授徒，批注《四子书》一部①。光绪《华阳邵氏宗谱》卷首载有邵振翔撰写的《纹川记》。邵振翔娶程氏，继娶冯氏，生四子，德辉，德盛，德显，德大。

邵棠的父亲，即邵德辉（十九世），字棕山，讳雯，号喜联，生于康熙乙未（1715年），邵振翔长子，谱称：敦厚孝友，器伟才宏，博通经史，士林重之，生平尤乐善好施，事迹载县志。初娶汪氏，继娶歙县西溪南程氏。邵德辉生五子，敦龄、敦韶、敦龉、敦航、敦㙀，敦龉即棠，排行四，故民间俗称"邵老四"。

谱载，邵棠（二十世），名敦龉，字绮园，讳棠，号国宝，生于乾隆丙子年（1756年），殁于道光癸巳年（1833年），终年七十七岁，谱称其"笃学嗜古，博览群书，投笔成文，洒落不羁。著有《闻见晚录》二卷，《徽志补正》二卷，《黄庐纪游》二卷，《大鄣山辨》一卷"。又言"邵棠一生好义举，倡造横溪石桥、棕荐岭石洞、登源洞岭茶亭，并捐田为施茶费。处乡党，善排解，刚直明断，毫不徇情，事无大小皆堪立决，无烦于有司，里中无讼者数十年，名倾一时，人到于今诵其德。其墓在伏岭罗坑岱头。"

邵棠生子大震（二十一世），贡生。大震娶妻程氏，生三子：家雅、家瑞、家晋。家雅为长子（二十二世），号逍遥散人，娶妻胡氏，继娶耿氏，三娶许氏，生子裕诏。裕诏生二子：培厚、培宽。谱称家雅"宏通经史，果毅有为，谊切宗亲，哀抚无告，疏财仗义，不避强豪，人咸钦其风采"。

在邵昌后、邵茂凯、邵宗惠的帮助下，笔者理清了邵棠后裔的基本世系脉络。伏岭下邵氏有总祠"叙伦堂"，后分上、中、下三门，邵棠属伏岭邵氏宗祠上门，堂号为"世德堂"，后又分两派，邵棠为西门岭派。行辈字为：宣

---

① （清）清恺编著，徐子超、汪均安、汪无奇点校：嘉庆《绩溪县志》卷十《人物志·学林》，黄山书社2010年版，第344页。

兴世福仲，府宗久继孟。荣永孙寿文，会邦世德敦。大家裕培光，华茂辉自盛。清时征泰运，瑞应广为承。从二十世邵棠始，经大、家、裕、培、光、华、茂七代，现在邵氏"华"字辈族人大多还健在，最快一脉已衍至第八代"辉"字辈。

其谱系如图：

振翔
|
德辉（贡生 典籍）
|
敦皓（奎文阁 贡生）
|
大震
├── 家晋（翰林院待诏）
│   ├── 裕全
│   ├── 裕诚（邑庠生）
│   └── 裕谦（贡生）
│   ├── 光彭
│   ├── 光谋
│   ├── 光浩
│   └── 光谟
├── 家瑞（登仕郎）
│   ├── 裕柯
│   ├── 裕模（国学生）
│   ├── 裕佳（武都校尉）
│   └── 裕住（附贡生）
│   ├── 光勋
│   └── 光烈
└── 家雅（邑庠生）
       └── 裕诏（邑武生）
              ├── 培宽
              ├── 培厚
              └── 国学生

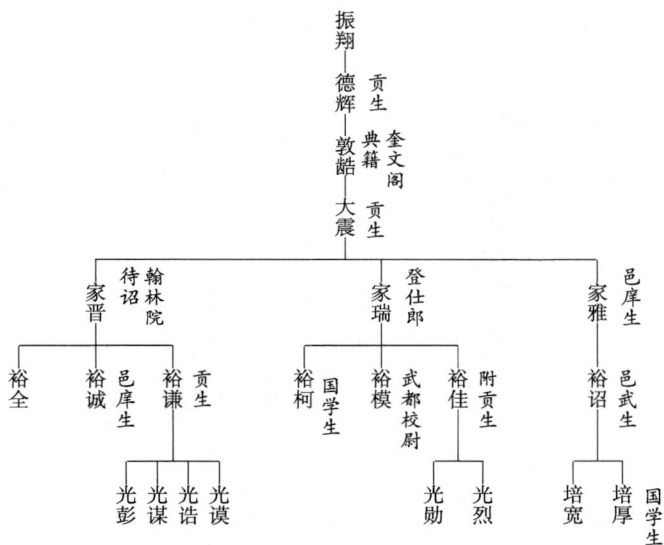

目前，在伏岭下西门岭桂花树下居住的邵棠子孙，共有百余人。另外，还有一些邵棠子孙从伏岭下迁居到外地，如邵光治、邵华昌在绩溪县城居住，邵光涛在屯溪居住，邵有为在上海居住，邵华昆在贵州居住等。

三、有关邵棠民间活动的物质遗存

研究历史人物，除了有官方文献记载之外，还需要有大量民间实物予以佐证。邵棠作为真实存在的人物，生前留下了大量历史痕迹。他实际上是个半官方人物，可他的非官方身份却更值得人们追寻。由于相隔两百多年，经历了多次战乱，除了散落民间的传说之外，有关邵棠的实物遗存并不多见。

1.邵棠故居：桂花树下和"寄蜉堂"

伏岭旧称纹川，因地处伏岭之下，也称伏岭下村。西门岭"桂花树下"位于伏岭下村的西南角，是村人对邵棠故居旧址一带的泛称，旧时包括占地

笔者在桂花树下寄蜉堂旧址留照

十多亩的庞大建筑楼群。一条十米长的石板路巷通向邵棠故居，院门为覆瓦挑檐的老式门楼。"寄蜉堂"是邵棠居室的堂号①。苏轼在《赤壁赋》中有"寄蜉蝣于天地，渺沧海之一粟"的名句，蜉蝣是一种昆虫，成虫寿命很短，只有几小时。邵棠取"寄蜉"两字为堂号，应是借此感叹生命的短暂以及人的渺小。邵棠当年的"寄蜉堂"建筑，已在太平天国战乱中被焚毁。后来邵棠之孙邵家瑞在原址上重新盖了房子。房子的格局和模式虽与原来的"寄蜉堂"没有多大出入，但内部结构和装饰却大大简化。由于邵棠后裔人丁兴旺，不断向外扩建楼宇，邵棠故居旧址至今已成为多代人共有的大宅院。旧居庭院因不断分割已被后来盖的楼屋缩小，只有二十多个平方米，但鹅卵石铺就的地面还是古色古香的。最吸引人也最有特点的就是那棵枝斜横长的老桂花树了，两百多年来，桂花树仍然枝繁叶茂，古枝上长满了寄生草，树荫遮蔽了大半个庭院。据传，这树是邵棠亲栽的。岁月蹉跎，物是人非，这一片民宅却因此古桂得名，树因人得传，"桂花树下"随同邵棠的名字一起被保留了下来。

故居旧址的大院内，现门牌号码为：伏岭下村 171、172、173、174、175、176 号。171 号主人为邵光治，172 号为邵茂凯，173 号为邵华健，174 号邵光涛，175 号邵华昆，176 号邵有为。目前只有邵茂凯、邵华健两户在此居住。若稍加修整，修复如旧，邵棠故居旧址仍有十分珍贵的人文价值。

_____

① 族谱及邵棠书稿刻本均有"寄蜉堂"的记载。

2.礼部褒奖的"文苑"匾额

根据邵茂凯的介绍，笔者在绩溪三雕博物馆仓库的角落里，找到了这块"失踪"二十多年、没有登记在案的"文苑"匾额。这是光绪三年（1877年），经徽州知府呈报以礼部名义褒奖给邵棠的国家级"荣誉证书"，用以表彰邵棠渊博的学识及《徽志补正》等史学研究的贡献。此匾曾悬挂在邵氏横巷老屋（世德堂）里，"文化大革命"后由邵棠后裔邵茂凯收藏保管。20世纪80年代，在绩溪县文化局领导动员下，邵茂凯将此匾捐给了绩溪县档案馆。此匾长1.9米、宽0.615米、厚0.04米，赤底黑字，有的字已掉落，颜色也已消褪。匾额文字，右为：光绪三年十二月十五日奏，光绪四年十二月十八日奉准，徽州府绩溪县奎文阁典籍邵棠，气意豪迈，孝友若兰，所著有《徽志补正》《闻见晚录》《黄庐纪游》等。左为：礼部行文到省，饬知该府县照例给予省府县志入志，准其名标千古，春秋享祀，以光大典。两边小字说明礼部赐匾的缘由，主要是表彰其品质高尚及个人著作对修纂府志的贡献。中间为"文苑"两个大字，字体洒脱。这是在邵棠死后四十余年，徽州知府以政府名义申报的褒奖令，证明即使是在当时，邵棠的著述和其"气意豪迈，孝友若兰"品德仍有巨大而深远的影响。

3.《半痴子小影》中的邵棠书法手迹

笔者在伏岭田野调查中发现，伏岭人邵名郎藏有一本《半痴子小影》书法册①。该书法册是清嘉庆年间，社会名流为邵氏乡绅汜人公夫妇写的贺词，共23页，包括方体（绩溪人，进士、九江知府、湖北按察使）、方元泰、程瑶田②、程宏浩、潘步云、潘同章、许焕、许焯、方鉴、方汝梅、胡璧、邵棠给汜人公夫妇七十双庆寿诞的贺词及葛宏烳给汜人公八十华诞的贺词，并有汜人公画像。其中有邵棠亲笔所写《祝寿诗》一首，字迹娟秀工整，墨宝极

---

① 《半痴子小影》书法册，由伏岭邵名郎收藏。半痴子是伏岭乡贤绅汜人公的号。

② 程瑶田（1725—1814年），清歙县城东人，乾隆三十五年（1770年）考中举人，选为嘉定教谕，嘉庆元年举孝廉方正。主要著作有《释虫小记》《释草小记》《禹贡三江考》等二十四种，合称《通艺录》。

其珍贵，上有"邵棠印""绮园""奎文阁典籍"三枚印鉴。诗的内容为：

忆昨兄年二十余，胸襟卓荦研群书。积玉文成称大陆，凌□云就亚相如。一逢伯乐翔泮水，七战棘闱皆报已。拜罢重瞳叹数奇，仰企种侯弃青紫（兄曾凤阻乌江谒项羽庙，遂无功名之志）。古贤负米可也贫，今兄受糈供萱亲。儿孙满眼森玉树，曾元绕膝环祥麟。德门人瑞喧乡里，姓名直达圣天子。七叶衍祥表其闾，锡以帑金佐甘旨。于今竟跻古稀年，回首高堂邈若仙。翰墨斋中梅蕊绽，闭门矻矻校残编（兄今自校《覆瓶集》及《半痴子文稿》）。酌兄大斗为兄喜，玉面方瞳若李耳。繄余衰朽愧比肩，谁信兄年长一纪。赋沚人大兄七十双庆。弟棠拜祝。

乡绅沚人公，当过教谕，德高望重，七十寿辰时五世同堂，因与九江府知府方体（绩溪人）姻亲关系，嘉庆皇帝曾御题"七叶衍祥"匾额赏赐。这本珍贵的寿庆书法册页，既表明了主人沚人公德高望重的身份，也表明了邵棠当时深受乡人敬重。

4.邵棠倡建的棕荐岭石卷洞、横溪石桥及登源洞岭茶亭

光绪《华阳邵氏宗谱》载，棕荐岭石卷洞由邵棠出资捐造。棕荐岭石卷洞是伏岭一带家喻户晓的地方。2014年5月的一天，在乡友章锡其的导引下，笔者一行三人前往考证。石卷洞位于伏岭镇湖村与德锦村之间的棕荐岭古道上。这是一块风水宝地，民间称为"丹凤朝阳"。从湖村下阳街石拱桥走过，沿着小河溪，过石桥，缘山而上，踏着石板路，五六里后，便能看到棕荐岭石卷洞。石卷洞建在山的岭凹部位，主要作用是

棕荐岭石卷洞

让来往行人休息避雨遮阴。近前，这是一个下为正方形，上为半圆形的石拱卷洞，全部由花岗岩麻石砌成，前后卷洞门楣上石刻有邵棠手书"望云""执父"两题。"望云"是指思念母亲，"执父"是执行父亲旨意。过洞下岭，有古道可直通伏岭德锦。

《绩溪县志》载，横溪石桥和登源洞岭茶亭均由邵棠倡义并捐资建造[1]。横溪石桥位于伏岭横溪村头，为五孔桥墩石板桥，桥长49米，横跨逍遥河（登源河上游），河宽水急，桥面宽约3.6米，桥高约7米，是练江古道上的重要桥梁。

登源洞岭茶亭位于临溪至湖里的古道上。茶亭由当地块石垒砌而成，呈洞形，洞口上方嵌有"登源洞"三字（现脱落），洞的面积约三十平方米，基本保持完好。

5.邵棠墓

2014年8月26日，在邵茂凯、邵昌后的引导下，笔者一行三人来到位于伏岭罗坑村岱头一块高坡上的竹园。确定大致位置后，拨开藤草在周边查找，发现有墓并排五穴，坐北朝南，邵棠墓在左二位置，墓保存完好。同行的邵茂凯是邵棠的后人，小时随大人祭祖"挂钱"。据他介绍，罗坑村岱头为小山岗，呈竹排形，邵棠墓恰在竹排头部位，正对纹川河。靠山向水，是极好的风水方位。邵棠墓的明堂较宽，呈半圆结构，墓碑为黟县青石料，多处风化，经仔细辨认，碑文为："先考原奎文阁典籍棠府君邵公之墓"。

四、邵棠的史学贡献

邵棠一生只做过短暂的奎文阁典籍，其余闲职在家中。奎文阁典籍，在清代是正七品官衔，掌管历代帝王赐书、墨迹及典章制度。因此，邵棠的主要治学活动是"治史"，最突出的成就就是对《徽州府志》的补遗、正误、考

---

[1] 绩溪县地方志编纂委员会编：《绩溪县志》，黄山书社1998年版，第876页。

辨，为后来编纂者留下了大量珍贵史料。由于没有年谱纪要，因此有关他的事迹，主要靠的是一些零星资料的收集。

1. "笃学嗜古"，治史著述，成为绩溪文苑的典范

《绩溪县志》给他的评价是"从小笃学，博览群书，行侠仗义，洒落不羁。"[①]邵棠出身书香世家，祖父讲学授徒，父亲博通文史，故从小耳濡目染，熟读经典。奎文阁典籍经历虽短暂，却让他接触了大量史料典籍，为后来的著书立说打下了扎实的基础。他的治学旨趣在史实考证，所著《徽志补正》[②]，治学严谨，考证有据，论理充分，深得当时徽州知府龚丽正[③]及其子龚自珍[④]的赏识。该书分《序》《徽志补遗》《徽志正误》《大鄣山辨》《跋》五个部分。《徽志补遗》是对前朝所修《徽州府志》遗漏的九十多个与徽州有关的历史人物进行了搜录补充，其中有不少人物是曾在歙州或徽州任职的宣徽观察使、知县、主簿、教授，对"唐时职官，惟绩邑县令失载"也提出了质疑。《徽志正误》则对府志中《沿革》《官职》《山川》《文苑》等四十余处史实予以勘误。例如，《桥梁》中否定了"宋苏轼自海南归，过县视其弟，县令苏辙率士夫迎之至此，故名"的史实；修正了《勋烈》误程灵洗为休宁人而实为歙县篁墩人，等等。邵棠所著《大鄣山辨》一文则对《山海经》秦时鄣郡源之"三天子鄣"即"今在新安歙县东（绩溪）"进行了系统的考证，指出"婺源大鄣山"实为张公山或古之率山，驳斥了"婺源大鄣山"之说。

鉴于《徽志补正》以及《黄庐纪游》《闻见晚录》的影响力，邵棠受到清朝廷礼部褒奖，并"给予省府县志入志，准其名标千古，春秋享祀，以光大

---

① 绩溪县地方志编纂委员会编：《绩溪县志》，黄山书社1998年版，第876页。
② 见嘉庆甲戌镌《徽志补正》，寄蜉草堂藏板。
③ 龚丽正，字旸谷，又字赐泉，号暗斋。仁和（今浙江杭州）人，龚自珍的父亲。嘉庆元年（1796年）丙辰科进士，授内阁中书。嘉庆十四年（1809年），入军机处，任军机章京。嘉庆十七年（1812年），调任徽州知府。
④ 龚自珍（1792—1841年），字璱人，号定庵，仁和（今浙江杭州）人。晚年居昆山羽琌山馆，又号羽琌山民。清代思想家、文学家和改良主义的先驱者。龚自珍曾任内阁中书、宗人府主事和礼部主事等官职。曾随父在徽州府任上，负责收集府志中的"掌故之役"。

典"的崇高荣誉。在封建社会里,尤其徽州这样一个文化发达的社会,这是何等荣耀的一件大事!"文苑"一匾,也是朝廷对以邵棠为代表的徽州民间人士治学不倦的充分肯定,对其作为乡贤在稳定一方"数十年无讼事"的肯定。

2.游览名山圣地,留意搜集见闻,穷其所以然

《黄庐纪游》虽然没有找到下落,但从《闻见晚录》中可知,邵棠一生好游学结交文友,既读万卷书,也行万里路,故著述中所闻所见视野开阔,涉猎问题广泛,知识厚重渊博。正如邵棠侄孙家庆叶卿氏在《闻见晚录》序中所言:"阅我寄蜉老人之《闻见晚录》而益信焉!老人与予同庚,少负异姿,长嗜古学,经史以外、诸子百家之书,无不潜心批阅,而于丛书秘书尤所留意,且性好游览,凡名山圣地,兴之所至,即买舟蜡屐,或留恋月余,或盘桓旬日,以致山陬海澨,神皋奥区,无弗耽其雄深,穷其奇异,随其所得,收入奚囊。"①

《闻见晚录》计116个条目,上卷61个条目,下卷55个条目。内容涉及民间轶事、古史拾遗以及徽州方言、徽州风土等来源的考证,观点新颖,论据有力,读来令人耳目一新。这里仅举邵棠"徽州方言来源考证"三例。

上卷第27条"方言出于《汉书》":皖城人言物之低浇曰"赫蹏",言物之精好曰"不赫蹏"。询以"赫蹏"究为何字何义,皆云相沿方言,不识其字其义。余按《前汉书·赵成后传》内有"赫蹏书",书应劭注云"赫蹏",薄小纸也;晋灼注云今谓薄小物为"赫蹏"。是知皖城人俗语皆有来历,但渐呼"蹏"字为"疏"字音耳。

上卷第30条"方言出于梵书":我邑谓炎时裸衣曰"赤骨律",语之于外,鲜有通晓其字其解者。《丹铅录》载北涧禅师偈云:"今朝正当六月,一无位真人,赤骨律。每见罗汉佛像,多有裸衣者,是知此三字,出于禅语也。"

上卷第50条"'孺'字转为'务'字":《芜湖县志·方言卷》内谓新安

————————
① 见《闻见晚录·序》。

人侨居县境者甚众，呼祖母多谓之"婆婆"。乡音如此，案《汉书·高帝纪》："帝尝从王妪武负贳酒如淳曰：俗谓老大母，为阿负。"师古曰古语谓老母为"负负"，盖叠称老大母也。俗讹为"务"音耳，此为芜人臆说。

我徽媳称翁曰朝奉，媳称姑曰孺人，大半皆然。及生子女初学语时，止能一字，是以随母称祖曰"朝"，减去"奉"字，称祖母曰"孺"，减去"人"字，"孺"字与"务"字同韵，故转为"务"音耳。乃引《高帝纪》谓我徽"负"字讹为"务"字，殊不知"孺"字"务"字同为去声，又属同韵，故可转通，若以为"负"字之讹，"负"字乃房久切上声，实与"孺"字"务"字迥别。

五、邵棠的"刀笔讼师"影响力

"刀笔讼师"古时是指善辩能言的"民间讼师"。徽州人有"服理好讼"的习惯，但族民之间、村落之间的纠纷一般都不惊动官府，而是请祠堂或民间乡绅、文会出面来调解。邵棠熟读经书，知晓律法，熟悉官府运作程序，又深知民情民忧，有排解纷争的智慧和能力，是个难得的民间排难解讼人物。邵棠"处乡党，善排解，刚直明断，不徇私情，邻里无诉讼达数十年。行侠尚义，善诉讼文，多为平民伸冤屈，绩溪至杭州一带传为讼师。"[1]邵棠疾恶如仇、扬善除恶、匡扶正义，遇弱者相求，总以过人的胆识为人排忧，绩溪、绍兴、杭州一带流传着他许多精彩的口语化方言"讼词"。因此，邵氏族谱对其评价是："里中无讼者数十年，名倾一时，人到于今诵其德。"[2]

由邵华昆、邵华昌等人采集的30个传奇故事，基本反映了邵棠的思想状况和处事风格。有劝人行善至孝的，如"谢仗义新娘施凉茶""劝大叔撕约买仁义""卵石充银诓亲子""诉沉冤了结十年案"；有与官府斗智斗勇的，如

---

① 万中正：《徽州人物志》，黄山书社2008年版，第369页。
② 光绪《华阳邵氏宗谱》。

"县老爷三跪九叩首""坐花轿知府机关算尽""做棺木知县被革职";有与社会恶势力争高低的,如"老师爷白挨四十板""抢棉被智惩花和尚""救少妇桃树一根不卖""吃汤圆老板遭斥责""抱不平治服大恶霸"。这些民间口口相传的故事,有如下四个特点。

(1)故事背景基本真实,读来让人信服。有的留有物质文化遗存,如对联、题词、亭桥、水埧、庙宇等,让人信服。如"一壶水救活千亩苗",反映的是纹川与邻村竹山之间多年的水利纠纷,在邵棠暗中协助、官方调停下,竹山和纹川两村齐筑一埧,圆满解决了两村用水问题,故事中涉及的"黄芝塘""岩口亭石埧"等地名仍在使用,县官特授伏岭下农民"力农务本"的金匾,在"文革"前仍悬挂在邵氏宗祠内。如"巧辩护开脱杀父罪"中,讲的是一个儿子失手致父亲死亡的故事,邵棠通晓律法,又处事果断,以"儿子破柴,老子挡柴。斧头脱柄,打煞亲爷"①误伤人命状词呈报,避免了官府误判,导致另一场家庭悲剧发生。

(2)故事核心是言简意赅又朗朗上口的状词。这些口语化状词简洁生动、押韵好记,类似方言谚谣,浓缩了故事的精华。尽管现在弄不清这些状词是家族记载还是民间口传,但其研究价值极高。在"耍滑头漆商挨大板"故事中,状词"船费银子三两七,漆商偏说三两漆。字虽同音事两码,岂不私自图利益。如果船钱一串七,俺则给他一船漆。奸商如此不讲理,还望老爷鸣冤屈"②,这个故事,表现了邵棠与奸商斗智斗勇,传颂了做人经商要讲诚信的道理。又如,在"巧指点废墟变工场"故事中,乡人两次告状衙门不理,只好找邵棠调解兄弟分家析产纠纷,"这个县官真该杀,民间疾苦不能察。任尔重捶鼓不响,泥塑木雕一菩萨"③,状词有力揭露了官场腐败渎职,平民伸张正义无门的情形。

---

① 《伏岭下邵老四的刀笔传奇》手抄本,第69页。
② 《伏岭下邵老四的刀笔传奇》手抄本,第55页。
③ 《伏岭下邵老四的刀笔传奇》手抄本,第94页。

（3）故事情节展现了徽州风俗。邵昌厚整理的"卵石充银诓亲子"故事，反映了伏岭一带"以孝为先"的村风，是十里八乡家喻户晓的故事。故事中，临终老人在遗嘱中写道："老汉非骗子，实在没法子。为了过日子，请人出点子。捡来卵石子，装箱充银子。诓骗亲生子，改变原样子。逆子变孝子，喜煞老头子。今闭眼珠子，去会老婆子。留下破房子，留给长孙子。望尔三家子，团结过日子。"邵棠出点子使"逆子"变"孝子"，又在民间衍生出许多孝子孝孙，成为社会奉养老人的一股正能量，从侧面反映了徽州良风美俗不是自然天成，而是重视教育的结果。

（4）故事凸显了行侠仗义的人生。邵棠家境较好，乐善好施，一生多有善举。

笔者与邵茂凯、邵昌后考察罗坑邵棠墓碑

族谱和《绩溪县志》中记载他倡造并捐资横溪桥、棕荐岭石卷洞、登源洞岭茶亭，捐田产作为路亭、寺庵的施茶香火之费用。岁末，凡有求借贷者，必帮助解决。对于久出无力归还之贷，焚毁条据，勾销借债。在他的影响下，儿子大震也慷慨好施，外出常带钱，见穷苦者必赠送。媳程氏亦"克娴妇道，性喜济贫，公有善举，每赞成之。族戚中盛恩惠老。"[①]邵棠以其高尚的品格，影响着族人和周边的人，一时成为徽州人品质和行事风格的典范。如传奇故事"棕荐岭劈山筑卷洞""假托梦拯救拜佛人""建路亭方便往来人"等，都是传颂邵棠做好事善事的故事。在"建路亭方便往来人"故事中，邵棠捐田地资助登源洞岭茶亭茶水费，茶亭里曾存有其亲写的对子："傍山筑亭，权为过客遮风雨；

---

① 光绪《华阳邵氏宗谱》。

有缘经此,且品凉茶论古今。"①这些有根有据的街头巷尾口述故事,成为徽州风土人情、民间文化的一个组成部分,已深入人心,实可作为徽学研究的第一手资料。

综上,邵棠作为系统"徽志补正"第一人,生前德高望重的乡绅和精于律法的讼师,作为特定徽州人文背景下的人物,他是一个时代特征的缩影。邵棠这一历史人物的出现,既有家学渊源,也有社会环境,是徽州土壤上滋育的一朵奇葩。我们给予他的历史定位与学术评价是地方治史学家和徽州文人乡绅的典范。他的地方志史考辨著述、游记及民间口传故事同样弥足珍贵,成为后人研究徽州人文历史的重要资料。笔者同样认为,历史是由无数个具体人创造的,发生在邵棠身上的这些传奇故事,大多是身边真实发生的,无非情节上有"添油加醋"而已,正如邵华昌先生在手抄本的《序》中说:"本书就是根据这些流传的故事进行整理的,这些故事内容既没有金戈铁马的威武事态,也没有委婉旖旎的生死恋情,然而,故事情节都是不磨不琢,平凡真实。俗话说'一滴水见大海',在这一滴水里,也许能反映出当时社会在某个侧面中的一些缩影。"它仍不失为研究清中晚期徽州民风民俗的宝贵资料。透过这些脍炙人口的故事,让我们更细腻地了解近二百年来古徽州人的生活实态、官民关系和社情风貌。

【注】

(1)光绪《华阳邵氏宗谱》藏于临溪镇隐张坑村邵社根处。

(2)《伏岭下邵老四的刀笔传奇》手抄本和《邵老四的传说》的油印本,分别藏于绩溪伏岭下邵昌后、邵茂凯处。

(3)"文苑"匾现藏于绩溪县三雕博物馆。

(4)《半痴子小影》册页,藏于伏岭下邵名郎处。

(5)《徽志补正》,藏于安徽省博物院。

(6)《闻见晚录》,藏于国家图书馆。

---

① 《伏岭下邵老四的刀笔传奇》手抄本,第125页。

著作篇

嘉慶甲戌鐫

徽志補正

寄蜉草堂藏板

《徽志补正》书影

徽志补正

嘉庆甲戌镌,寄蜉草堂藏板①

方静　点校

序

　　余读《山海经》,其三天子鄣山,郭璞注云:"今在新安歙县东,谓之'三王山',浙江出其边。唐大历②时,析歙东为绩溪县,故今大鄣山又在绩溪县东。"汪周潭谓其势匹终南,雄配太白,为绩镇山。我新安建郡于乌聊山麓,其脉亦根于此。少时,欲往游者数矣,驰逐名场,未克如愿。嘉庆壬申秋杪,偕二三人获游览焉。

　　无黄山之奇秀,无白岳之奥幽,其山雄浑耸杰,绵亘数百里,界于吴越之间。自昔以广大著,此秦时取之以名郡者。鄣之西曰大屏山,为寄蜉主人游息处,相与访之。修篁满径,古树遮扉,残菊浮香,磴苔积翠,犬吠狺狺。主人曳履以出,间别数载,觏此良朋,纵谈竟日。就案头观之,始知避嚣于穷谷中,潜修名山事业也。所著述者撰有《黄山纪游》一卷、《庐山纪游》一卷、《闻见晚录》二卷,皆已脱稿,而于新安各旧志尤三致意焉。博览群书,凡见旧志中脱误之处,撰成《商补》《商正》二卷,求弁言于余,曰:"不才已衰老,无所事事,僻处深山,不得奥编隐帙以供搜考,即平素所见而于郡

---

　　① 嘉庆甲戌年为公元1814年。寄蜉草堂是邵棠居宅堂号。
　　② 按《旧唐书》,永泰二年十一月即改元大历,故《元和志》称绩溪"大历二年置"。现《绩溪县志》称"唐永泰二年置",为公元766年。

之旧志或有遗漏，或有歧讹者，记载一二，商其可否，如管中之窥豹也。至康熙己卯以后，自有续纂续修者采辑参详，不才不敢赘。"

余展阅之，其中可补可正者正复不少。时龚暗斋太守①倡续郡志，开局于问政书院，怂恿送局，俾秉笔者纾劳数晷，亦不无小补也。余因此游适睹此卷，故略叙其巅末，以为跋语，并即以为郛山游记云。

柳山吴樾撰

---

① 龚暗斋太守，为徽州府知府龚丽正。任间，倡修《徽州府志》。

徽志补遗

邵棠（绮园）

颜希之，亚圣三十一世孙，齐梁间为新安太守。（见《陋巷志》）

汪越国公，宋初曾封灵惠公，故苏辙去绩时，有《辞灵惠庙》诗，又汪藻有《谒灵惠庙》诗。藻诗自注云："灵惠，余祖也。隋末有宣歙之众，本朝以阴兵佐边境，锡今名。"按本传、祀典皆无灵惠封号，似当补载。（见《苏文定集》及《浮溪集》）

郑炅之，唐上元初为宣歙观察使。（见《资治通鉴》）

慧琳法师，字抱玉，俗姓柯，新安人，卯龄受业于灵隐西峰，为金和尚弟子，所传经义无重问。大历初受具于灵山会，习学三乘，一领无遗。不乐声华，惟好泉石，一入天目二十余年。此山高出云表，顶有蛟龙池三所，最上池，人不可近，臭气逆人，师居之。每多妖异，而心不扰。元和间，杜太守陟、裴刺史棠棣请于永福寺、天竺寺主坛，白居易辈九邦伯皆以公退至院，参问法相。非师何以感动哉？大和六年示寂，葬于钱塘玛瑙坡之左，石塔尚存。考其道行，较之定庄、茂源，殆有加焉。（见《天目山志》）

沈传师，字子言，吴人，唐贞元间为宣歙观察使。（见《泾县志》）

陈颙，唐大中时为歙丞，郡守李敬方作《汤池铭》，内有"陈颙歙丞，迭掌吾事"之语。（见《黄山志》）

郑薰，字子溥，号七松居士，为宣歙观察使。（见《全唐诗》）

李聿，任歙州刺史，经当涂之鼍浦，有鼍魅幽聿于潭中，领聿妻子就任，凡三年。聿从潭中出，寻妻子，妻子不识，聿学法斩鼍魅，妻子始识之。（见《明一统志》）

王凝，唐乾符间为宣歙观察使。（见《资治通鉴》）

方台，旌德人，唐乾宁中为宣歙制置巡官。台弟燕，授黟县主簿，升歙州制置判官。（见《旌德县志》）

唐时职官，惟绩邑县令失载。按乾宁时，张批途次绩溪，先寄陈明府五律一首已载入《形胜卷》矣。又张乔寄绩溪陈明府五律一首："古邑猿声里，空城只半存。岸移无旧路，沙涨别成村（绩溪一县，其山地悉是砂砾，雨水稍多，不能储蓄，田庐旋被冲没。此两句写尽绩邑被水凋残之景象矣。是唐时，即已如此，可哀也夫）。鼓角喧京口，江山尽汝溃。六朝兴废地，行子一销魂。"观此作及张批诗，则陈明府必非风尘俗吏也，其名虽逸，其姓尚存，当补载其姓，以俟搜考。（见《全唐诗》）

唐韦邕曾为祁门县尉，李嘉祐有《送韦邕少府归钟山》诗："祁门官罢后，负笈向桃源。万卷长开帙，千峰不闭门。绿杨垂野渡，黄鸟傍山村。念尔能高枕，丹墀会一论。"（见《台阁集》）

吴融《新安道中玩流水》诗："一渠春碧弄潺潺，密竹繁花掩映间。看处便须终日住，算来争得此身闲。萦纡似接迷春洞，清冷应连有雪山。却忆征车再回首，了然尘世不相关。"按郡志内遗后二韵。吴融，唐人，又误次于宋杨万里之后。（见《唐英歌诗集》）

伍乔，池州人，与张泊少相友善。张为翰林学士，宠眷尤优异，伍为歙州通判，作诗寄张，戒仆俟张游宴时投之。一日，张与僚友近郊宴，欢甚，仆投诗，张得诗动容久之，为言上，召还为考功员外郎判吏部。（见《诗史》）

皇甫晖，晋天福中，契丹犯阙，晖率其州人奔于江南，李景以为歙州刺史。（见《新五代史》）

周廷玉，黟人，晋天福间为吴内枢使。（见《资治通鉴》）

张易，字简能，魏州元城人，南唐时，以水部员外郎通判歙州。刺史朱匡业，平居甚谨，然醉则使酒凌人，果于诛杀，无敢犯者。易至，赴其宴，先已饮醉就席，酒甫一再行，掷杯推案，攘袂大呼，诟责锋起。匡业尚醒，愕然不敢对，惟曰："通判醉甚，不可当也。"易巍峨喑呜自若，俄引去。匡业使吏掖就马。自是见易加敬，不敢复使酒，郡事亦赖以济。朱匡业，庐州

舒城人，另有传。（见陆游《南唐书》）

南唐酷好浮屠①，而后主好之尤笃，遂致上下狂惑，不恤政事。有谏者，辄被罪。歙州进士汪涣上封事，言："梁武帝惑浮屠而亡，陛下所知也。奈何效之？"后主虽擢涣为校书郎，终不能用其言。（见陆游《南唐书》）

方延范，歙人，唐末历长汀、古田、长乐三县令，侨居泉州，生子仁岳，仕闽。（见《十四国春秋》）

曹信，歙州人，唐末知嘉兴监事，寻由歙徙杭，为临平镇将，八都建时，信因保嘉兴东界，遂家临平焉。生子圭，仕吴越。（见《十四国春秋》）

王崇文，字光福，少为军校，小心敏干，尚烈祖妹广德公主，出为歙、吉二州刺史。（见马令《南唐书》）

司马郊流寓徽州某观内，病痢困剧，观主欲申白官司，先以意闻郊，郊怒曰："吾疾方愈，何劳若此。"既渐困顿，观主不得已，乃白县令姚蕴，使人候问之。郊曰："姚长官何故知吾病也？"来者以告，郊忽起结束，径入某山中，其行如飞。按司马郊或补修于《流寓》，或补修于《仙释》，或竟不必补修，俱无关于轻重，所云县令姚蕴则当补修于《职官》者也。（见《江淮异人录》）

江处士，歙人，性冲寂好道，能制鬼魅。里有妇人为鬼所附，广求符禁，终不能绝，乃诣江。江曰："吾虽能御之，然意不欲与鬼神为仇。尔既告我，当为遣去。"令归家洒扫一室，江寻至，入室坐，令童子出迎客。一绿衣少年，貌甚端雅，延之入室，江命坐，乃坐啜茶，不交一言，再拜而去。自是妇人复常。又有人入山伐木，因为鬼神所著，自言曰："树乃我之所止，今既伐，当假汝身为我窟宅。"其人觉皮肤之内有物，驱逐不胜其苦，往诣江，人未至，鬼已先往。江方坐楼上，问之，鬼具以告，且求赦过。江曰："吾已知矣。"寻而人至，谓之曰："汝可于里中觅一空屋。"复来告，江以方寸纸置名与之，曰："至空屋弃之。"如言而痛失。又有为夔鬼所扰者，楼置图画，皆

---

① 浮屠或浮图，皆为佛陀之异译。古人因称佛教徒为浮屠。此处意为信佛教。

为秽物所污，以告之。江曰："但须闭楼门三日，当使去之。"如言，三日开之，秽物尽去，图画如故。按江处士道行神奇，拯人疾苦，殆为张陵、左慈之流，非坐谈经法、颠倒花木者可比，允宜补入《仙释》。（见《江淮异人录》）

徐铉《送许郎中歙州判官兼黟县》七律一首："尝闻黟县似桃源，况复优悠冠玳筵。遗爱非遥（原注云：曾任泾县）应卧理，祖风犹在好寻仙。朝衣旧识薰香史，禄米初营种秫田。大抵宦游须自适，莫辞离别二三年。"按许郎中，其名久逸，核之泾志，已经悬载其姓，则徽志于职官，亦当补载。（见《宋诗》）

李锌，宋景祐间为新安通守，撰《黄山图经题咏序》。（见《黄山志》）

钟清卿，字表臣，旌德人，嘉祐进士，初授新淦簿，调长葛簿。部刺史连章荐之，迁潭州观察推官，尤清谨，凡摄长沙五邑，皆以善政闻。改知歙县，政事严明，吏畏民怀。后转宁化、分宜诸县，治如歙。（见《宁国府志》）

方仲谋，字公辅，淳安人，嘉祐癸卯进士，秉性贞介，为歙州推官，擢大理丞，累官殿中丞。（见《淳安县志》）

徐元龟，宋元符三年任歙主簿。（见汪师孟《汤泉灵验记》）

高似孙，字续古，余姚人，由校书郎授徽倅，道出金陵，投留守吴云壑七律一首，是高似孙曾为徽州通判者也。（见《四朝闻见录》）

汪縠，为泉州府晋江县令时，生子藻，后六十年，藻为泉州太守，其谢表云："访六十年之父老，恍若前生；佩二千石之印符，敢期今日。"按汪縠、汪藻二传俱漏未载。（见《泉州府志》及《浮溪集》）

赵企，字循道，以长短句得名，所为诗亦工。大观间宰绩溪①。（见《渔隐丛话》）

吴元昭，邵武人，知徽州，鄱阳高僧名聪者道出新安，携荐福寺本禅师

---

① 即宋大观年间（1107—1110年），任绩溪县令。

所示之偈以呈，偈曰："毒龙猛虎堂前立，铁壁银山在后横。进既无门退无路，如何道得出常情。"吴亦作偈答之曰："毒龙猛虎空相向，铁壁银山漫自横。长笛一声归去好，更于何处觅疑情。"盖吴与本同参契分，更唱迭和，与夫捉杯笑语，为治剧余乐，则有间矣。若非透出情境，安能尔耶？按新旧各志皆无吴元昭之名，想为吴伟明之字耳。当于《职官卷》内补载字贯，且应天府误为顺天府，亦当改正。（见《罗湖野录》）

严焕，字子文，常熟人，绍兴十二年进士第，调徽州、临安教官，通判建康府，知江阴军，迁太常丞，出为福建市舶，终朝散大夫。（见《常熟县志》）

金俣，字德温，徽州人，通直郎。淳熙十六年任旌德县，造淳源桥。（见《旌德县志》）

尤冰寮，锡山人，袤曾孙，咸淳中，官新安别驾。（见《相江集》）

奚士达，宁国人，淳熙进士，改授复州，改知绩溪、签书淮南判官。初达与同舍郎沈涣讲习礼经，相勉曰："《曲礼》毋不敬，《大学》毋自欺，当终身行之。"后能不渝其言。（见《江南通志》）

叶延年，为绩溪主簿，虽糊窗纸，亦必己买，其廉介如此。（见《吹剑集外录》）

叶秀发，字茂叔，金华人，庆元中进士，授桐城丞，御金人有功，制阃忌刻之，得白，擢知休宁县。（见《金华府志》）

新安胡余学为宋遗民，不肯仕元，与谢皋羽、黄东发齐名，杨用修称之。检之郡志，并无其人。后阅《新安文献志》，始知婺源胡次焱，晚年更号余学也。宜将更号"余学"补载次焱本传之后。（见《丹铅录》）

休宁朱震雷，累世同居，按之郡志，朱震雷乃休宁县主簿，并未注明本籍，亦未修入《孝友》《尚义》两传，未知何故。（见《元史·孝友传》）

《元史·许楫传》："楫为徽州路总管，考满去。徽之绩溪、歙民柯三八、汪千十等阻险为寇，行省左丞教化以兵捕之，相拒七月，乃使人谕之。三八等曰:'但得许总管来,我等皆降矣。'行省为驿召楫至,命往招之。楫单骑趋贼垒,众见楫来,皆拜曰:'我公既来,请署牍以付我。'楫白教化,请退军一舍,听其来降。不听,会以参政高兴代教化,楫复以前事告之。兴从其计,贼果降。"又《高兴传》:"兴奉省檄平徽州盗汪千十等。"又《邸顺传》:"邸琮之子邸泽,至元二十三年改授庐州蒙古汉军万户,寻迁颍州翼,会徽州绩溪盗起,讨平之。"今核郡志《名宦·许楫传》并无复召回徽招降柯三八、汪千十之事,而《绩溪志》又载:"至元庚寅,汪千十诸丑啸聚,邻封煨烬,县令逃匿,周惠孙率众御捕,其家属俱能效力行间,次年悉平。"按诸史传纪载俱有互异,未知何故。然许楫之回徽招降,至至顺时,程文《送揭士宏为绩簿序》亦述此事,足为征信,当补本传;其柯三八、汪千十之阻险为寇,亦当补载《沿革》。(见《元史》各传)

汪蒙,字正卿,新安人。元大德十一年为建阳主簿,以朱紫阳同乡,令其董理考亭书院。又自筑虚直轩,熊禾作记美之。(见《熊勿斋稿》)

何坦,淳安人,元初为徽州教授。(见《淳安县志》)

程芝,字应寿,徽州人,至正十二年任两浙都转盐运使司副使,载有宦绩。按此宜补入《宦业》。(见《两浙盐法志》)

张宝,歙南世家也,其父尝遇贼劫持,将杀之,宝走抱父,顿足曰:"是我父也,愿杀我。"贼心动,遂贳其父。宝时仅五岁云。(见《周原诚诗序》)

元梁宜,山东茌平县人,博雅有文学。判徽州,迁河南总管,俱有治声。官至礼部尚书。(见《东昌府志》)

月鲁帖木儿,于至正十二年诏拜平章政事江浙行省。比至镇,引僚属集父老询守备之方,招募民兵数千人,号令明肃。统师次建德,获首贼何福,斩于市,遂复淳安等县,俘获万余人,复业三万余家。是年七月,次徽州,卒于军中。按月鲁帖木儿经济、学问冠绝一时,为元名臣,以江浙行省卒于徽州,此则宜补于监司职官者也。(见《元史》本传)

马旺,唐县人,元元贞间戍婺源,为总管军民府元帅,时大寇为讧,一

方为之震动。旺奋勇誓师，杀贼数千，力竭而死，谥"忠显"，赐恩其子聚。（见《南阳府志》）

吴讷，字克敏，已修忠节，传内附有《题龙爪石》诗一联，云："怪石有痕龙已去，落花无主鸟空啼。"此必采之客座新闻，可谓吉光片羽矣。初讷《克复昱岭关寄友》诗："鼓角声雄队伍齐，扬兵晓战昱关西。黄金匣动双龙出，赤羽旗开万马嘶。露布不烦诸将草，诗篇还为故人题。沙溪春酒甜如蜜，醉卧花阴听鸟啼。"又《退保昱岭关》诗："万骑萧萧驻碧阿，角弓难敌雨滂沱。临危莫道忠臣少，苦战犹闻壮士多。已拼捐身清海岱，何忧流血染江河。兵家胜负寻常事，仁听前关奏凯歌。"闻此二诗，觉忠义之气，凛凛如生。当补刊于《山川卷》内昱岭下。（见《龙塘山志》）

绩溪知县胡从贵，至元十五年任。（见本志《公署》）

伍洪，字伯宏，安福人，洪武四年进士，授绩溪主簿，擢上元知县。按郡县志俱遗未载，检之旧志，即已遗漏。（见《明史·孝义传》）

端复初，字以善，溧水人，太祖知其名，召为徽州府经历。令民自实田，汇为图籍，积弊尽刷。稍迁至磨勘司令。时官署新立，案牍填委，复初钩稽无遗，帝尝廷誉之。按此当补于《职官》，并补《名宦》。（见《明史·周桢传》）

陈光道，婺源人，洪武中任河南永城县，节俭爱民，载入《名宦》。（见《永城县志》）

郑桂芳，黟县人，洪武间为钱塘令，能诗而好客，醉后每诵李太白："划却君山好，平铺湘水流。巴陵无限酒，醉杀洞庭秋。"及李适之，"避贤初罢相，乐圣且衔杯。借问门前客，今朝几个来。"亦已见其襟抱不凡也。有诗数百首，号《乐清轩集》。（见《始丰稿》及《归田诗话》）

歙知县彭子任，洪武二十三年任。（见本志《公署》）

王兴福，隋人，初守徽州，有善政，迁杭州。核郡志内并无其人，惟明初有王姓郡守，逸其名，殆即为王兴福无疑。按此非特宜补其名，且当补入

《名宦》。（见《明史·王显宗传》）

蒋原礼，字子和，丹阳人，永乐间由国子生任绩溪县，后升江西袁州府。（见《丹阳县志》）

吴春，建平人，永乐间知婺源县，民被惠利，怀思不忘。（见《明史·循吏·谢子襄传》）

汪翔，永乐初任应天府尹。（见《江宁府志》）

唐本，徽州举人，永乐间任新蔡县。按志内并无其人，而科第内亦无其名，未知何故。（见《新蔡县志》）

孔希永，先圣五十六代孙，少好学，颇涉猎书史百家之书，补弟子员，入三氏学，从教授歙县江湜受《易》云云。按《科第》内并无江湜之名，惟《宦业》卷内有江永清，曾为三氏学教授，未知江永清即江湜否。（见《阙里文献考》）

王忻，直隶绩溪人，知临安者九年，洁白乐易，敷治有方，迄今颂惠。宣德间任。（见《杭州府志》）

于忠肃公子冕无嗣，择族允忠继之，以袭府军前卫副千户之职。按允忠为世袭新安卫左所副千户于明之子，以新安武弁之儿为浙省忠勋之裔，绵忠肃公奕世血食，其事非偶然也。允当补载《拾遗》。（见夏时正所撰《于聪传》）

苏丑，字叔武，歙人，易简之后，年八十余，正统间卒。以隐逸自高，性爱古法书、名画，不惜万金购之，曰："此足养心颐性，非他玩好可比。"陆俨山称为博雅人品。（见《玉堂漫笔》）

黟县丞刘功华，正统三年任。（见本志《公署》）

姜耀，徽州人，成化间任新蔡县。（见《新蔡县志》）

方卓，歙县人，成化间由举人任临安县。素秉清节，懋著能声，御吏方严，听讼明允，门无私谒，狱鲜系囚，尤重学校，敬礼士夫，创造竹林、长桥二座，以便往来，邑人德之。按此当补《宦业》。（见杭志《名宦传》）

弘治元年冬十二月，徽州教谕周成进《治安备览》，谓："商鞅有见于孔门立信之说"，少詹事程敏政摘其狂妄，置不问。按周成，《职官》卷内并无其人，若谓徽人，而为教谕于外省者，而《科第》《岁贡》卷内又无其名，未识何故。（见《明史纪事》）

洪通，弘治九年为淳安教谕，威仪整肃，以身示教，尝较文湖广福建，咸得士。秩满，擢知义乌县，亦多善政。两县均已修入《名宦》，而徽志不于《宦业》立传，何也？（见淳安、义乌县志）

江琪，歙县人，于正德间为河南西平县尹。人有馈生鱼者，计直以偿，俾吏胥不敢私取于人，以及筑城备寇，未尝以财力病民，善政甚夥。越三年，又有王来凤为尹，其廉能与江公埒。邑民建祠祀之，名二良祠。按此当补《宦业》。（见葛守《礼祠记》）

吴元满，字敬甫，歙人。好六书，自三代及秦汉鼎彝碑铭，皆淹贯于中，著有《六书正义》。（见《书史会要》）

游之光，婺源人，知广东惠来县，辟斗山门，建阁祀文昌，修邑志，民怀之。后升平度州。按此当补《宦业》。（见《惠来县志·名宦传》）

汪三才，字仲兼，歙人，奉父避乱，冒死不惧。父疾，复刲臂肉愈之。崇祀扬州忠孝祠。（见《两淮盐法志》）

叶天凤，婺源人，嘉靖间由岁贡任金华县丞。按《岁贡》内并无其名。（见《金华县志》）

王寅，新安人，庠生。嘉靖间与祝时泰、高应冕、刘子伯、方九叙、童汉臣、沈仕辈尝于西湖结社赋诗，故方九叙有"若予六人，仕隐固殊，风雅道合"之序也。（见《西湖八社诗帖》）

张惟岳，杭州右卫人，嘉靖乙未进士，由礼部郎中调徽州府同知。（见《杭州府志》）

项承恩，字宠叔，新安人，屡试不第，遂隐西湖岳坟。禾中李日华赠以诗曰："西湖流水供濯足，南屏山色对梳头。月夜酣眠琴作枕，雪朝孤坐絮为裘。盆花巧作千金笑，壁画赀高万户侯。何用更寻高士传，先生风格在林邱。"偶仿沈石田画一扇，深得子九家法，自题云："阴阴茅屋野人栖，望里烟波咫尺迷。约伴携樽钓斜日，从来浪迹寄山溪。"后跋"万历癸未季春，与徐企孺、许思德游飞来峰。既而思德仲兄沂春为作记，且邀谈竟日，出书画纵观甚欢。因写沂春扇背，题短句见意云。"（见《六研斋笔记》）

程元利，字汝义，休宁人，幼颖悟，于书无不所读，喜吟咏，尤好施与。贾于嘉定，贫者给以衣食，病者给以医药，死者给以棺椁。值倭围城，捐金募勇士为诸室先，受甲登埤，城卒能保。寇退思归，未及买舟而卒。子善定，字于行，幼孤，性至孝，母病，侍汤药日夜未尝解带，叩祈东岳，首为之颒坏。继妻陈氏隐体夫意，刲股肉和糜进之，疾顿瘳。其孝如此。与吴人俞仲蔚善，仲蔚死，不惜重资梓其遗稿千余篇，使不泯没。其友义又如此。王世贞为撰墓志、墓铭以表之。（见《弇州文集》）

吴之龙，字雪门，歙人，生有异质，读书一目十行下，工诗。长游武林，遂居钱塘，从葛寅亮讲学湖南，业日进，屡试蹶不售，因绝意进取。谒选得光禄丞，与朱友石、刘半舫诸名卿日唱和诗迅发老健。性豪迈，不乐绳束，还隐西湖，结竹阁社，四方词人无不归之。瘦筇过顶，白发飘然，人谓陆地神仙云。（见《钱塘县志》）

俞塞，字吾体，婺源人，少孤，喜读盱江姚江语录，躬行善行。客金陵，不能归，自更其姓为独孤，以贫死。精究易学，工楷书，善医，著有《理学资深录》。（见《上元县志》）

黄道元，字于泰，号楚源，歙人，官中书舍人。工诗文，好奇字及异书僻事，书宗钟王，以染翰拜神庙，赐者再。又好古书画器物，品题鉴别，一一能指所从来。可谓淹博之士矣。（见《曼寄轩集》）

谢于楚，歙人。家贫能诗，足迹几遍天下，而所如不偶，殆孟东野之流欤。著有《历卤草》，袁中郎作诗送之，并序其集。（见《潇碧堂集》）

余国谏，休宁人。幼时，父即漂泊不归，及长，母授以镜，令其往觅。

谏祷于神，示以诗，人读而异之、导之，而竟得父于楚。一时奖咏盈帙。徐渭作《余孝子诗册序》。（见《徐文长逸稿》）

鲍弼，字梅山，歙县人。性豪迈，能诗，尝与孙太白游，诗学益进。李梦阳撰祭文墓志，极叹赏之。（见《空同集》）

罗文瑞，歙人。万历甲戌，少司马梁公梦龙奉命犒师，勒绩于医无闾山，其碑为文瑞所书，王世贞赏之，题于碑阴，谓："结法自清臣、诚悬，是以遒壮而不骪骳。"又云："铭无论矣。"罗生亦幸哉！其名与其书，兹山同不泐也夫。（见《弇州续稿》）

方应宿，字子经，淳安人。以岁荐为仁和训导，和雅乐易，诸生如坐春风。后升徽州府教授。（见《淳安县志》）

吴周生，新安人。坐拥万卷，博雅好古，尤精八法，董其昌《墨禅轩》称之。（见《容台集》）

徐文龙，字田仲，休宁人。初为杭州同知，居官有循吏风，西湖之人至今思之若慈母。擢守括苍，未之官而疾没。按此当补入《宦业》。（见《西湖合谱》）

天启间，歙人吴养春之仆吴荣告其主隐占黄山，魏忠贤遣主事吕下问、评事许志吉先后往徽州籍其家，株蔓残酷，知府石万程不忍，削发去。徽州几乱。（见《明史·魏忠贤传》）

吴怀贤，休宁人。为魏忠贤所排陷，已修入《风节传》矣，但怀贤遗有《唾余编》一卷、《翼明存集》五卷，其文与诗虽欠清新华赡，然醇朴有法，望而知为忠臣义士之手笔也。本传及书籍目录俱未注载，久恐刊本无存，遂致湮没，特为拈出。（见《翼明存集》）

童凤竹，昌化人，明末任婺源典史。（见《昌化县志》）

吴开先，歙人。崇祯五年，流贼蹂山西，监司王肇生以便宜署开先为将，使击贼，战泽州城西，贼败去。从沁水转略阳城，开先恃勇渡沁，战北，留墩下，击斩数百人，炮尽无援，一军见没。（见《明史·张光奎传》）

叶向春，昌化人，崇祯间为徽州府经历。（见《昌化县志》）

江潮瀛，歙县人。任新野主簿，崇祯十四年，献逆破城，骂贼而死。嗟乎！秩虽微，能捐躯以存大节，是亦士之铮铮者也，乌可以职小而不传也。（见《南阳府志》）

汪光翰，字文卿，婺源人。幼涉书史，知大义，为川南道胡恒幕客。后恒死于逆献之难，子士骅、妻朱氏及幼子蛾生脱匿民间，光翰间关猓彝中，得朱氏母子所在，多方保护，力供馈粥二十余年。迨蜀平陕通，乃躬送朱氏母子归景陵。楚蜀人既高朱氏之节，亦诵光翰之义焉。（见《陇蜀余闻》）

凌世韶，歙人。由进士为福建宁化令，清慎慈廉，民相戒不忍犯。历任兴化府经历，福清县知县，转处州推官，终户部郎。乙酉江南平，遂为僧。按凌世韶宁化县修入《名宦》，则本籍宜补入《宦业》。（见《宁化县志》）

程壁，徽州人，侨居江阴。乙酉年南都不守，大兵逼江阴城下，壁散家资充饷而身乞师于吴淞总兵官吴志葵。志葵至，壁遂不返。（见《明史·侯峒曾传》）

张使君，逸其名，钱塘人。崇祯丙子为郡司李，征输及额，未闻厅事有鞭扑声。又尝摄休宁县事。（见《金正希文集》）

徽志正误

邵棠(绮园)

《建置沿革》卷：隋开皇十八年"戊午"误"戊子"，唐开元二十八年"庚辰"误"庚寅"，元大德元年"丁酉"误"丁卯"，至正二十六年"丙午"误"丙子"。

《建置沿革》卷：大历元年兵马副元帅李光弼讨贼方清，贼平，因析歙、休宁地归德县，析黟及饶州浮梁地置祁门县。按《唐书》，光弼已于广德二年七月愧恨成疾而卒，何又有大历元年讨贼之事？似当参考更正。

《建置沿革》卷：宋恭宗二年丙子正月，招讨使李铨、知州事王积翁等以州降元，歙人江友直为州教授，不屈死。五月，副统制李世逵等起兵拒元，万户李木鲁敬下令屠诸邑，歙人邱龙友等率众诣军门降，请全活之。万户许之，遂承制以龙友知徽州，婺源汪元龙佐之。按《元史·楚鼎传》，至元十二年，鼎与权万户李罗台护送招抚使李铨男汉英归徽州，谕铨下其城。十三年，汉英与李世逵叛，旌德、太平两县附之。鼎与兀忽纳进兵，用徽州郑安之策按兵而入，兵不血刃而乱定。郡志、《元史》其降元年分及叛讨事迹并主将姓名记载互异，似宜考定。且江友直误为"汪"字，李世逵误为"达"字，亦当改正，以免亥豕相沿。

《建置沿革》卷：至元二十五年十一月，婺源州贼夜入城，知州白谦死之。按《明太祖实录》，乙巳十一月甲申朔，信州盗萧明寇婺源州，知州白谦力不能御，怀印出北门赴水死。谦莅政廉直，自奉甚薄，尝遇除夕，无他供具，惟蔬食而已，家人叹其零落，谦处之泰然，人以此称之。其事实与白谦本传稍异，传内云"甲辰冬"亦误。

《职官》卷：王雄诞注云："见《名宦传》。"检《名宦》内并无王雄诞之传。按王雄诞从杜伏威屡立战功，后辅公祏反，知雄诞不可屈，缢杀之。雄诞善抚士卒，得其死力，又约束严整，每破城邑，秋毫无犯。死之日，江南军中及民间皆为流涕。观此，允当补载《名宦》。如以还击已降之汪华不满人意，则于《职官》内叙载籍贯事略，不必更注"见《名宦传》"矣。

《职官》卷：刺史内庞濬元泰元年任，次于武德时王雄诞之后。复核《建置沿革》，代宗永泰元年正月，歙人弑州刺史庞濬，则庞濬宜次于萧复之前矣，"永"字误为"元"字，亦宜更正。

《职官》：骨言为吴辕门大将。按陆游《南唐书·冯延巳传》，延巳之父令頵尝为歙州盐铁院判官，刺史滑言病笃，或言已死，人情颇汹汹。延巳年十四，入问疾，出以言命谢将吏，外赖以安云云。"刺史"误为"大将"，固尝改正，而马令《南唐书》则又误"滑"为"骨"，修郡志者亦以"滑"为"骨"矣。

《职官》卷：绩溪宋知县胡延政，邑人，以平蜀功开宝初任。《绩溪志》又云：原名延进，婺源人，后知严州军，家于绩。按南唐平于开宝末年，歙州始隶于宋，所云开宝初任，未知何据？且考胡氏《儒宦录》，胡延进，字以礼，号节庵，知严州军，因家焉。如果曾任绩溪，《儒宦录》乃胡裔编辑，必无遗漏之理。此中恐有附会，似宜核实。

《职官》卷：李度知歙州十年不调，有中黄门得度在歙州所著诗石本传入禁中，太宗见之，召授虞部员外郎。按罗愿《新安志》，宋初牧守并未载有李度，愿在本朝，为时未久，当不至于遗漏；度又一时名士，如果任歙十年，何以绝未见有题咏耶？《宋书》李度本传，周显德时，翰林学士申文炳知贡举，枢密使王朴移书录其句以荐之。文炳即擢度为第三人，累迁殿中丞，知歙州，坐事左迁绛州团练使，十年不调。由此观之，则李度知歙州又在显德时矣，十年不调，又在绛州团练任矣。但显德时歙州隶于南唐，绛州隶于后周，不能互仕，恐《宋书》"歙"字有讹误，以致前明修郡志者即据《宋书》采入《职官》，又以其两州各隶，遂将莅任年分次于宋太宗时，此中歧异之处甚多，不能无疑。更考《河南省志》，李度，洛阳人，五代周进士，入宋，累官虞部员外郎、直史馆，借太常少卿，使交州，未至卒。度工于诗，有佳句，为时传诵。弟康亦善诗，太宗时进士，官至右赞美大夫。省志必本于郡县志，如果曾任歙州，何至失载？其为《宋书》伪谬可见，且罗《志》李度在元符间原任礼部员外郎，其官阶与后周之李度不同，或是有两李度，未可遽将元符间之李度汰去。

《职官》卷：元达鲁花赤忽鲟氏，至元中任，见《元史》。按忽鲟氏乃蒙古部名，前明修志误为人名，后修志者遂相沿袭。今考《元史·奄木海传》，奄木海系蒙古八剌忽鲟氏，其子忕木台儿以昭勇大将军讨贼有功，兼平江路达鲁花赤，寻迁徽州，则徽州路之达鲁花赤斯时为忕木台儿，何得以部名之忽鲟氏为人名也？

元黟县达鲁花赤伯颜，至正壬辰寇起江东，浙省调兵守昱岭关时，颜在遣中，没于王事。颜，字谦斋，唐兀人也。此事见杨瑀所撰《山居新话》，急宜补入《名宦》。

《职官》卷：元黟县主簿畏吾帖木儿，至正中任。按畏吾，系部名属，《高昌志》中误以为姓，且考张来仪为陈渊绘有《待月联吟图》，渊自撰诗序云："至正癸未，余待选春官，同年而调者建德录事判官利宾顾公、芜湖尉彦恭赵公、黟县簿帖木与余，共载南回云云。"足证畏吾之非姓矣，宜将"畏吾"二字删掉。

《职官》卷：元婺源县尹胡有庆，泾县人。按《泾县志》，胡有庆以随父胡武孙擒贼功为婺源尉，再尉休宁。既已为尹婺源，再无转尉休宁之理，或系前志伪"尉"为"尹"耳，而休宁《职官》县尉内亦无其名，似当补载。

《职官》卷：洪武二年知婺源县，新、旧各志皆为陈允，而《公署》卷内新、旧各志又皆为陈元，未知"允""元"孰是。

《职官》卷：《明史·程通传》云："并捕其友徽州府知府黄希范论死。"按郡《职官》，任徽州而死于靖难者为陈彦回，并无黄希范之名，想修府志者因彦回《传》内有初名黄礼之语，遂以陈、黄为一人矣。阅《贞白斋稿》，内有《送黄太守序》，"洪武壬申议除徽守，司铨衡者以黄子希范名奏"，壬申乃洪武二十五年。而彦回《传》内又云"洪武三十一年始领徽州府事",是黄希范先莅于前,陈彦回接莅于后,已昭然矣。故《通鉴纪事》黄、陈各立一传,《明史》陈独一传,黄附于《程通传》末,两人事实亦异,则黄、陈之为两人,更属无疑。复核彦回《传》内,又有"在郡八年"之语,以三十一年始领府事,再任八年,当为永乐三年,是彦回又非死于壬午时矣。此处滋疑益甚,似当广为搜考。

《职官》卷:颉鹏,《明史纪事》载:"天启中任徽州府,曾建崇德祠以媚魏珰者也。"旧志误列于陆锡明、戴自成任政之后,以为崇祯中任。若不更正,恐奸魂有知,转能藉口,以为非伊任内之事矣。

《名宦》卷:赵仪,至元四年以怀远大将军为徽州府总管。按至元四年,元世祖未下江南,徽州尚属南宋,当为至元十四年,遗漏"十"字,似宜核补。

《名宦》卷:毛桌,江山人,宣和间摄歙州事,方腊攻城,城陷,官吏皆遁,桌坐府中,贼胁之使降,不屈,骂贼而死。妻钱氏掖其姑不忍去,俱遇害。事闻,赠朝请郎。《衢州志》所载如此,我郡宜为详补。是年,歙州未改徽州,仍宜书歙。

歙《山川》卷:"县西北三十里曰灵山。"注云:"明初李韩国公善长读书山中。"又云,"为僧撰疏,手书镌板,祷辄应。久之,漫漶不可读,别镂则无验。"以致绩溪修志,遂引《黄华笔记》及《寄园寄所寄》,谓:"李善长,歙人,祖墓在狮塘,产税在汪宗远户。"又云:"善长本非李姓,元季藏修,近居灵金山中,不三四年兵乱,因携幼子流寓定远,转徙池阳。时明太祖提兵过郡,善长收图籍,封锁钥,进谒,上与语大悦,曰:'此吾今日之萧何也。'"又云:"李韩国本属歙人,故其孙贬在绩溪,今古塘、溪塝李氏是其后裔,犹藏洪武二十四年封韩国公诰及太祖手书抄本。崇祯初年,绩民李世选竟携诰敕上奏,验之为伪,下狱论死,刑部李清请宥之,乃释。"按《太祖本纪》及李韩国本传,俱载定远人,太祖未渡江时,即已投谒。太祖尝语群臣曰："吾以布衣起兵,时李相国里居最密迩。"所云歙人,本非姓李,未知何据。太祖由宁国道徽州,攻婺,命李善长、徐达留守建康,何有过郡进谒之事?徽为邓、胡诸将平定已久,善长所收图籍、所封锁钥,未知何郡,亦未知见何史传。至李世选僻乡愚民,系奸人造为赝诰,诱令购买,世选不辨真伪,妄希富贵,致罹重辟,遂疑太祖聊塞主请,故为错误,以开疑窦,为此说者,真三尺童子不若也。似应急为刊落,以免识者嗤噪。且汪仲鲁《浯溪集》中《送李韩国还乡》诗,题为濠梁行,并无桑梓语气,尤可证也。

歙《山川》卷一:"东南苦溪水会扬之水入歙浦。"又云:"苦溪从扬之水下抵深渡,名曰八十里苦,其旁多苦竹云。一南柳亭山下昌溪水,东南至双溪,会于扬之水,入歙浦。"按扬之水发源绩溪北乡,绕绩城会乳溪、徽溪、常庐、登源诸水,入歙东乡至郡北会布射、富资,又西会丰乐诸水,出浦口,下深渡,何以又有扬之水在歙南与苦溪、昌溪合也?

歙《山川》卷:东南八十里曰千丈山,又名吴楚山。其形如屏而丽,相传旧有留侯庙,其地免征。误修入绩溪境内,附于隐张山,绩《志》宜删,歙《志》宜补。

歙《山川》卷:东南乡之绵溪、昌溪,其源近而小也,尚有昱岭源,由白石、老竹二源会于老竹铺,经王干司、杞梓里、磻溪、唐里、漯头至合溪口,与大鄣源合。大鄣源由绩溪鄣山至水竹川口经西村、横溪、斜干、石潭,亦至合溪口,与昱岭源合,同汇于昌溪,经定潭至深渡,入新安江,皆百余里,此旱南之二大源也。由深渡而下,又有大川源、小川源、陔源,皆有七八十里,内多大村巨族,亦具遗漏未载。

绩《山川》卷:大鄣山即《山海经》之三天子鄣山,在新安歙县东,唐时分歙东之地置绩溪,故今在绩溪县东。古今类书、图经、一统志及罗鄂州《新安志》,汪存仁、汪周潭先后所修《徽州府志》,皆云在绩溪县东六十里,秦时取名鄣郡以此。古籍具在,历历可稽。至康熙郡志,于婺源《山川》增出"百二十里曰大鄣山,是为北镇"之语,今《婺源县志》遂谓真鄣山固在星源，特撰《大鄣山说》谓绩溪亦有鄣山，此名偶同耳，而绩溪《志》遂冒为大鄣山，又诋郭景纯误注《山海经》，又诋修府志者误中之误。余因另撰《大鄣山辨》附刊于后。

绩《山川》卷：石照山诗："石镜照奸恶，火焚光不磨。丈夫心地险，莫向此中过。"刊为石，迁所题。按此诗乃曹迁作。迁，字东白，歙人，洪武时会为辽府审理，著有《东白诗集》。迁与程彦亨同为辽府属官，或彦亨与迁偕游此耳。

绩《山川》卷一："东借溪之山登源水南流九十里，至于象山会扬之水。"按《说文》字典并无"借"字，亦不知作何音切，郡志、县志相沿至今。棠疑"绩"字行书讹为"借"字耳。登水之发源处有绩岭，其地又名绩溪田，至与扬之水处，适九十里，其为"绩"字之伪似无疑义。今绩修志，以十五都梅碉之际磡岭易"际"为"借"，易"磡"为"溪"，强为牵合，但际磡之水尽流宁国，与旧志所云登水之源发于绩溪之语不符，恐其伪更滋，伪似当核正。再核绩之《山阜水源图》，其登源与遥遥源绘作两河已误，其闻钟岭、绩溪岭凹、龙须山位置又错，亦当重绘。

绩《山川》卷："绩溪东百余里曰龙塘山。"按山虽分脉于绩溪，实在浙之昌化境。宋咸淳间，度宗敕赐地也。杭州、昌化均已修入郡志、县志矣，龙塘山又修有专志矣。我郡不宜阑入。

绩《山川》卷："绩溪东北五十里曰彬坑山，西北四十五里曰古塘山，即万罗山。"嘉靖汪《志》误"彬"为"杉"，误"万"为"葛"，康熙赵《志》沿袭未改。今宜校正。

《郡城垣图》卷：按南山门进城至陈公祠前，分为二街：东首一街绕乌聊山麓由太子堂前至税务上，直通上北街，出临溪门；西首一街过城隍庙转北至新安卫前，又于卫前分为二街：东一街由火神庙左上至十字街，直通小北街，出阜安门；西一街由新安卫右直上，至大学士坊，此城中之直街也。又西潮水门横贯一街，经府治前、经钟楼、经许文穆相府、经胡襄懋报功祠至太子堂前而止。又府治左迎和门横贯一街，经大学士坊、经察院前、经十字街、经税务上至德胜门达歙城，此城中之横街也。今阅所绘街衢，又漏又错，更将许文穆相府载于报功祠处，此图开卷即见，所当急为改正。

《公署》卷：黟县征输库下"景泰间本府同知黄瑄建为府署"，按《职官》同知内并无黄瑄之名。

《厢隅》：绩溪十三都并各村坊，嘉靖《志》遗漏未载，康熙《志》亦即仍之。

《公署》卷："大德三年，总管李翼如迁公馆于东关今处"。按郡《职官》，总管李贤翼又为至大中任，名与年分两异，似宜核正。

《学校》卷：元初，学中殿舍为兵拆毁，有前乡贡进士徐珩首议兴复；至元二十八年，教授杨斌请复军营所占本学贡院基地；大德四年，教授徐拱辰重建讲堂、祠、亭，并修祭器、书籍。按徐珩未见人物各传，且杨斌、徐拱辰亦未修入职官，亦宜补正。

《歙县学》卷：元初戌兵拆毁，教谕吕泰初等相继兴复；至大庚戌，县尹宋节葺之。按《职官》教谕并无吕泰初之名。

《桥梁》卷：绩溪来苏渡桥在县西二里徽溪津。宋苏轼自海南归，过县视其弟，县令苏辙率士夫迎之至此，故名。按苏辙于元丰间任绩溪县，苏轼于元符间自海南归，相后二十余年，何可妄为附会？明初，程贞白撰有《潭石桥记》，内云："昔苏文定公令绩时，绩之父老迎之潭石，故名潭石为来苏渡云。"宜从程记。

《勋烈》卷：程灵洗，歙县篁墩人，误为休宁；宋理宗宝庆三年追封侯诰，又误刊于汪华传后，俱宜改正。

《宦业》卷：方储之字，谢承《后汉书》"字圣明"，严州、淳安《志》亦"字圣明"，惟宋寇方腊自号"圣公"，今郡志谓储"字圣公"，恐误。

《宦业》卷内张震，字彦亨，婺源人，贯歙籍；《风节》卷内张震，字彦亨，歙人，同姓同名同字同籍，又俱在乾道、淳熙间，其事实迥然不同，未知是一人欤，抑二人欤？

《文苑》卷：程珌传"知当阳县"，按《安陆府志·职官》内并无程珌之名，复阅杭州《志》，珌曾莅过富阳，想为"富"字误"当"字，宜改正。

《文苑》卷：郑潜传末附黄彦清，歙人，官国子博士，以名节自励，坐在梅殷军中，私谥建文，诛死，宜于忠节立传，不宜附于郑潜传末。

《荐辟》卷：苏守贞，休宁人，洪武间以荐辟历官两浙盐运使。检《两浙盐法志》，苏守道，永乐间任两浙盐运副使。洪武、永乐年分不同，守贞、守道名亦不同，正使、副使职更不同，复核明《志》，又漏未载，似当考正。

《拾遗》卷：绩溪令孙懋督粮征帛，里长胥吏不能为奸，民皆安乐。罗鄂州与孙同时生存，不能立传，故修《新安志》载于《杂说》，后续修者未谙其故，仍载《拾遗》，不于《名宦》立传，可叹也。

《拾遗》卷：孔目官章愈陈于太守均减绩邑无归之税，定输诸县折绵之钱，民徽其惠，其鞫狱，又务全活，亦因与罗同时，暂载《杂说》，相沿至今，似应于《名宦》另为立传。

《隐逸》卷：元汪庭桂，婺源人，十八举进士。宋《科第》内，未见其名。

《书籍》卷：《易学启蒙翼传》后注"程直方撰"。按《井观琐言》谓："新安胡庭芳所著《周易翼传》，五行相生相克之理，持论甚新。庭芳，胡一桂字也。"且又采入《四库全书》。则《周易启蒙翼传》为胡一桂著，明矣。似当更正。其父胡方平所著《易学启蒙通释》二卷，亦采入《四库全书》，郡志亦逸未载。

《隐逸》卷：元黄一清，休宁人，其孝行竟能动天格物，已与母吴氏同膺旌表矣！宜将吴氏补载《列女》、一清改载《孝友》。

《古迹》卷：秀锦楼下注："在城西北隅，宋直宝谟阁汪藻守歙时建，方秋崖为作赋云：'正紫阳以西转，倚谪仙而自矜。北黄山其六六，轩后轶而上征。峟问政之高峙，逼春雾于华屏。飘吾袂以轻举，讯许聂于云轺。'"按秀锦楼为郡守汪侯建（名立中），侯之先本歙人，宋宝庆时以直宝谟阁来守是郡，作秀锦楼，窃比昼锦之意。大会宾客，使方岳作赋，赋有小序，叙述已极明晰。前修志者并未详考汪藻为何时任，亦未详考方岳为何时人，将秀锦楼附会为汪藻建，何其疏略若此？摘录赋中数句，"紫阳缭以西转兮"，乃去"缭"字而加"正"字，轩后"后"字误为"後"字，"逗"字误为"逼"字，又将数"兮"字删去，殊不解其何意。此种伪谬，所当急为改正也。

《修志源流》：《新安志》，淳熙间郡人罗愿纂；《新安广录》，嘉定间郡人姚源纂；《新安续志》，端平间教谕李以申纂；《新安广录续录》，淳祐中纂；《新安后续志》，元延祐时洪焱祖纂。因《新安广录》下注"嘉定中郡人姚源纂，时太守吴兴倪祖常"，嘉定"定"字误为"熙"字，遂将《新安广录》编次于《新安续志》之后。殊不知姚源虽无可考据，而倪祖常之任徽州，在嘉定十五年，则可考也。相沿至今，竟未有考核更正者，可叹也已。

大鄣山辨

邵棠

应劭云：秦用李斯议，分天下为三十六郡，凡郡或以列国，或以旧名，或以山陵，或以川源，或以所出，或以号令，而鄣郡则取名于古之歙县，今之绩溪其东之三天子鄣山也。盖鄣山与会稽、太山、琅琊同著名于《山海经》，故亦取之以名郡耳。

厥后，郭璞注三天子鄣山，谓："今在新安歙县东，今谓之三王山，浙江出其边。"郭注极为明晰。郡志建置表于歙县内载："唐天宝四载，采银铅于鄣山。七载，罢采。"今鄣山内旧开洞穴如岩如渊，钟淬若阜，其地名银场坦，流传至今。由银场坦而东，其最雄大为诸山祖脉处，检之古籍，编字为"薄"字也，编号为九百三十有一迄三十有七也，皆注"土名曰三天子鄣"，此前朝印册，掌之官司，必为历代所传，最为确实。至类书《图经》《地舆》《方舆》《广考》《备考》《一统志》《江南通志》及历朝郡志诸书，不下数十余种，记载稍有不同，无不谓大鄣山属之绩溪者，无不谓秦之名郡以此大鄣山者。

阅《婺源县志》之《大鄣山说》，不觉哑然失笑也。谓府志名张公山，亦名率山，不正名为大鄣山；又谓后修府志者误中之误。夫修志，实录也，先必根审其旧籍，然后考之史册，稽之图经，参核乎诸子百家之书，择焉而精，议焉而确，自不能故悖诸书，而谓秦时名郡之大鄣山，不属之绩而移之婺也，此安得为修志者咎耶？又谓绩有鄣山，此名偶同，而绩溪志遂冒为大鄣山；又谓故鄣县去此不远而附会之；又谓郭璞误注《山海经》，遂以此为据。嗟乎！绩自歙分以来至正德间始克修志，而婺《志》则于宋、元时已有成书，其中序、记间及山水者甚夥，并无引用大鄣者，奚以遗落未修而俟绩《志》之冒耶？

秦立鄣郡，其地在今广德州东北，距绩鄣山仅三百里，且山脉又从鄣巅而下，居封域之正中，是以取此。若以率山为名郡之郭山，非特偏远一隅，而率山之西即为九江郡地，更无取此作镇之理。至郭璞，虽闻喜人，挟青囊术避地东南，江左山河皆为剑佩经临之地，其注《山海经》也较为精确，非若郦道元之身居北魏而注南水之约略也。谤以误注，其谁信之？又以朱宗伯大同有《说》，汪京兆循有《记》，余布衣养元有《辨》，汪司马道昆、邹内翰德博、俞山人安期皆曰真郭山固在星源，今其文不尽传。夫既有《说》有《记》有《辨》，而汪、邹诸君子又有言矣，或见之简编，或闻之父老，自宜搜罗记载，以著其所言之确有可征，旋又以其文不尽传，一语括之为斯论者，何闪烁其若此也。朱同虽有率水之《辨》，止称张公山即古之率山，并无所谓又名大郭山者，引以为证，亦属徒然。而凡例内又引汪循"蟠踞徽饶三百里，平分吴楚两源头"之句，极为精确，名人诗赋不过借景寓情，如苏长公之以赤嶂为赤壁而作前后二赋也，后之人终不能以嘉鱼之赤壁为非赤壁，而以黄冈之赤嶂为真赤壁也。况汪诗亦据地势而形之吟咏，亦并未有指明为秦时名郡之郭山也。揆婺修志之心，必以历朝俱名率山者为郭山，又不肯仅蒙其名而转攻绩为冒。绩《志》受妄作之讥，固不足惜，使郭璞以后名公巨卿撰经修志及辑各种类书，凡谓大郭山之在绩者尽受冒昧之名，其关系岂浅鲜哉？

余今取《山海经》而详核之，记山记水分类，四方厘然不淆，三天子郭山在《海内南经》，故注云"今在新安歙县东"是也；"浙江出三天子都"，在《海内东经》，故注云"出新安黟县南蛮中"是也。《经》有东、南之分，注有歙、黟之别，三天子又有郭、都之殊，而婺又岂能以《海内东经》在黟之三天子都，而遂兼并《海内南经》在歙之三天子郭山也哉？

跋

慨我徽志，自康熙已卯经前辈赵恒夫诸公纂修以来，百有余年，不克续修。迨嘉庆丙寅，铁冶亭制军檄各府州县修志，亦惧历年久远，恐文献之不足征也。越数稔，适龚暗斋夫子来守我徽，政通人和，公余之暇，延请名宿续修郡志。棠携此册谒之，猥蒙许可，送之志馆，以备参考。

嗟乎！我徽不幸，竟为大僚檄我夫子往皖，即调皖守，不使回徽，令我徽民莫能攀辕卧辙，留我召父，去思之悲，何日已也。而志馆亦立马中止矣。人寿几何，河清难俟，志之续修，渺渺无期。二三同人，恐此册之湮没而无闻也，教付剞劂，刊以存之。自惭学浅才疏，不几如《颜氏家训》所云"田里闲人，音辞鄙陋"，自谓清华，流布丑拙乎！奈驴券兔册，自忘其俚，祇有漆颜，以听世人之底嗤而已。

乙亥郡人邵棠自跋[1]。

---

① 乙亥即清嘉庆乙亥，即公元1815年。

附录二则①

大鄣山记②

元·舒顿 ③

浙水出大鄣山，见诸郡志。其山高数百丈，石如壁立，横截溪洞间，深邃不可测。去邑五十里，东接唐昌，出天目山，南逾歙度，陆衍远陂陀，会于钱塘，其源盖出于兹。

予生五十有二年，因避地，历览兹山之胜。西南由大塘上甘桃岭，行数里，崎岖确硌。周百丈岩前，曰屏风岩。两岩对峙，如相尔汝然；傍曰云洞岩，之下曰葫芦潭，其状维肖；上曰龙潭，皆深不可测，中有鱼龙居焉。复去数里，皆苍岩翠壁，云林雾峤。大石如削，凿穷度足，架独木为桥，名曰险桥。匍匐而往，临深跨绝，过者股栗，莫敢下视，稍弗谨，致陨厥命。度四十二弯，攀藤萝，跨石磴，曲折纡回，若断若续，若见若隐，高若升云，下若入阱，其宽可以容车，其窄可以立足。前曰暗坑，林木蓊郁，石若屋覆，行休息其下，虽盛暑可以衣重褐。又度一岭，曰瓦窑，上胡子坑，观龙门泉，喷喫不绝，雨旸致洪纤焉。山之南曰湖田，相去五七里，广数百亩，皆平衍无石。一庵居有发僧，仰四方布施，有田出芦可以为帘；田之阴产营草可以为席，人皆赖以资生。曰白鹤池，清泚可爱。由胡子坑寻源而上，又三四里，巨石横涧。嵌立茶炉、药研、丹井其上，皆天成自然，非人力所致。旁有弈棋石，方平卓立，未知刘商辈曾著手否？又去数里曰平墓，四山开关，一望

---

① 本文系编著者所加，用于佐证邵棠的《大鄣山辨》。

② 《大鄣山记》，选自舒顿《贞素斋集》卷一。文集收入清文渊阁四库全书。

③ 舒顿（1304—1377年），又名鼎，字道原，天台上人，居绩溪城内北街。擅长隶书，博学广闻。曾任台州学正，后时艰不仕，隐居山中。明朝初屡召不出，洪武十年（1377年）终老于家。归隐时曾结庐为读书舍，其书斋取名"贞素斋"。著有《贞素斋集》《北庄遗稿》等，收入《四库总目》。《新元史》有传。

豁然。岂料穷谷中坦夷如许！墓曰"天子"，世俗相传，藐不可考；岩曰"通判"，亦不知何代人。曰双峰，诸山之最高者，地理家谓之山祖，犹言发骨处。曰上邨，地稍亢旷，居者断竹引泉，弗劳汲绠。上邨之外，曰爆竹坑，松篁间植，茅舍棋布，逶迤五七里。自西山出大岭，北通石痕村。岭之长里之计凡十五。其地多寒，虽盛夏无蚊蝇。阴云则雨。民居其间，无良田美池，种茶艺粟，采药椎蕨，以遂其生。无五味以戕其寿，无声色以贼其性，风俗淳朴，率皆八九十岁人。

嗟呼！昔闻郫山之胜，拟欲一往而不可得。兹因避地，获遂所怀。惜不得畅情纵览其间，搜罗远代名人仙子胜迹，以纪其实，又不得从容与其父老诉我罹乱之苦。虽或观其大概，终莫能畅然于怀民之生也。天下治，无狱讼之忧；天下乱，无干戈之扰。樵山引泉煮山中所有，以全其天，以终其年，如斯而已迨乎。时平兵息，尚可携友读书其间，以娱老境。山中猿鹤，毋曰生客。

郭山辨①

清·周赟②

《山海经·海内经》有三天子郭山，郭注，在今新安歙县东。《海内东经》浙江出三天子都。今大郭出绩溪县，晋时本为歙县一县而未分也。郭山东西之水皆下为浙江。然则《山海经》三天子郭山与三天子都乃一山，而"郭"字，"都"字讹耳。秦之名郭郡，未必定以此山，即以此山，是秦亦沿山名之讹以名郡，后人复因郭郡之名以名山，此自然之势也。论者据秦有郭郡之名，遂定此山为郭山，可谓不揣其本矣。且自来辨此山者，博采旁稽，聚讼不已，令人读之欲睡，亦只各矜淹贯，力辨山之所在，而于三天子都之名终不可解，予谓此固不待淹博而后见者。

予观黄山正脉，至绩北丛山关之南为一大收束，形家所谓过峡也。向东特起为郭山，由宁国、昌化之界，蜿蜒北行，如龙楼凤阁，势极雄壮，形家所谓干龙也。至宁国东境分一支脉，东折为浙之天目诸山，至海而尽，以开杭州都会，形家所谓结局也。其正脉之北行者，分为左右二支：左支为紫金诸山，至大江而止，开金陵都会；右支为林屋诸山，至太湖而止，开姑苏都会。临安、建业、姑苏，皆可建都，而此山为三都会之祖山，此以名三天子都也。徽人好言地理，于不当言地理处或斤斤言之，独于此山，古来偏无一人言及地理，殊不可解。或谓明太祖都南京，真天子都；南宋偏安，夫差僭

---

① 该文收入绩溪县地方志编纂委员会编写的《绩溪县志》（黄山书社1998年版）。

② 周赟（1834—1911年），字子美，又字蓉裳，别号山门。安徽宁国胡乐人。同治三年（1864年）举人。壮岁从戎，入曾国藩幕府。光绪十二年（1886年）任青阳训导，受知县华椿委托，总纂《青阳县志》，光绪十七年（1891年）修成付梓。将所得润笔，悉数捐建育婴堂。其后又主持纂修《九华山志》，至光绪二十七年（1901年）告竣。是年以劳绩著交部议叙，因遭诬讦，调署宿松县训导。后邑人禀请，不数月仍回青阳原任，并兼理教谕。邑人拟送"万民伞"，赟坚辞不受，赋诗云："儒官未是宰官身，岂有恩膏到万民。他日还山须戴笠，敢将大盖吓乡亲。"毕生致力于汉语音韵学研究，著有《蓉裳文稿》。其诗画俱优，绘有《九华山水全图》，并将青阳县及九华名胜分别概括为"十景"，一一赋诗以纪之。另作有《游九华》《望江亭》《青阳怀古》《东崖夜坐怀古二首》《青阳感怀》等诗。

号，何足当之！不知此特言其形胜，如谶纬之说，在古人名此山及作《山海经》时，岂论夫差、南宋哉！然者之志地舆者、志安徽者、志徽郡及绩邑者，于此山皆未有是言也。乃余特为南关一族之十景言之。

闻见晚录

（嘉庆乙亥镌，寄蜉草堂藏版）①

方静　点校

序

古今载籍多有参不透之遗义，古今典故多有见不到之遗事，以及飞潜动植之物塞于两间者，又多有遗所。从来沿讹袭谬不可殚述，自昔贤哲所撰类书不下数千万卷，搜考辨驳，亦极精详，至前辈顾宁人复有《日知录》三十六卷，赵云崧复有《陔余丛考》四十三卷，洵乎识高千古，学贯三才，穷经考史，几无遗义矣！究异参同几无遗事矣！征引考格几无遗物矣！庸讵知天壤间之道也，理也！无穷无尽，终莫可究，极也！古人谓如扫落叶，旋扫旋坠；如刈草蘖，旋刈旋萌。

阅我寄蜉老人之《闻见晚录》而益信焉！老人与予同庚，少负异姿，长嗜古学，经史以外、诸子百家之书，无不潜心批阅，而于丛书秘书尤所留意，且性好游览，凡名山胜地，兴之所至，即买舟蜡屐，或留恋月余，或盘桓旬日，以致山陬海澨，神皋奥区，无弗耽其雄深，穷其奇异，随其所得，收入奚囊。《黄海》及《匡庐纪游》二刻早已流传，为卧游者奉为津筏矣！以老人家藏《玉枕石函》之隐编，性怀龙门康乐之高旷，虽不自诩淹通而考证赅博，迥非略经涉猎，徒事撼拾者所可企及。宜其有闻所未闻，见所未见，足以补前贤之遗漏也。

---

① 嘉庆乙亥年为公元1815年。寄蜉草堂为邵棠居宅堂号。

老人以先世子文公撰有《闻见录》，其子又撰有《闻见后录》，故亦自名为《闻见晚录》云。

嘉庆十九年岁在甲戌余月

侄孙家庆叶卿氏拜序于寄蜉草堂

上 卷

绩溪邵棠撰

目 录①

1.《宋史》不画一处

如"睦寇方腊乘吴中困于朱勔花石纲之扰，倡众作乱"一事，按《徽宗本纪》宣和三年夏四月庚寅，忠州防御使辛兴宗擒方腊于清溪。《童贯传》初使辽得马植，归荐诸朝，遂告谋取燕，选健将劲卒刻日而发，会盗方腊起，即移师讨腊，以童贯谭稹为宣府制置使，宣和二年十月也。三年四月生擒腊及妻、子伪相方肥等，四年余党平。《韩世忠传》宣和二年方腊反，世忠以偏将从王渊讨之，贼败而遁，世忠穷追至睦州，挺身渡险，捣其巢穴，擒腊以出。再按《王渊传》，并无宣和三年与韩世忠同讨方腊之事。史以传信，纪载

① 本书所引用的《闻见晚录》，系国家图书馆所藏，原文上下卷正文前各有一个简单的目录，为保持原书的整体性，直接抄录，并编写相应序号。

如此互异，后之人安所遵循也？

2.水碓

古人制杵臼以利万民，全藉人力，而我徽于溪浒之旁建房造车，筑堰引水以激车板，遂使砲磨旋转不已，其法盖始于晋，杜元凯教人为连机水碓云。

3.平台湾事姚传失检处

袁枚作《姚启圣传》，谓施琅进攻台湾，启圣率兵相助，至鹿耳门，门仄水浅，鼓之舟不得上，启圣祷天妃庙借水，明日大战，炮发水骤，长一丈，舟并行如鸟，张翼而上云云。林芝嵋作《台湾纪略》，谓澎湖最险，难以泊舟，至是水神效灵，九日海不扬波，麓涌甘泉，大师直抵台湾云云。

此康熙二十二年施琅、姚启圣等平定郑克塽之事，共一事也。袁则以为水涨，林则以为水涸，大相径庭。按林所作纪略注明某日师克某处，并无师次鹿耳门，借水长水之事。芝嵋闽人，生当其时，宜为实录。厥后康熙六十年台湾朱一贵作乱，蓝廷珍统领大兵抵鹿耳门，贼目苏天威率众据鹿耳门，扼险迎敌，维时海灵助顺，潮水涨高八尺，大兵得以连樯并进，士卒争先登岸云云。蓝鼎元时在军营撰有《平台纪略》，所叙如此，袁作《姚启圣平郑克塽传》，得毋误以蓝廷珍平朱一贵事附会耶？

4.《广陵散》《大平引》

《嵇康传》云康将刑东市，索琴弹之曰："昔袁孝尼尝从我学《广陵散》，吾每靳固之，《广陵散》于今绝矣"。又《文士传》云嵇康临死颜色不变，谓其兄曰："向以琴来否？"兄曰："已至"。康取调之，为《大平引》，曲成叹息曰："《大平引》绝于今日耶？"

一以为《广陵散》，一以为《大平引》。考之古今琴谱，二阕皆未之见，然古今相传，皆以为《广陵散》绝矣，并未闻有所谓《大平引》者，岂《文士传》不足信欤？而前明郎仁宝，谓在顾东桥书室，见有神奇秘谱，首列《广陵散》，共该四十四拍云云，按历朝书籍志、乐志，皆未见有此谱，何以至明始出，其为伪托无疑。

5.刻印用"之"字

古今人镌刻印章，往往有某某之印字样。余按印中用"之"字，始于汉武时，谓土数五，凡印文必要五字，若印文不满五字，则以"之"字足之，今人不论三字四字，皆用"之"字，是昧"之"字之由来矣。

6.洛泽林

忆曩时游九华，回道经古黟之羊栈岭时，值严寒，早陟岭巅，其树木枝干悉凝为冰，殆如玻璃，所琢耽玩者久之，舆夫曰："此洛各林也。"大寒时高山深谷，常常有之，不过雾雨陡遇北风即凝结耳，此何足奇？予思"洛各林"，未知何字何解，偶阅《楚辞》，有冰冻兮洛（历各切）泽（徒各切），始知"洛各"为"洛泽"。《玉篇》云冰貌后，于严寒雾敛时观之，莫不皆然。顷见《悬笥琐探》载木冰事，谓成化丙戌十一月朔日，雾著草木枝柯皆白。因《检玉笥集》有云"冰凌禾稼达官怕"，既而闻河南李少保贤有疾，十二月十四日竟卒云云。又《七修类稿》杂引《洪范》《五行》诸书以为有兵甲之象，又谓成化丙戌冬京都雾下，少顷草木皆白，明春（原注：按《明史·李贤传》，卒于丙戌十二月十四日，与《悬笥琐探》同类稿谓明春恐误）李文达公卒云云。予以为李公之殁，适逢其会耳，古来贤公卿大夫不可胜计，其殁时未必皆有木冰之验也。即如汉元帝竟宁元年，大雾树皆白，次春石显死，岂奸佞之臣竖亦应此耶？

7.月阙向西

《左传疏》月体无光，待日照而光生，半照即为弦，全照乃成望，是以合朔之后，月之右与日之左较近，则明在右而魄在左，其明渐多，其魄渐少，是为新月，其阙处皆向东；既望之后，月之左与日之右稍近，则明在左而魄在右，其明渐减，其魄渐大，是为残月，其阙处皆向西。余览《玉堂漫笔》乃云戊戌正月十九夜，予寓东长安，是夜，客散适见阙月初升，阙处乃西向，疑之。按望之后月即为残月，阙处向西，亘古皆然，而陆俨山又何必于此生疑也！

8.齹、齼、莶

余家藏有古本扬子雲《反离骚》，内有"累初贮厥丽服兮，何文肆而质齹（音械）"之句。应劭注"齹"，狭也。今本《反离骚》改为"齼"字，按齼字古本《礼记》脂用葱膏用"齼"，今本《礼记》又俱作"莶"，文字之日趋简易，渐失本字之义，可慨也。

9.雁宕山石刻图诗

于友人斋头见有石刻雁宕山图兼有名人之诗，王献之《题梅雨潭》云："寒谷银河涌九天，潇潇细雨弄岩前。海风狂激晴岚满，洗出含珠对月圆"。谢灵运《题剪刀峰》云："一柱凌空曲涧隈，分明两股几时开。灵湫瀑布三千丈，付与并州自剪裁。"按《涌幢小品》云：雁宕山前世人所未见，谢康乐好游，亦未曾至。宋真宗建玉清昭应宫，因采木深入穷山，此境始露于外。周清原亦云：谢康乐守永嘉，辟奇境殆尽，雁宕无闻焉，且六朝以前，七言绝句亦鲜经见，其诗气韵亦在宋元之间。嗟乎，雁宕名山，不必以王谢传，王谢名士不必以雁宕传，为此诗者亦甚无谓矣！

10.县署面北

天下省垣府县之治署，率皆面南，惟东粤之大埔县，其治署在茶山之阴，独面北未知何故，考《潮州图经》，谓茶山形势如众星之拱辰，极尽有教忠之意云。

11.《乡党》篇内错简

《乡党》一篇皆孔门弟子，见夫子一静一动，各书以记之。如见齐衰者，虽狎，必变；见冕者、与瞽者虽亵，必以貌；有盛馔，必变色而作；迅雷风烈必变。记此数事，以见夫子容貌随时之变，其凶服者式之，式负版者，此为在车之事，宜在车中，不内顾、不疾言，不亲指之，后以记夫子升车及在车动静之容。盖以齐衰者、凶服者皆为有丧之人，如为一人，所记似不必岐而为二。此可为非，共一章之证。余疑或为错，简鄙见如此，未知然否？

12．"夒"字

"夒"字，字彙补谓人名。宋有李夒，著《晋书》，指掌十二卷，其"夒"字之音义未详。按"夒"字从"止"从"文"，为古夔字，舜时典乐之官。曹植《元畅赋》有"思钟以协律，怨伶夒之不存"。又唐时有曹绍夒，为太乐令，想绍夒素习音乐，慕夔而命此名耳。

13．或谓《易经》亦有阙文

昔东方朔对汉武帝引《易》曰："正其本，万事理，失之毫厘，差以千里"四句，杜钦《上王凤书》引"正其本、万事理"二句，《太史公自序》引"失之毫厘，差之千里"二句。今《易经》内无此语，或遂疑《易经》亦有阙文。余按此四句出于《易纬》，汉时似无《易经》《易纬》之分，故引用均谓之《易》。至唐以后所传者，皆《易经》，而《易纬》不少概见矣。其实非《易经》阙文也，其"失之毫厘，差之千里"，自汉至今传为俗语，而《陔余丛考》杂引古今成语为俗，所传者二百有余，独遗此二句，何也？

14．太公钓处

太公钓处，或曰渭滨，或曰磻溪。《吕氏春秋》谓太公钓于滋泉，《说苑》谓吕望钓于渭渚，《列仙传》谓太公钓于汴溪，诸书所载不同。按滋泉之水落于磻溪，磻溪入于渭水。所谓渭渚、渭滨、滋泉、磻溪俱不甚相远，惟《列仙传》谓钓于汴溪，未知何处。

15．蜀孟昶改元广政

后唐清泰元年四月，蜀主孟知祥改元"明德"，是年，知祥已殂，其子孟昶嗣位，仍袭父号。至后晋天福二年，昶再改明年元曰"广政"。今阅《资治通鉴》，天福二年十二月戊申，蜀大赦，改明年元曰"明德"，是"广政"伪为明德明矣。《容斋续笔》谓，孟昶仍父知祥"明德"，则后之改元"广政"，亦未深考，而史炤、胡三省、陈仁锡辈辨注评阅，亦未校出。将来有重刊《资治通鉴》者不可不改正也。

16. 牙牌

宋宣和间，有制牙牌三十二扇以为戏者，以两六为天牌，以两一为地牌。天牌二扇象天之二十四气，地牌两扇象地之东西南北。余以为万物之数本乎一。又河图天一，生水地六，成之则当以两一为天，两六为地。天牌两扇四点象四时，地牌两扇二十四点象二十四气，未知可易其名否。

17. 万岁

《东斋纪事》谓"万岁"之称，不知始于何代，商周以来，复不可考云云。《陔余丛考》谓"万岁"本古人庆贺之词云云。二书征引古时所言，"万岁"之处甚广，而《丛考》尤较赅博。余按《孔子家语》令尹子西谏楚王曰"禁后世易耳，大王万岁之后起山陵于荆台之上，则子孙必不忍游于父祖之墓，以为欢乐也"，是"万岁"二字实始于此，此是称逝期也。又《飞燕外传》云："吾老是乡矣，不能效武皇帝求白云乡也，嫛呼，万岁！"又《云仙杂记》明皇御案墨曰："龙香剂一曰见墨，上有小道士如蝇而行，上叱之，即呼万岁，是妖异之物，亦知效嵩呼也。"又常侍言旨元宗为太上皇时，在兴庆宫，久雨初晴，幸勤政楼，楼下市人及往来者愈喜曰："今日再得见我太平天子，传呼万岁，声动天地。"又《李和文遗事》云：仁宗尝服美玉，带侍臣皆注目仁宗回宫，问内侍曰："侍臣目带不已，何也？"对曰："未尝见此奇异者。"仁宗曰："当以遗虏主左右。"皆曰："此天下至宝，赐外夷可惜。"仁宗曰："中国以人安为宝，此何足惜？"臣下皆呼"万岁"。是皆二书所遗漏也。至魏太祖表封荀或为万岁亭侯，晋伏琛撰《三齐略记》曲城齐城东有万岁水，水北有万岁亭，未知表封荀或即此地否？

18. 弹命

世有瞽者，以人生年月日时之干支推算人之休咎，或唱或讴，以近世所制三弦弹之，及以壶琴操之，其推算间有验者，未知起于何代。按刘敬叔《异苑》所载，南平国岳在姑孰，有鬼附之，每占吉凶，辄先索琵琶随弹而言，事有验。或云是老鼠所作，名曰灵侯则令之"弹命"，或昉于此欤。

19.纳甲

先天八卦之纳十干，亦本于五位，相得而各有合。孔子曰："五行用事，先起于木"。"木"，东方万物之初，皆出焉，故乾纳甲，所谓大哉，乾元万物资始，乃统天也；遁甲经谓六戊为天门，则戊亦当为乾所纳矣；癸为十干之终，坤为八卦之终，故坤纳癸所谓至哉；坤元万物资生，乃顺承天又所谓用六，永贞乃大终也；遁甲经谓六己为地户，则己又当为坤所纳矣；乾父坤母各纳二干，至震为长男，则纳庚巽为长女，则纳乙坎为中男，则纳壬离为中女，则纳丁艮为少男，则纳丙兑为少女，则纳辛以上阴阳相配、天干相合。所谓阳者，君道也、夫道也，阴者，臣道也、妻道也，故甲木克己土、庚金克乙木、壬水克丁火、丙火克辛金、戊土克癸水。若有君臣制驭之象，故甲与己合、庚与乙合、壬与丁合、丙与辛合、戊与癸合，若有夫妻和顺之象，可见其中无不有至理存焉。

余按古时之纳甲全无意义，至以月之朔望弦晦以配纳甲，尤属支离矣。或有难于余，曰："子谓古之纳甲，惟乾坤之纳甲癸，所谓原始要终为合于理，余卦所纳皆无意义，则子所说纳甲，请言其详。"余应之曰："六戊为天门，应归乾矣；六己为地户，应归坤矣；坎为阳卦水位也，壬为阳水，坎不宜纳壬乎？离为阴卦火位也，丁为阴火，离不宜纳丁乎？艮土生于丙火，艮宜纳丙也；兑泽生于辛金，兑宜纳辛也。巽本阴木，乙亦阴木，巽亦宜纳乙也。"或曰："子所说乾纳甲而又纳戊，坤纳癸而又纳己，坎纳壬、离纳丁、艮纳丙、兑纳辛、巽纳乙，于理似矣，而震纳庚其说何也？"余应之曰："震为长男，巽为长女，二者皆属木焉，不能相克相合，以成君臣夫妻之道，故震纳庚金以克乙木，又庚与乙合，则君臣夫妻之道得矣。不玩震之六二乎。曰勿逐七日，得七日，所得者何？庚也！自甲至庚为七日也，震之纳庚即是道也。"或曰："古人谓《易》之道无所不通，洵不虚矣。"

20.韩文

洪景卢谓韩退之为文章不肯蹈袭前人一言一句，故其语曰"惟陈言之务去，戞戞乎其难哉"，独"粉白黛綠"四字似有所因，谓本于"粉白黛黑"。余谓以此窥韩则浅矣，夫韩文除明引经传古文之处，间有语句而与古文稍有一二字不同者，如《与柳中丞书》之"虽古名将"，似本于太史公之"虽古之名将"也；《杂说》之"失其所凭依"，似本于《左传》之"神所凭依也"；又闻与古文同者，如《赠张童子序》之"厥惟艰哉"，似本于《书经》；如《祭十二郎文》之"零丁孤苦"，似本于《陈情表》之类是也。退之之文，一气鼓荡经史百家，无不奔赴腕下，曷尝规规焉于字句间计异同也！

21.七律亦有全用仄音者

晏元献谓梅圣俞："古人诗句中全用平声，如'枯桑知天风'是也，但恨未见全用仄声耳。"圣俞既别，乃作仄体寄公。今赵云崧征引古今之全平全仄诗句，可谓广矣，其诗皆古体及五排，未见七律有一句全用仄音者。余见宋汪柳塘《寄怀朱晦庵先生》七律云："道在羲皇孰断金，至人出处合天心。青山白云有生路，流水落花无俗音。世外太古日色静，洞中一片春风深。自怜晚辈服膺久，亦许杖屦来相寻。"此诗颇佳，选宋人诗者，皆未采及，故因此而表出之。柳塘名莘，字叔耕，休宁人，著有《柳塘集》。

22.沐雨栉风

《庄子·天下篇》谓禹沐甚风、栉疾雨，《淮南子》谓禹沐淫雨、栉疾风。古今相传皆曰"栉风沐雨"，则《南华》之"沐风栉雨"得无枕流漱石之误也？

23.女人胎孕

方书谓女人经尽一日至三日，新血未盛，精胜其血感者成男；四日至六日新血渐长，血胜其精感者成女。又谓女岁奇而受孕于偶月，女岁偶而受孕于奇月为男，奇岁遇奇月，偶岁遇偶月为女。又有阴血先至成坎，阳精先入成离之说，而世人孪生者，或有一男一女，若如诸书所云，必为两日两月两次受孕矣，有是理乎？

按修养家以鼻为玉洞，阴时右通，阳时左通，亥子之交二鼻俱通，所谓玉洞双开是也。愚以为男女媾精之际，遇阳时左鼻通则偏左受精而为男，遇阴时右鼻通则偏右受精而为女；遇亥之末，两鼻俱通，精血强壮，则为双女，弱则为单女；遇子之初，亦两鼻俱通，精血强壮，则为双男，弱则为单男；若遇亥子交界之候，阴阳各半，精血强壮，则为一男一女，精血衰弱，则单生男或单生女；其单男杂有阴气或成阉男，其单女杂有阳气或成石女；其中更有身兼二体，值男为女、值女为男者，前半月阴后半月阳者，类皆时兼亥子阴阳相杂间气所致。至于品胎四胎，世不常有，则又精血之极强极壮者也。故杨子谓人之胚胎，鼻先成形，人称始祖曰"鼻祖"焉，盖以鼻气先通故耳。譬如，注水之器，上窍开则下窍亦开，上窍闭则下窍亦闭，亦同此义。

24."枚"字省作"文"字

近时，通用制钱，其记数目之多寡也，以"文"询之，老成博雅之士皆不知其何义。按之《说文》《玉篇》《释名》，诸书皆无以"文"记钱之解。愚以为古时记钱之统数则曰"贯"，记钱之零数则曰"枚"，古人写"枚"字省笔去木，故以"文"，习俗相沿，今皆竟呼为"文"字矣。亦犹天干之以"干"，地枝之以"支"之意也。但"枚"字从"木"，从"攴"，"攴"字音扑，今乃写为"文"字，呼为"文"字，致失"枚"字省写之原来耳。

25.东坡《石钟山记》

《水经注》四十卷，《崇文总目》谓其已佚五卷，故李吉甫、乐史所引《水经》各语，皆未见于今本《水经》。自辑《崇文总目》以后，宜其无阙文矣，何以苏东坡《石钟山记》首引《水经》云"彭蠡之口有石钟山焉"？郦元以为"下临深潭、微风鼓浪、水石相搏、声如洪钟"，核之《水经》，并无是语。余甚疑焉，若以东坡所引为佚文，而《水经》已有"沔水与江水合流，又东过彭蠡泽"之语，则此卷未佚可知，且细释"彭蠡之口有石钟山焉"之语，似《山海经》《水经》内亦无此种句法，或为东坡自撰，假托《水经》以为作记之发端耳。

26.相鹤经

《相鹤经》一册，唐本计三百四字，谓淮南公撰。宋本计三百二十二字，谓浮邱公撰。据王介甫云浮邱公授王子晋，崔文子学道于子晋，得其文藏嵩山石室，淮南公采药得之。余谓实淮南撰托名浮邱耳。

27.方言出于《汉书》

皖城人言物之低浅曰"赫躃"，言物之精好曰"不赫躃"。询以"赫躃"究为何字何义，皆云相沿方言，不识其字其义。余按《前汉书·赵成后传》内有"赫躃"，书应劭注云"赫躃"，薄小纸也；晋灼注云今谓薄小物为"赫躃"。是知皖城人俗语皆有来历，但渐呼"躃"字为"觑"字音耳。

28.笏囊

《悬笥琐探》谓唐故事，公卿皆搢笏于带而后乘马，张九龄独常使人持之，因设笏囊自九龄始。按《舆服杂事》，五代以来（此前五代），惟八座尚书执笏，以笔缀手，牌头紫囊裹之，其余王公卿士但执手版主于敬。不执笔，示非记事官也。是掌机务大臣造朝之时，必携笔以从事，其笔不便簪珥，故用紫囊藏笏兼藏笔焉，笏之用囊似非张九龄创也。

29.吴中行

读《赐余堂集》不禁喟然而叹曰：张江陵之夺情，迫于君命，而诸臣妒其得权，藉此论列，以为隳万古之纲常，坏天下之伦纪，诟张其词，若有天崩地坼之势。呜呼，亦过刻矣！夫江陵之不奔丧，是江陵之忘情不孝也，何与天下万古之事？素为江陵暱者，易弹章而为箴规，以听其从与不从，何必逆鳞取咎，以沽直名也哉？至吴中行，江陵所举之士，宜念师弟之谊，私唁之、婉谏之，乃不出此而首疏劾之，此何心也？未劾之先，尝作《张封相祭文》者屡矣，其曰："师相在戚，朝野共摧，身之去留，国系安危，师相有心，天子是葵，沥血陈情，诚贯金石"；又曰"师相匍匐，痛拆，肺肠，温纶宸翰，慰恤不遑"。帝曰："元辅顾命受遗，倘汝舍予，予将畴依移孝作忠雅，惟翁志英爽在，天岂不念此？"此又明知江陵阨于时势，不得不夺情也。既撰祭封相之文，又上参师相之疏，前后之心忽殊，文疏之笔顿异，可见古今来不独韩昌黎《上李实书》与修《唐顺宗实录》自相背谬也。

30. 方言出于梵书

我邑谓炎时裸衣曰"赤骨律"，语之于外，鲜有通晓其字其解者。《丹铅录》载北涧禅师偈云："今朝正当六月，一无位真人，赤骨律。"每见罗汉佛像，多有裸衣者，是知此三字，出于禅语也。

31. 甲子日

今人以甲子日为天赦日，莫解其意。《春明退朝录》载宋太祖建隆四年，南郊改元乾德，是岁十一月二十九日冬至，而郊礼在十六日，其赦制有句云：律且协于黄钟，日正临于甲子，乃避晦而用十六日甲子郊也。后修《实录》以此两句太质而削去之，遂失其义。

32. "泽"与"水"不同

江慎修谓"泽之小者为湖，大者为海"。赵耘菘又谓"泽即水也，坎水兑泽，一物而分配二卦，而金木之为用于天下转不及焉，其理殊不可解"云云。余谓"水"自为"水"，"泽"自为"泽"，迥然不同。沟渎湖海，乃坎水也，所以润物；雨露霜雪，乃兑泽也，所以说物，玩《系辞》之"润"字。说字则"水"与"泽"为二物矣。按《说文》露润泽也，霜丧也，成物者也；雪凝雨，泽物者也。徐锴又以为雪之著物积久而不流，其浸润深以泽说物也，故乾凿度曰"怒泽能说恶泽，能美此之谓也"。

33. "註"字不当作"注"字

"註"字，顾野王以为疏也、解也；《毛诗》序疏"註"者著也，言为之解说，使其意著明也，如郑康成、何休、韦昭、王弼、杜预辈之註各经传是也。"注"字《说文》谓"灌也"，并无解释之意，自通俗文谓"注"通作"註"，世俗遂用"注"字者多矣，亦犹"著"字之用"箸"字，虽亦可通究于字义未洽，不知世人喜用此"注"字，有何佳处。

34. 祠堂

赵云崧谓古有"祠堂"之名，唐以后士大夫各立家庙，"祠堂"名遂废，近世"祠堂"名之称，盖起于有元之世，考《元史》"仁宗建阿术祠堂，英宗建术华黎祠堂"云云。按宋范文正公作睦州守，建严子陵祠堂；聂厚载知抚州，作颜鲁公祠堂。则"祠堂"之名，唐以后似未尝废也。

35. 后天八卦适配四时

古人之十二辟卦配十二月，此以卦画之一阳至六阳，一阴至六阴言也。按后天八卦以合岁序，项氏安世胡氏炳文曾亦言之，其有确不可易之理，似又有尚未发明者，如：震巽于位在东与东南，于时为春，于五行属木固也，而不知于节为惊蛰，所谓动万物者，莫疾乎雷也；离坤于位在南与西南，于时为夏，于五行属火与阴土固也，而不知于节为小暑大暑，所谓燥万物者，莫熯乎火也；兑乾于位在西与西北，于时为秋，于五行属金固也，而不知于节为白露，所谓说万物者，莫说乎泽也；坎艮于位在北与北东，于时为冬，于五行属水与阳土固也，而不知于节为小寒大寒，所谓润万物者，莫润乎水也。《易》与四时合其序，不其然乎？

36. 龙舟善会

我徽为古越地，俗好巫，歙绩二邑，逢闰月之岁，必设龙舟善会，禳除疫气，其会之神曰张巡，形貌英毅；曰许远，貌亦俊爽；曰雷万春；曰南霁云，皆金装甲胄。雷则面黝而颊有疤，立于船头，称为大王；南则面赪，立于船艄，称为小王。观其状貌皆凛凛若生，未知当年何所见，而肖此像。按《摭青杂说》："绍兴间有何兼资领兵备北，在六合县西，夜遇神兵，召与相见，谈论达晓，得觌诸神仪容，如此兼资后与士大夫言之。"想为好巫者摹其状貌，留传至今耳，所可惜者，今之装造神，率用锦绣文绮，极其华丽，一会所费不下数千百金，其终归于一炬，为民牧者，会不之禁可叹也夫？

37. 卢橘

《上林赋》卢橘夏熟，后之注卢橘者以为枇杷，盖以橘柚橙柑之属，皆至秋冬而熟，似无夏熟之理。余读潘黄门《橘赋·序》云"余斋前橘树，冬夏再熟聊为赋"云尔，内有"已郁郁而冬茂，亦离离而夏熟"之句，及阅《辟寒》卷，有"冻橘冰雪中，着子甚繁，春二三月采之，亦可爱观"此二说。夏熟之橘则诚有之，想为珍异之种不多观耳，故长卿作赋，以为诸果之冠。若以卢橘为枇杷，何以下文又云枇杷橪柿也，前人辩论已详，其为误注，不待言矣。至杨用修引张勃《吴录》，谓建安有橘，冬月树上覆裹之，至明年春夏色变青黑，味绝美，此即卢橘，由此言之，盖亦冬熟之橘，裹留于树耳，未可云夏熟也。且按《吴录》，原本"色变青，味尤酸"，无"黑"字、无"绝美"字，恐为用修撰改，故并记之。

38.丈人

"丈人"二字古时则为尊长之称，后世则为妻父之称。《陔余丛考》搜索"丈人"二字之由来，《论语》《庄子》《国策》《史记》以及各书可谓夥矣。余读《易》之师卦，师贞丈人吉无咎，后注《易》者亦曰"丈人，长老之称"，是"丈人"二字原始于《易》，由来最古。

39."荫"字误作"印"字

星命家以克我者为官，以生我者为印，遂相传年命中有官不可能缺印，有印不可无官，似以印为官府之印信，而更加绶字矣。凡星命刊本之书，无不如是。余以为，生我者为父母，则当作荫庇之荫，想古时推命者，省笔写作"印"字，遂相沿至今耳，以讹传讹，洵可笑也。

40.太阴、大将军

阴阳家谓历年方向有太阴大将军之位，《集古录》载《李康碑》云，岁在亥，大将军在酉，周密以为即张晏，所谓岁后二辰为太阴，如丙子岁则太阴在甲戌是也，似以太阴与大将军，并而为一矣。按《神枢经》谓太阴岁后也，常居岁后二辰之地，如子年则太阴在戌，丑年则太阴在亥，寅年则太阴在子，余辰仿此。又按《考原》云，大将军统御武臣之职，有护卫虎贲之象，故居四正之位，而从岁君之后，如寅卯辰年，大将军在子；巳午未年，大将军在卯；申酉戌年，大将军在午；亥子丑年，大将军在酉是也。是太阴、大将军厘然不同，惟寅申巳亥四年，太阴与大将军同位耳。

41.《七修类稿》论人失当处

郎瑛撰《类稿》论生死反异，乃云歙人郑玉当生不生，方回当死不死。夫方回既已仕宋，食禄有年，不能继踪文谢，甘心事元，责其当死不死。回固莫能置喙，而郑玉则蒙元主以翰林待制奉义大夫征聘于家，郡监亲至山中强起之，玉乃布衣，入觐已就道，而遇蕲寇之乱，旋以疾作谢使者而归隐焉。后明兵至，欲要致之，玉曰：吾既不能慷慨杀身、以励风俗，犹当从容就死以全节义，遂自缢死。盖郑玉虽未搢笏立朝，然大臣屡屡荐之，元主殷殷召之，不能不兴知己之感矣，且其祖郑安会为歙县尹，其父郑千龄为休宁县尹，世受元恩，玉忍背而忘之耶？呜呼，玉之死竟与进贤之伯颜子中颉颃矣！

42.八旗

《握奇经》有旗法八：曰天元（正蓝也）、曰地黄（正黄也）、曰风赤（正红也）、曰云白（正白也）、曰上黄下赤（镶黄也）、曰上元下白（镶白也）、曰上元下赤（镶红也）、曰上元下青（镶蓝也）。而国朝定有正黄、镶黄、正红、镶红、正白、镶白、正蓝、镶蓝之号，与《握奇经》旗法相合，此挞伐以来，决奇制胜所向无前也。

43.十干原于河图

天一地二，天三地四，天五地六，天七地八，天九地十。阳之数，奇为一三五七九，即干之甲丙戊庚壬；阴之数，偶为二四六八十，即干之乙丁己辛癸。一与六同位而相得，故甲与己合；三与八同位而相得，故丙与辛合；五与十同位而相得，故戊与癸合；七与二同位而相得，故庚与乙合；九与四同位而相得，故壬与丁合。此所谓五位相得而各有合也。

44.乐石

《陔余丛考》谓世俗作志铭，每云刻之"乐石"，盖本《峄山碑文》有刻之乐石之语，而袭用之，不知引用误也。《禹贡》"峄阳孤桐、泗滨浮磬"，言泗水之滨有石可为磬，始皇峄山所刻即用此磬石，故谓之"乐石"，他处刻碑文不用乐石也，文士通用之于碑碣误矣。

余邑汪越国公祖墓，古碑黝黑色，叩之其音清越如磬声，以是游者无不叩之，其叩处广尺许，竟成巨窟。少时犹及见之，今汪之后人，易树新碑，残碑之石，不知弃置何所，想亦为"乐石"所刻也。

45．"礥"字

近时命名喜用不大经见之字者甚夥。余见有名"礥"者，检之字典，怡成切音盈石名，又玩习也，未知出于何书。顷阅《尤射》之第六章，内有"无设弗厉、祥礥弗憩"两句，则"礥"字似非佳字，不知取此僻字何意。

46．三白平头之妄

时宪书每月之下，载有一白二黑三碧四绿五黄六白七赤八白九紫之图，遇一六八在巽、离、坤三位，世俗之人即说为三白平头，以为是月必有一物价值腾贵之兆，商贾之愚昧者奉为圭臬。余按九星本于《洛书》，后世阴阳家则以三元甲子错综变迁于后天八卦遁甲八门之位，故逢子午卯酉年之七月，辰戌丑未年之四月，寅申巳亥年之正月、十月，惟此四月一白六白八白居于巽、离、坤之位，共计三年之中九月一周，其三白平头仅止四次，天下物号有万，岂仅止四物之价值腾贵乎？无稽之言可嗤也已。

47．《孝经》《家语》为后人依托

《论语》一书，圣人之德，侔天地、道冠古今，尽在于是，一句一字无不纯粹以精，和平温厚。试按二十篇中凡言所指之事、所指之人，如不图为乐之至于斯也，如斯人也，而有斯疾也，如斯民也。三代之所以直道而行也，如吾非斯人之徒与，而谁与，其言何等蕴藉。至于《孝经》《家语》一则曰此之谓，再则曰此之谓；一则曰此三者，再则曰此五者……其语似《战国》以后之文，绝无含蓄，与《论语》迥别，故后人谓门弟子及汉儒掇拾依托，非诬也。

48.洋钱

海外诸番之贸于中国者，银范为钱，中为人面，廓圆番字，名曰"洋钱"。初则粤东闽浙沿海诸地方率以此为交易，近则内地之邻于闽浙者无不通用行之者，广遂有奸商仿而造之，而帑内白金之直反不及焉。官粤东者亦以为反常之事，悬示严禁，卒莫能止。余按《史记·平准书》造银锡为白金，以为天用莫如龙，地用莫如马，人用莫如龟。故白金三品，其一曰重八两，圜之其文龙，名曰白选，直三千；二曰重差小，方之其文马（今外番亦有剑马洋钱），直五百；三曰复小，撱之其文龟，直三百。此则以银为钱之始也。又按《汉书·西域传》大月氏国、罽宾国、乌弋山离国及大宛之安息国皆以金银为钱，文如王面，是今之洋钱尚沿古制不足为怪。询之商贾何以乐用之故，盖以洋钱有一定之轻重，不须称，较便于使用，若有言官奏请仿照《平准书》之式以银制钱，则洋钱自不能居奇矣。

49.聚畜百药靡草死

古来修制丹丸膏散必以五月五日合之，则药验。故月令独于四月教民聚畜百药也。若茺蔚、夏枯草、秃菜之属，过时不采，五月即萎，故又以靡草死继之。注"靡草"谓草之枝叶靡细者，阴类，阳顺则死。解之。余谓月令之意非如此。

50."孺"字转为"务"字

《芜湖县志·方言卷》内谓新安人侨居县境者甚众，呼祖母多谓之"婆婆"。乡音如此，案《汉书·高帝纪》帝尝从王妪武负贳酒如醇曰：俗谓老大母，为阿负。师古曰古语谓老母为"负负"，盖叠称老大母也。俗讹为"务"音耳，此为芜人臆说。

我徽媳称翁曰"朝奉"，媳称姑曰"孺人"，大半皆然。及生子女初学语时，止能一字，是以随母，称祖曰"朝"，减去"奉"字，称祖母曰"孺"，减去"人"字，"孺"字与"务"字同韵，故转为"务"音耳。乃引《高帝纪》谓我徽"负"字讹为"务"字，殊不知"孺"字"务"字同为去声，又属同韵，故可转通，若以为"负"字之讹，"负"字乃房久切上声，实与"孺"字"务"字迥别。

51.水字

古人制字，"火"字本于离卦（☲），"水"字本于坎卦（☵），是"火"字宜作四画，"水"字则当作五画矣。观各字，书"水"字概作四画，殊失制字之意。

52.东坡不当嘲渊明

东坡《志林》云：予读渊明《归去来辞》，"幼稚盈室，瓶无储粟，使瓶有储粟，亦甚微矣"，此翁平生只于瓶中见粟也耶？按"幼稚盈室，瓶无储粟"，是《归去来辞》序中之语。不过陶翁自述其艰窘就仕之由，乃坡老以此嘲之：夫古之贤士贫于陶公者，指不胜屈，则陶公之只于瓶中见粟也，庸何伤？

53."夏"字"下"字亦有通用处

今之乡曲俗医半夏，"夏"字每写"下"字，人无不姗笑之。余谓"下"字与"夏"字亦有通用之处。《春秋》僖公二年，虞师晋师灭下阳，《左传》亦曰"下阳"，而《公羊传》《谷梁传》又皆曰"夏阳"，是春秋时"下""夏"已通用矣。

54.李贺自不讳

唐时之讳嫌名，皆为君上而讳也。李贺父名正肃，不举进士，非贺不欲举进士也，摇于众论故耳。如谓李贺自讳嫌名，则贺作诗不当用"将进酒"为题矣，亦不当用"正莪"诸字矣，《昌谷集》具存，可细按也。

55.安南通云南不在东南

潘兴圭撰有《安南纪游》一卷，内云安南都城以南数百里临海，东南通云南，西北连粤西。按安南即交趾地，云南疆域南界交趾，广西疆域西南界安南，则安南之通云南当在西北，安南之通粤西当在东北，乃云东南通云南得无盲人道黑白耶？若此书播于交南，阅之者，岂不齿冷？

56.枸杞子性凉

枸杞子，甄权谓其甘平；李时珍谓其苦寒；缪希雍谓其微寒，药性谓其有退虚热、劳热、烦热之功。《本经》列为上品。近时所辑《本草备要》《本草从新》谓其甘温、补精、助阳。俗医浅学遇有阴虚、劳热之症，畏而不用，遂使良药受诬，沉疴莫起，可哀也已。

57.六言诗

任昉云六言诗始于谷永，后汉《孔融传》谓有六言诗颂，《北史》阳俊之作六言歌词，赵云崧谓今皆不传，盖此体本非天地自然之音节，终不入大方之家耳。古六言诗间有可见者，《文选》注引董仲舒《琴歌》二句，又乐府"月穆穆以金波，日华曜以宣明"；边孝先《解嘲》"寐与周公通梦，静与孔子同意"；《满歌行》"命如凿石见火，居世竟能几时"；《三国志注》曹丕答群臣劝进书自述所作诗曰："丧乱悠悠过纪，白骨纵横万里。哀哀下民靡恃，吾将佐时整理"；及《北史·綦连猛传》童谣云："七月刈禾太早，九月啖羔未好。本欲寻山射虎，激箭旁中赵老"；《唐书》赐宴群臣，李景伯歌曰："迴波尔持卮酒，微臣职在箴规。侍宴既过三爵，喧哗窃恐非宜"。此皆六言之见于史传者。至王摩诘等又以之创为绝句小律，亦波峭可喜。余读《陈思王集》，内有六言诗两章，其题为《妾薄命稽中》。《散集》内有六言诗十章，《谢宣城集》内有《雩黑帝乐府》三章，自注为六言诗，其实乃三言也。又《陆士衡集》饮酒乐云"蒲萄四时芳醇，琉璃千载旧宾。夜饮舞迟销烛，朝醒弦促催人。"以诗似为六言绝句之始。《庾开府集·怨歌行》云："家住金陵县前，嫁得长安少年。回头望乡泪落，不知何处天边。胡尘几日应尽，汉月何时更圆。为君能歌此曲，不觉心随断弦。"又舞媚娘云："朝来户前照镜，含笑盈盈自看。眉心浓黛直点，额角轻黄细安。只疑落花慢去，复道春风不还。少年唯有欢乐，饮酒那得留残。"此诗似为六言小律之始，则六言之绝句小律隋唐以前先已创其体矣。

58.外国诗

潮州海阳县金山有交趾道士，渡海坏船，寄寓僧舍，题有诗云："流动乾坤影，花沾雨露香。白云飞碧汉，元鸟过沧浪。月照柴扉静，蛙鸣鼓角忙。飘篷来此地，无物污禅房。"此诗颇佳。云间陆次云编辑《外国之诗》，遗未采入，余甚惜之。

59."学"字

"学"字从"爻"不宜从"与"，人皆知之。余游庐山时过白鹿书院，壁间石刻甚多，见王阳明先生所书《大学古本序》，其"学"字俱写从"与"，余拓藏箧中，观者无不讶之，或阳明先生才高学邃，不经意于笔画欤？抑明时从"爻"从"与"，可以通写欤？俟再考之。

60.方城

枕谭谓《左传》方城以为城"方"，字本"万"字讹耳。按"万"本莫，北切，至周伯琦始谓为俗"万"字。古时并未见有通用者，而陈眉公以为"万"字讹为"方"字，得毋臆说也？考方城有二：一在今之河南裕州，一在今之湖北竹山县。春秋时皆在楚境召陵，与今之竹山县甚远，与今之裕州颇近，则以裕州之方城为是。又尸子谓楚狂接舆，耕于方城，当亦在此。

61.日延三刻之非

《江南余载》云，昇元初，烈祖南郊，是日司天奏：日延三刻。按历家节候之盈缩，列星之躔度，率皆以日为准，若延三刻之久，则节候自必退后，列宿自必越前，有是理乎。龙衮作《江南野史》，谓月延三刻，其言恐亦不征。及观《玉壶清话》，谓受禅之三载，夏四月始郊祀圜丘，时当上旬，月没颇早，逮升坛之祭，皎洁如昼，非日非月，至柴燎甫毕，夜景复晦，一若常夕，人咸异之。此或有之如明英宗南宫复辟，亦有晦而复明之事。

下　卷

目　录

1.十二支属

十二支相属，子肖鼠、丑肖牛之类，其所以肖鼠肖牛之理，会《三异同话录》则以十二支禽各有所缺，如鼠无胆、牛无齿，马无角之类，取以当之。信如所言，则蛤无足，蟹无肠，猩狒无膝，羽毛鳞甲之物，偶有所缺，不可胜数。且鼠何尝无胆，无角之属何独于马，是以所缺定十二辰者，终非确论也。洪巽《旸谷漫录》又以禽爪奇偶分其阴阳。如牛蹄为偶为阴，虎爪为奇为阳之类，以附会之。信如所言，则鹤为四距，鹿为分蹄，猫狸之属亦皆五爪，俱可撼之，以足其数，又何必以五爪之兔为二爪，以无足之蛇有岐舌，牵强以配奇偶也，是以禽爪奇偶定十二辰之阴阳者，亦穿凿之论也。

至王逵之《蠡海集》、王应麟之《困学纪闻》、都穆之《听雨纪谈》、郎瑛之《七修类稿》，或以物之性情，或以物之动静，或以五行之气相贼害，或以含血之蛊相胜服，纷纷议论亦属支离。王螯以为二十八宿分布周天，如角木蛟、亢金龙之属以七曜统之，谓为十二肖之所始。此论亦与五行稍多背谬，且先有十二肖，至汉时由十二肖演为二十八宿，则以二十八宿定十二辰者，其说殆亦未得其所指归。近赵云崧著《陔余丛考》，杂引诸书，以禽纪岁，谓起于北俗，如虎儿年、兔儿年、猴儿年之类，流传中国，遂相沿不废耳。以为无甚意义，是亦未能推明其所以然也。

余按唐陈藏器《本草拾遗》，谓象体具十二生肖之肉，各有分段，惟鼻是其本肉，又胆不附肝，随月在诸肉之内，如十一月建子则胆附鼠肉，故子之肖为鼠，如十二月建丑，则胆附牛肉，故丑之肖为牛，从此而转一年一周一定不易，又宋陆佃《埤雅》亦如此云。据陈陆所言如此，是象体之备十二辰与河马之图、洛龟之书、蓂荚之朔、梧桐之闰同一理也。后人未知由象而定，拟度纷纷，终莫得其取义，是亦象之不幸也欤？宋刘跂《暇日记》谓象肉"理段段不相属，味各不同"；又引旧说"象肉千味"，此皆未知象肉备十二禽之故也。

2."罗织"二字误解

《七修类稿》将"罗织"二字列于狱具之内，注云将囚倒悬石缒、以醋灌鼻、铁圈束首，火瓮铁笼，逼迫服罪，此等之名皆曰"罗织"，谓本罪之外非理凌虐也。按"罗织"二字，谓将无辜之人摭拾诬害、牵连陷入者谓之"罗织"，如武后时告反者众，武后命严善思按问引虚伏罪者八百五十余人，罗织之党为之不振；又魏元宗对武后曰"臣犹鹿耳，罗织之徒欲得臣肉为羹，臣安所避之"，是"罗织"二字作飞诬、株连解明矣，如以为狱具解，唐时罗希奭、吉温皆为酷吏，创为非刑一时，有罗钳吉纲之目，则又当书为"罗吉"。

3.《会稽典录》误处

《典录》云严遵，字子陵，与世祖俱受业长安，建武五年下诏征遵，设乐阳明殿，命宴会，暮留宿。遵以足荷上，其夜客星犯天子宿，明旦大史以闻。上曰：此无异也，昨夜与严子陵俱卧耳。按之各书，严君平名遵，严子陵名光，《会稽典录》何以将遵为子陵之名，以致宋袁韶作《钱塘先贤传赞》，谓子陵讳光，一讳遵，姑为两存之说。

4.“李搴旗”误“李骞期”

《七修类稿》谓刘越石《扶风歌》有云：“惟有李骞期，寄在匈奴庭，忠信反获罪，汉武不见明。”李骞期，陵耶？字耶？官耶？予谓郎仁宝疑其为字、为官亦未深考。李陵答苏武书曰：“然犹斩将搴旗，追奔逐北。”故刘越石之诗以李搴旗称之。想为后人传写误为骞期耳。夫称李陵之为李搴旗，亦犹称王彦章为王铁枪、称杨业为杨无敌之意也。

5.男宠

古今男宠之风日甚一日，今谓所欢之子，或曰卯官、或曰兔儿，终莫知其取义。按刘氏正历谓房宿体具男女二形，男宠之人值男可以为女，值女则仍为男，亦犹房宿之具有二形耳。按房宿躔在十二支之卯位，演禽为兔，人或以男宠类之，故隐其名，致有卯官、兔儿之称。

6.四体书势

晋卫恒作《四体书势》书仅一卷，其持论制字之由来及论籀篆隶草四体之势皆极精，当后来庾肩吾之撰《书品》、梁武帝之撰《书评》，终莫能出其范围，惜此卷刊本似少，故《永乐大典》遗未采录。

7.酒以斤计亦有经计

古时之酒其数目石计、斗计、升计，即今吴越酿沽之处，其瓶罂之上亦皆标定若干斗、若干升。近时市酒又有以斤计者，博雅之士谓其非古。按《侯鲭录》云，陶器有酒经，晋安人馈人牲兼以酒器，书云酒一经或二经至五经焉，他境人至不达是义，闻馈五经，束带迎于门，见之，乃知是酒。则酒非特以斤计，而并以经计矣。《韩诗外传》齐桓公饮，诸臣酒令曰“后者罚一经”，程则谓“酒器为酒经”亦有由来。

8.不借

刘熙《释名》“草屦曰不借”。今人袭而用之，无不皆然。余按扬雄《輶轩绝代语》谓丝作者曰"不借"。是刘则以贱而易得释"不借";扬则以珍贵释"不借"。《古今注》谓汉文帝履"不借"视朝,则非农作人之草屦,明矣。

9.陆游《南唐书》误刊处

保大三年,夏四月、秋七月,庚辰星见而风雨,八月甲子朔日有食之。按八月朔既为甲子,则七月内并无庚辰,此处疑有错误。

10.虎渡河不止二人

《陔余丛考》谓虎渡河,古今惟王均为九江守、刘昆为弘农守。二人有此事。余按汉时法雄为南郡守日,郡多虎暴,前守募民张捕,害者益多。雄移文属县曰:"古者至化之世,猛兽不扰,其务修德,去陷阱不得妄捕。"自是虎皆渡江去。又刘平为全椒长,先是县多虎为害,平到政术治民,虎皆南渡江去。

11.苏文定自相矛盾

名人之论或有前后背谬,后世无指摘者如苏文定公所上札子,首论青苗,谓公家之贷与私家不同,私家虽取利或多,然人情相通,别无条法,今岁不足而取偿于来岁,米粟不足而继之刍藁鸡豚狗彘,皆可以还偿也。岁月之期无给纳之费,出入闾里不废农作。欲取即取,愿还即还,是私家之贷善于官家之贷矣。次论免役,谓今也弃其自有之力而一取于钱,民虽有余力不得效也,于是卖田宅、伐桑柘、鬻牛马以供免役,而天下始大病矣。是免役之出钱苦于差役之出力矣,其驳斥王荆公也,苛刻若此。何以自著民政策内乃曰:天下之民无田以为农,又无财以为工商,禁而勿贷,则其势不免转死于沟壑,而使富民为贷则有相君臣之心,用不仁之术而取大半之息。其不然者亦不免于脱衣避屋以为质,民受其困而上不享其利,徒使富民执予夺之权以豪役乡里,故其势莫若官贷,以嗣民之急。是又以官贷善于私贷也。

何以上论分别邪正?札内乃曰:畿县中等之家大率岁出役钱三贯,若经十年,为钱三十贯而已,今差役既行,诸县于力最为轻役,农夫在官日使百钱最为轻费,然一岁之用已为三十六贯,二年役满为费七十二贯,释役而归,宽乡得闲三年，狭乡不及一岁。以此较之，则差役五年之费倍于雇役十年所供赋役，所出多在中等。如此民间安得不以今法为害而以熙宁为利乎？是又以差役苦于免役也。

古来端人正士，凡议论著述鲜有如此反覆者，何后之人于王则极其排击，而于苏则嗫而不敢言也？可慨也已。

12.朱襄、沮诵

昔三皇时作书契文字，以代结绳之治者，有朱襄、有仓颉、有沮诵，而散见于经籍者皆曰仓颉，其朱襄、沮诵二人无人称焉。

13.占卦不宜独用地支

八卦纳甲，余已妄为辩论矣，而世俗之占卦者四阳卦皆以地支之子寅、辰午、甲戌为断，四阴卦皆以地支之丑亥、酉未、巳卯为断，而置各卦所纳之天干于不用。夫既不用天干则又何必分甲子、壬午、乙未、癸丑诸名耶？古既干支并纳则不得去干留支，当以纳音为断，庶五行适均，不至于今之占者每一卦中必有两爻属土矣。

14.注《治安策》

贾大傅《治安策》首句云："夫树国固必相疑之，势固必相疑"。犹言本来必要相疑也。若孟子所云"天下固畏齐之强也"一样语气。近见注汉文者皆作"夫树国固"读，"固"字解为"险固"之"固"，非特不成语句，且失贾大傅作策措辞之本意。

15.苏谷非外国人

陆云士辑外国诗，编内有苏谷诗一律："寇盗经年岁，干戈满汉阳。所亲皆丧乱，不敢问存亡。西日瞻行殿，东风入故乡。时危对君酌，涕泪欲沾裳。"注云姓氏失传，岛帅毛文龙搜得之者。余谓苏谷必为华民，明季丧乱避地东海之陬，故诗有"干戈满汉阳"之语，若以为高丽、朝鲜人所作，则"瞻行殿"非"西日"矣，"入故乡"非"东风"矣。苏谷有知，必以余为知言也。

16.生姜树上生

《陔余丛考》所引俗语二百余条，无不考所由来，"生姜树上生"注云：俗语谓人之执拗者。刘后村诗人道："生姜树上生，不应一世也。"随声不知此语本于邵尧夫也。邵尧夫尝语程伊川曰："你道生姜树上生，我也只得依你说。"刘后村将尧夫之语化为诗耳。

17.五代时歙州未称徽州

龚慎仪南唐时为歙州刺史，而《南唐书》谓龚慎仪为徽州刺史。歙改为徽在宋宣和三年，南唐时不得书徽州也。

18.药名入诗

药名入诗，"人第知采""采苤莒言""采其虻"之类。此不过引物比兴，无关意义。又谓唐以后，始有将药名锤炼入句，以闻巧见奇者，不知梁文帝有暗用药名诗云："朝风动春草，落日照横塘。重台荡子妾，黄昏独自伤。烛映合欢被，惟飘苏合香。石墨聊书赋，铅华试作妆。徒令惜萱草，蔓延蒲空房。"梁元帝诗云："戍客恒山下，常思衣锦归。况看春草歇，还见雁南飞。蟏烛凝花影，重台闭绮扉。风吹竹叶袖，网织流黄机。讵信金城里，繁露晓沾衣。"庾肩吾诗云："英王牧荆楚，听诵出池台。督邮称蝗去，亭长说乌来。行塘朱鹭响，当道赤帷开。马鞭聊写赋，竹叶暂倾杯。"沈约诗云："丹草秀朱翘，重台架危岜。木兰露易饮，射干枝可结。阳湿采辛夷，寒山望积雪。玉泉函周流，云华乍明灭。合欢叶暮卷，爵林声夜切。乘影迫连桑，思仙慕云埒。荆实剖丹瓶，龙刍汗奔血。照握乃夜光，盈车非玉屑。细柳空葳蕤，水萍终萎绝。黄符若可挹，长生永昭晢。"又有用十干十二辰及八音入诗，皆始于陈之沈炯《客中间集》，谓始于林清，非也。又梁元帝，以鸟名、兽名、歌曲名、龟兆名、相名、钺穴名、将军名、宫殿名、屋名、车名、船名、树名、草名入诗，皆同此体。

19.平反

宋杨伯岩著《臆乘》，谓经史中字注音韵，世人流传讹舛不以为嫌，谈话及散文中，用之故无害。若夫对偶与夫押韵，不可不审。今聊"疏""数"字、魁梧"梧"字，《汉文》作去声；狡字，《庄子》作上声；隐几"隐"字，《孟子》作去声；榷酤"酤"字，《武帝纪》作去声，愚以为此犹一字之讹也。至断狱平反"平"字，乃作皮命切音病，"反"字乃作孚艰切音翻，此则大相悬殊，而世俗之读"本"字，本音者，比比然也。

20.毽子

世俗小孩于腊时，或以铜钱或以锡钱贯于皮钱之上，用鸡毛十数翎扎如帚状，足踢为戏，以踢多而不坠地者为胜，乡间皆呼为踢箭。余按《帝京景物略》引谚语云："杨柳儿青放风钟，杨柳儿死踢毽子。"又按字汇补"毽"音"建"，抛足之戏具也，今乃误"毽"为"箭"，故特表之。

21.魏亦有宜称正统之处

司马温公作《通鉴》，以年为经，以国为纬，至三国时则以魏之纪年为经，似以魏为正统矣。后人非之，按建安庚子曹丕篡汉称帝，改元黄初，次年辛丑，刘备亦称帝，改元章武，斯时以正统属魏可也，以正统属蜀，蜀实汉裔，尤可也。所悼恨者，刘禅不克自立，于癸未岁为魏虏，而降为安乐公矣。至乙酉八月，司马氏始篡魏称晋，则甲申岁之纪年不能仍属之汉，不能预属之晋，不能旁属之吴，不属之魏不可得也，予以为魏亦有宜称正统之处，咸熙元年是也。

22.蚕神

《晋礼志》皇后亲蚕桑，东郊苑中蚕室祭蚕神，曰：苑窳（乌瓜切），妇人寓氏公主祠，用少牢，其礼盖本于汉仪，又见张俨太古《蚕马记》谓蚕神曰：菀窳（以主切）。按"苑菀"二字，可以通用，而窳则为平声，窳则为上声，施之声律大相径庭，未知窳窳孰是？且蚕神之名，汉以前未经见。

23.谓元顺帝为宋幼主之子非

间阅《闲中今古录》，谓宋幼主㬎之妻有娠。明宗见貌美，悦之，乃生顺帝。又《水东日记》载有一诗，谓宋幼主降封瀛国公，元君召尚公主，后居沙漠，妻夜生子。明帝闻有笙镛之音，乞养为嗣，是为顺帝。或又以为配回回妇而生顺帝。此三说，事虽有稍异，皆指顺帝为宋幼主之子。程篁墩《宋遗事录》引虞集所草之诏，亦如此说。余按宋幼主子生于咸淳七年，其岁辛未至丙子丁丑年，元兵破临安，与全太后俱已北去，封瀛国公，是时主仅六岁耳，未立有后，可知至辛卯年，全太后为尼，幼主为僧，元主给地二百六十顷免征其租，以后事实差少考据。夫以元顺帝生于延祐庚申，即使幼主尚存，年已五十余矣，况又为僧，安得有少艾之妻而为明宗所悦耶。若如叶说，幼主既尚公主必不至于为僧，设先为僧，必不召尚公主，若为尚公主之后而再为僧，考为僧时年二十一耳，公主之年亦必相若，更无届五十岁犹复诞育之理，至虞伯生所草诏书，为文宗所改之稿，以为非明宗子亦无指实。余谓为此说者，其意必以顺帝所生之庚申，以证宋运六更之言，其穿凿支离也实甚。

24.足下

《日知录》论陛下阁下，杂引诸书撰出所以称陛下阁下之由来，惟"足下"两字，止引战国时及秦汉以来书中所有"足下"之处，一一搜载，其所以称为"足下"者阙而未书，予阅稽合引东方朔《琐语》曰：木履起于晋文公，时介之推逃禄自隐，抱树而死，公抚木哀叹，遂以为履。每怀从亡之功，辄俯视其履曰："悲乎足下。"则"足下"之称，似又自晋文公始也。

25.洛书三碧四绿

震泽长语云："或问历书有白黑绿碧黄赤紫，何谓也？曰：此河图数也。"河图之数载九履，一一为白。九为紫，左三右七，三为绿，七为赤。二四为肩，二为黑，四为碧。六八为足皆为白，故阴阳家一六八为白，二黑三绿四碧五黄七赤九紫云云。有谓王守溪为世文宗洛书，何以误为河图三碧四绿？何以误为三绿四碧？殊不知亦有所本。守溪说《易》盖宗宋刘牧之《易》，数钩隐图，故以汉儒及程朱不同也。

26.丁子注为虾蟆

《庄子》后序，丁子有尾，朱得之，旁注为虾蟆，不知丁子即蝌蚪，乃虾蟆之子也。《山海经》谓之"活师"《尔雅》谓之"活东"。《古今注》谓之"元针"，又曰："元鱼"，皆莫知其取义，其名"丁子"，盖蝌蚪有尾，其尾尖锐，先破卵而出，而头犹带卵壳，有如丁然，故谓之"丁子"，足出则尾脱矣。

27.江西

顾宁人云，江西之名殆不可晓，全司之地并在江南，不得言西。考之六朝以前，其称江西者，并在秦郡历阳庐江之境，盖大江自历阳斜北下京口，故有东西之名。今人以江饶洪吉诸州为江西，是因开元二十一年分江南为江南东道、江南西道，后人省文，但称江东江西耳。今之作文者，乃曰大江以西谬矣云云。余谓称江西者，亦自有说，称江南者，则以金陵在大江之南而名，而洪州之称江西者，则以虔州合章贡二水而为赣江，自南而北入于彭蠡，洪州实在赣江之西，故曰江西。亦犹山东以在泰山之东而名，而山西则以在太行山之西而名也，惟不宜称大江以西耳。

28.劳虫

余家先辈及长兄长嫂、大侄并大侄之内，数十年间皆患劳瘵以殁。乾隆戊申次侄大炽又再遭斯疾。余为延医调治药终罔效。侄之子家普又在襁褓。李少伯所谓门衰祚薄，零丁孤苦者此也。余于此际抢地呼天泣籲祖父之灵，病愈沉顿。一日早晨，余往视病，闻鼾睡声，揭帐以探，手触一物，蠕蠕而动，急执以出，其虫如蚕而大，黑白斑斓，间以赤色，首有二须，长半寸许，余意劳虫即此物也。用钳而界之火，声犹嘶嘶然。余谓虫已捕除，病宜速愈，不数日间竟奄然逝矣。越今三十余年，忆之尤心酸也。按巢元方《病源论》云：肺虫状如蚕，令人咳嗽成劳杀人。又紫庭真人云：九虫之中，六虫传变为劳瘵。余曾目睹手执，可见方书所载不诬，第不知何以适为余见，得以绝根，岂先灵有知，使假余手，以剪除欤。抑该孽虫罪恶贯盈，当自殒灭欤，记之使患此病之家，留心伺察，倘得捕除，以杜传变，或亦救人之一术也。

29.回文诗

回文诗相传创自苏惠，后惟有宋道庆、隋王劭二人，唐人惟皮陆偶为之。余按六朝齐王融有回文诗："枝分柳塞北，叶暗榆关东。垂条逐絮转，落叶散华丛。池莲照晓日，幔锦拂朝风。低吹杂纶羽，薄粉艳妆红。离情隔远道，欢结深闺中。"梁简文帝有回文诗："枝云间石峰，脉水侵山岸。池清戏鹄聚，树秋飞叶散。"湘东王回文诗："斜径绕径曲，丛石带山连。花余拂戏鸟，树密隐鸣蝉。"劭陵王回文诗："烛华临静夜，香气入重帷。曲度闻歌远，繁玄觉舞迟"。定襄侯回文诗："危台出岫回，曲间上桥斜。池莲隐弱芰，径条落藤花。"周庾信回文诗："旱莲生泽镬，嫩菊养秋邻。满池留浴鸟，分桥上戏人。"以上各诗，安得不谓回文诗也。

30.土长生不宜同水

五行之生，木生于亥，火生于寅，金生于巳，水生于申，其土为火所生，则戊土己土之生，王死绝，自应同于丙火丁火方合母子一气之义，故星家以戊之官禄同于丙巳之官禄，同于丁。自古如此，而蔡沈则以为水土长生居申，不知水以土为仇，土以水为忌，情若冰炭，岂有同生同王之理，世俗竟多遵蔡说者，故录此以辩之。

31."丈"字宜作"长"字

自宋元以来之经理疆界，或曰"均丈"，或曰"丈量"，以"丈"字为去声，稽各字书十尺曰"丈"。"丈"字上声并无读为去声者，亦未见古书用此"丈"字以度长短者。按集韵度长短曰"长"，"长"字叶直亮切，则度长短阔狭，此"长"字而世鲜有用者。

32.亲家翁

《陔余丛考》搜索，古时之称亲家翁者，隋炀帝呼宇文述亲家翁，萧瑀为唐太宗亲家翁，唐明皇称萧嵩妻为亲家母，冯道为刘昫亲家翁，赵凤又为冯道亲家翁。此古来称呼之常，不足为异。独可笑而遗未载者，陈眉公谓郭汾阳镇蒋欲造浮桥而急流毁埠，公酹酒许以小女妻之，是夕水回遂成埠。而女寻卒塑像庙中，人因立公祠，号为河渎亲家翁。余谓此妇人孺子间或有之，郭汾阳古今来何等人物，而肯为此乎！

33. 滚泉

予家大鄣山麓，径旁磊石如堵，中嵌一石，上镌"滚泉"二字，后款"江夏敬山"四小字。初无人知。有樵者告予。予急径观字，虽年远稍有漫漶，然遒劲可爱，绝似黄苏手笔，得母涪翁所题耶。遍搜并无此泉，予欲将石界置斋中，至今未果。

34. 史鉴误处

《纲鉴》载，绍兴七年夏四月，岳飞乞终丧，遂还庐山，注云：张浚与飞议举王德、吕祉、张浚、杨沂中辈为都统，参谋不协，飞即日上章乞终丧服，步归庐山，未几累诏趋飞还职。宋书岳传纪载略同。按临安距庐山几二千里，何能步归，又何能未几还职？飞家本非庐山，何又云还云归？予甚疑之。忆幼时曾于废书中见《岳传录》。置箧内检出校之，乃载"即日上章乞解兵柄，步归庐母墓侧。帝累诏趋飞还职，飞力辞。诏幕属造庐以死请，凡六日，飞趋朝待罪。帝慰遣之云云"。是庐母侧误为庐山，明矣。后日有重修史鉴者，当必考核更正也。

35. 去月

梁吴筠与顾章书曰："仆去月谢病还，觅薜萝梅溪之西有石门山者，森壁争霞，孤峰限日，幽岫含云，深溪蓄翠，蝉吟鹤唳，水响猿啼，英英相集，绵绵成韵，既素重幽居，遂葺宇其上，幸富菊华，偏绕竹实，山谷所资于斯，已辨仁智所乐，岂徒语哉。"余读之，爱其隽逸艳丽，讽咏不置顷。见《陔余丛考》谓前一月未有称"去月"者，惟北史萧吉奏隋文帝曰："去月十六日，皇后陵前有黑云起"，是前月亦可称去月云云，而不知是吴筠此书先有"去月"之称也，又见蔡邕《答诏问灾异八事》，内有诏问曰"去月二十九日，有黑云气坠温德殿东庭中，黑如车盖"云云，则汉时已有称"去月"矣。

36. 西瓜

杨用修云，余尝疑《本草》瓜类中不载西瓜，后读五代胡峤《陷虏记》云："峤与回纥得瓜种，结实大如斗，味甘，名曰'西瓜'。则'西瓜'由峤入中国也。"本朝赵云崧杂引宋末元初"咏西瓜"诗，以证五代时方入中国之始。余谓西瓜古时已有之，或谓之灵瓜，或谓之甘瓜。又有括蒌、定桃、黄瓤，白搏、金文、蜜筩、小青、大斑、元骭、素椀、狸首、虎蹯诸名（见陆士衡《瓜赋》），至后来始有西瓜之名耳。如《礼记》削瓜副之华之巾绤巾绤及寔之龁之，皆生啖物也。则非蔬食之瓜，可知三国时刘祯《瓜赋》云："厥初作苦，终然允甘，应时湫熟，含兰叶芳，蓝皮蜜理，素肌丹瓤。"乃命圃师贡其最良，投诸清流，一浮一藏，析以金刀四剖三离，承之以雕盘皿之，以纤绤甘逾蜜，房冷亚冰圭。"又魏文帝与吴质书："沈甘瓜于清泉。"又梁高祖方食西苑纤瓜，闻任昉死，投瓜，悲不自胜。又《博物志》云："渍水啖瓜至膝，可啖十枚，至颈可啖百余枚，水皆作瓜气、瓜味。"此皆今时之西瓜，何云至五代时始入中国耶！

37. 贝字

阅《明史·外国传》及八纮《译史》，暹罗国之风俗，市用海贝与银，又阅尤晦庵所作暹罗《竹枝词》："白布缠头青压腰，海贝买卖解香烧。女儿断事男儿听，偏爱华人夜夜娇。"按贝字未见于各种字书，不知作何音切，据《竹枝词》，想为下平声耳。

38. 羿非人名

世以古来名羿而善射者不一人。《吕览》云："黄帝时大挠作甲子，胡曹作衣，夷羿作弓，是黄帝时有羿也。"许慎《说文》："羿，帝喾射官。"贾逵亦云："帝喾赐羿弓矢，使司射，是帝喾时有羿也。"《淮南子》云："尧使羿诛凿齿，杀九婴，上射十日，下杀猰貐。"其说虽荒诞，然必因尧时有善射名羿者而附会之，是尧时有羿也。而夏时亦有羿。则《论语》所云："羿，善射是也。"《淮南子》又云："古有善射者，名羿、夷羿，慕之乃亦名羿。"是皆以羿为人名矣。余按"羿"字海篇，从羽从弓，似非人名，疑为当时司射之官，但其人之本名失传耳。如"柱"如"弃"，皆为教民稼穑之官，古皆以后稷名之之意。

39.雌雄牝牡阴阳

经书所载，世俗所言，皆曰："雌雄牝牡阴阳，其所以雌先于雄，牝先于牡，阴先于阳之义，未知何故。"余深思之，似有由来，未知然否，如"始"字，从女，"姓"字亦从女。古帝皇之命姓，若"姚"、若"姒"、若"姬"、若"姞"、若"姜"、若"嬴"，亦皆从女，似若以女为重也者，且考商之《归藏易》，首坤次乾，盖以先天之坤在于子位，天开于子，即开于坤，故孔子曰："坤乾之义"。我以是观之者也，则雌先于雄，牝先于牡，阴先于阳，亦犹坤先于乾之意。

40.虹井

按《占验书》，虹自井出，或自外入饮井水者。城破，又曰：虹在人家井者，其家有兵伤。又曰：当出贵女而后家受其殃。观此，是虹之出井入井皆为不吉之兆，独婺源县南街朱氏井中，于宋绍圣丁丑有白气如虹，自井中出，是日，朱韦斋先生生。建炎庚戌，有紫气如虹，自井出，是日，朱晦庵夫子生于闽邸，此古今之大祥瑞也。则占验之书，似不足信矣。得母朱氏井中所出，白气紫气如虹，而非虹耶。

41.鸟兽未必能言

大凡鸟兽鸣噪，不过自呼其类，谓其能言语者，恐未必然也。谓能通鸟兽语言者，尤恐未必然也。如介葛卢秦仲能知鸟兽言，不过一时偶中耳，未足为信。至和菀所著《鸟鸣书》，王乔所著《解鸟语书》，亦其自著自解，无可证验。若张茂先古今来可谓极其博物者矣，所著《禽经》亦不过言各禽情性之不同，各禽卵育之有异，各禽本色之各别，未闻其能知禽语也。譬各方言稍为匆促善听者，且不能通晓，况鸟之啁啾，牛之牟狗，仅一二音，何能识其所言何事耶？至鹦鹉鸜鹆之类，虽曰能言，是人教之以言，非鸟自能言也。

42.说文传释误处

徐阶作《许氏说文》，传释其始之下注，臣阶按《易》曰："有天地然后有万物，有万物然后有夫妇，有夫妇然后有上下。"又曰："至哉坤元万物资始"云云，夫《易》序卦之下篇，有万物之下有男女，有夫妇之下又有父子君臣，不知徐阶何故删去。又《易》之乾卦曰："大哉乾元万物资始"，《易》之坤卦曰："至哉坤元万物资生"，不知徐阶何故将资始系于坤元，得无古《易》如此，至程朱始更定耶。然稽之古《易》，皆与今文不甚相殊，其为徐阶误改无疑。钱氏《养新录》谓二徐私改说文，谐声字及引经异文，非虚语也。

43.干将莫邪非人名

《吴越春秋》以干将为剑工，以莫邪为干将之妻，相传至今。按王嘉《拾遗名山记》，谓吴武库之中，兵刃铁器俱被食尽，而封署宛然。王令检其库穴，猎得二兔，一白一黄，杀之。开其腹而有铁胆肾，方之兵刃之铁为兔所食，王乃如其剑工，令铸其胆肾，以为剑一雌一雄。号干将者雄，号莫邪者雌，其剑可以切玉断犀，王深宝之。观此则干将莫邪非人名也。然《越绝书》楚王使风胡子往吴，请干将作剑，则干将似又有其人，但"莫"字"邪"字，与纯钩之"钩"字，属镂之"镂"字，皆从金，则莫邪之为剑名而非人名，尤为确凿。

44.画字

农家耕田，呼其牛而止之曰："画"。"画"字作胡卦切音话，或谓《论语》今女画。"画"字也当作胡卦切，不当作"横"字入声也。盖夫子之教，冉子隐寓鞭策之意。

45.篛非草属

《本草纲目》以篛为湿草，生南方平泽，谓其节与叶，皆以芦荻。按篛为竹属，叶与竹叶无异，但阔大耳，其性坚劲箪直而节疏，南人取小叶者为箬，大者为箭，此竹生高山中，极其茂密，并非生于平泽，且箭即箬，从竹不从草，尤可证也。

46.浮溪即龙溪

大德间，刘应李取近代宋末诗文编写《翰墨全书》，于篇章之下，多书撰人名与号焉。明郎仁宝谓显者可知，余无姓名，犹不具也。因以所知者，或名或字，以其世所行者，书之于《七修类稿》，以便检阅。余偶观之，内有汪浮溪，名藻，汪龙溪亦名藻，殊不知"龙溪"为汪藻之号，"浮溪"为汪藻之里居。有文集初名《龙溪集》六十卷，后又改曰《浮溪集》三十六卷。其实共一人，共一集也。刘未考实，误为两集，郎亦未考实，误为两汪藻，若不辨明，岂不讹更传讹。

47.野菜歌

《救荒野谱》，明季王西楼、姚可成采辑。草木之可以济饥者一百二十种，各系以词，古朴可爱，不亚汉魏歌谣也。如《咏剪刀股》云："剪刀股剪何益，剪得今年地皮赤。东家罗绮西家绫，今年不闻剪刀声。"《咏浮蔷》云："采采浮蔷，涉彼沧浪。无根可托，有茎可尝。野风浩浩，野水茫茫。飘荡不返，若我流亡。"《咏水菜》云："水菜生水中，水深不可测。挚侣绕堤行，日暮风波息。水清忽照人，面色如菜色。"《咏猢狲脚迹》云："猢狲脚迹，宜尔泉石。胡不自安，犯我田宅。遭彼侵凌，亩亩萧瑟。获而烹之，偿我稼穑。"《咏猫儿朵》云："猫儿朵听我歌，今年水患伤田禾。仓廪虚兮鼠弃窝，猫兮猫兮将奈何。"《咏鸟蓝担》云："鸟蓝担，担不动，去时腹中饥，归来肩上重。肩上重，行路迟，日暮还家方早炊。"《咏杏菜》云："杏菜生水底，采采携筐笥。岸高水又深，彷徨泪如雨。"

48.遥遥

《徽州府志·图经》：绩东四十里，曰："遥遥岩"，为通杭小径。嶻屼陡绝，居民辟治，随其势之高下，屈曲窒者凿之，凸者平之，凹者补之，峻者削石以为蹬。如是者十余里，行旅得以往来焉，其名曰"遥遥"，殊不可解。后见南宋周去非所撰《五岭代答》，其百粤地里门内钦州有"天威遥"。悉是顽石梗断，昔人开凿，迄不克就。高骈为节度使，虔诚祷祀，雷雨震裂，得以舟运无艰，故名"天威遥"。又钦江入海，凡七十二折，南人谓水一折为一遥，故有"七十二遥"之名，其水中分二川，名曰"天分遥"，则当日之名"遥遥岩"者，或以此欤。

49. 水经

郦氏所著《水经》，西北诸水，大概躬临其地，讹谬差少，若东南之水，莫大于大江。叙大江之水，至下雉县北，利水从东陵西南注之，截然而止。叙沔水则云沔水与江合流，又东过彭蠡泽，又东北出居巢县南，又东过牛渚县南。又东至石城县分为二，其一东北流又过毗陵县北为北江，南江则云东经宛陵、宁国、故鄣、安吉诸县，注于具区。又东至会稽余姚县，东入于海。岂古时之大江能超山越岭耶！如此舛错，孟子所谓尽信书则不如无书矣。近见黄宗羲所撰《今水经》一卷，各水源流有条有理，而大江所经及各水注江者，以余所历之境，不无少有差伪，如云大江环安庆府西南东三面，北流至东流县，又折而东。按东流县在安庆府上流六十余里，不应叙于安庆府之下。又云大江南经无为州，又过太平城西北七里，青弋江来注之大江。又南过和州界巢湖来注之，按青弋江之水系，由芜湖县注江，非在太平府。由太平府注江者，乃桐汭之水也。又按巢湖入江一为泥汊，一为裕溪口即在无为州之下，不得叙于太平府下，此近而易见者。如此而荒徼野塞，更不能不有谬误也。余观各种舆图诸书，惟锡山顾复初先生所撰《春秋舆图》为极精细，不惟江淮河汉各水所经釐然不紊。《春秋》以来其山河之变迁，都邑之改革，不知凡几，能于今之某府某县即古之某国某地在于何处，距若干里，一一考其旧迹，分刊双板，一板刊今之府县，刷之以墨，一板刊春秋之国名地名山名水名，而刷以朱，使读《春秋左传》者，于诸国封疆了然于心目间，其有裨于艺林，非浅鲜也。

50.冷淘

杜子美诗有《槐叶冷淘》，王铚《默记》谓欧阳公每以冷淘饷富郑公。又蔡絛《铁围山丛谈》谓鲁公为凉饼会即是冷淘，今人竟不知冷淘为何物。余疑冷淘或即为寒具之属，韦巨源《食谱》，以酥蜜寒具，为巨胜奴。又谢讽《食谱》，有添酥冷白寒具，曰"凉"曰"冷"曰"寒"，同一义也，各有方言命名或不同耳。

51.事有前兆

古时铸钱，初为五铢四铢半两诸名，后则以"建元"二字铸钱，又加"通宝"二字，而幕则鲜有字者，惟开元钱之幕，间有纹如眉样，世传为贵妃指甲所掐，恐未必然。至宋理宗铸开庆钱，其幕添铸"元"字，仅二十年而元有天下矣，岂非先为之兆欤！

52.戒石铭

凡州县厅事之南，有戒石上书"尔俸尔禄，民膏民脂。下民易虐，上天难欺"十六字，此宋太宗《节古戒石文》而颁之各州县也，惟浙中各官厅别有四句云："天有昭鉴，国有明法。尔畏尔谨，以中刑罚"十六字，《七修类稿》谓不知起于何人，余考此十六字为元初浙西参政徐公撰。徐公，名口，字容斋。

53.物类之色假人力者不同

凡禽畜之假从孳育豢养者，其毛色或黑或白，或黄或斑，各色错出，禽如鸡鹅鸳鸽，畜如牛马猪羊之类是也。凡卉果之赖人种植灌溉者，其花色或红或紫，或黄或白，各色错出，卉如菊花、荷花、牡丹、芍药，果如梅、桃、榴、杏之类是也。至于不受人豢养，不须人种植者，古今一色，则又纯乎天然矣。

54.弄埙

俗语谓人作事乖巧，不由正道者，目之曰："弄扇"。未知何解。余考弄扇"扇"字，当为"埙"字。"埙"字作吁运切，音训，盖陶人所造土器，不坚实者谓之"埙"，惯将斯器售人者，谓之"弄埙"，是"埙"字转呼"扇"字耳。

55.秀锦楼

徽州府署内有秀锦楼，在西北隅。前辈修府志者注云：宋宝谟阁汪藻守歙时建。方秋崖为作赋云："正紫阳以西转，倚谪仙而自矜，北黄山其六六轩后轶而上征。归问政之高峙，逼春雾于华屏，飘吾袂以轻举，讯许聂于云耕。"按秀锦楼为徽守汪侯（立中）建。侯之先本歙人，宋宝庆间以直宝谟阁来守斯郡，作秀锦楼，窃比昼锦之意，大会宾客，使方岳作赋，赋有小序。叙述已极明晰。前修志者并未详考汪藻为何时任，亦未详考方岳为何时人，将秀锦楼附会为汪藻建，何其率略。若此，且摘录赋中数句："紫阳缭以西转兮"乃去"缭兮"，而加"正"字轩后，"后"字误为"後"后，"逗"字误为"逼"字，又将数"兮"字删去，殊不解其何意，此种讹谬自当急为改正。

男大震①校

---

① 大震为邵棠子。贡生。

口传篇

神童妙对退阔少

　　清朝乾隆年间，绩溪的伏岭下村有个黉门①秀才叫邵绮园。由于兄弟数人中，他排行第四，因而乡邻都称呼他为"四先生"。

　　邵棠从小就聪明过人，读书认真，多谋善辩，随机应变。老师曾在他父亲面前既夸奖而又不无惋惜地说："绮园这孩子，人是绝顶聪明，只是才思偏近'刀笔'，恐怕不利于功名！"果然，这位老师没有看错人，绮园"进学"以后，就没有登科、授爵，专事结交乡党文人雅士，尤好以笔墨为人排难解纷，打抱不平，赢得世人的称许。

　　乾隆二十七年，小绮园年方七周岁，中秋佳节这天，他与小伙伴到大街上玩耍，看见一个穷苦人家的姑娘，正把自家编织的竹篮子，按大小一只套一只地依次摆好，等待买主前来选购。说起这位姑娘的身世，确实令人心酸：家住郇山深处，母亲早已过世，父亲抱病在床，所幸家前屋后长有许多竹子，因此父女靠编织竹篮出售度日。过往乡民见其可怜，都好心地照顾她的生意，买上一两只竹篮。

　　这时，来了一位财主家的少爷，迈着八字步，摇着纸折扇。这位公子哥儿见卖篮姑娘长得标致，就在旁边纠缠不休，炫耀自己是秀才，得知姑娘名叫秀姑时，便酸溜溜地出了一个上联："妙哉秀姑，秀色可餐，山野村姑。"并居高临下地对姑娘说，如果能对出下句，就买她的篮子。卖篮姑娘没读过书，自然对不出下联，加上遭此戏弄，气得说不出话来。阔少见难倒了姑娘，

　　① 黉门，学宫之门。借指学宫、学校。

得意极了，不由得飘飘然起来，竟动手动脚要欺负姑娘。

此时，旁边一位年迈长者实在看不下去了，指责阔少秀才不应该仗势欺人，有辱斯文。秀才一听，恼羞成怒，他料定这穷乡僻壤肯定无人能对下句，就拿腔拿调挑衅地说："那么谁人能对？哪个敢对？"围观者面面相觑，无人应对，于是阔少更忘乎所以起来了。

小绮园见此情景，十分气愤，心想：自己一直跟爷爷振翔公学诗词歌赋，吟诗作对是拿手好戏，何不学以致用一次？于是，他便挺身而出，胸有成竹地喝道："且慢，我敢替这位姐姐对句。"阔少白他一眼，哈哈大笑道："你这乳臭未干的小东西，休得吹牛！"小绮园像大人般一本正经地说："你听好，我对的下句是'悲乎秀才，绣花枕头，朽木棺材。'"只见秀才脸上红一阵、白一阵的，原来此人不学无术，"秀才"称号是靠家中有钱多方打点捞来的，人们背后都称他是"绣才"，小绮园的下联正中他的要害。众目睽睽之下，"绣才"如何忍得了这口气？又强词夺理地说："刚才就算你替她对上了，你自己敢不敢再对一联？"小绮园毫不示弱："有何不敢？"秀才吸取刚才以人为题而自取其辱的教训，决定这次以物为题，就将摆着的竹篮上下左右翻看了一阵，经过一番搜肠刮肚，摇头晃脑地出了上联："大篮也是篮，小篮也是篮，大篮套小篮，两篮合一篮。"小绮园不加思索，随口对出："棺材亦是材，秀才亦是才，棺材装秀才，两材共一材。"

阔少没有料到一个小小孩童竟能如此迅速地对出妙句，使自己再次受辱，羞得面红耳赤，在众人的哄笑声中赶紧溜走了。

（邵昌后[①]整理）

---

① 邵昌后,绩溪县伏岭下村人,伏岭中心小学教师,现退休。

添两句一鸣惊人

邵棠少年时，有一年徽州大旱，庄稼歉收，粮食短缺。颇具爱民之忱的徽州知府，煞费苦心地到湖广一带购买了一批粮食，准备赈济灾民。不料粮食中途被阻，说是南粮不许北调，几经交涉，都没有得到解决。知府召集各县士绅商讨对策，邵棠的父亲也在被邀之列。可是邵棠的父亲生性孤傲，不事权贵，不愿往见知府大人，但又不便拂其盛意，于是就托故让邵棠代表他出席会议，趁便也让年轻人见见世面，增长知识。

会议讨论结果是联名"告御状"。状子由多才博学之士当场起草，然后请诸人过目提出意见。邵棠一个三尺童子，当然不为人所重视，但看在其父情分上，知府大人也问他有何高见。哪知不问则已，一问，邵棠竟从容不迫、彬彬有礼地站起来说道："状子写得很好，但依我之见，如果再添两句话，力度就更大了。"众人见邵棠乳臭未干，竟敢如此口出大言，不觉暗暗称奇，就问他再添两句什么话？

"列国纷争，尚且通粮通粟；大清一统，何以分南分北？"邵棠胸有成竹地说道。

"很好，很好！高见，高见！"

"真是片言九鼎，一鸣惊人！"

"小小年纪，能有此才华、卓识，诚我徽黎民之大幸也！"

……

知府和众绅士对神童般的邵棠赞赏、叹服不已，就在状子中添上了这两句话。结果，御状一告便准，问题很快就解决了。

（程光宪^①整理）

---

① 程光宪（1923—2012 年），绩溪县伏岭镇北村人，曾任北村小学教师。著有《枯木逢春集》等。

"一口"摆平棘手事

嘉庆十八年，伏岭有一大户人家，主人邵汦人①夫妇都是七十岁，此公"上有老母九十岁，下有十孙三抱子。"五世同居，其乐融融。汦人公做过教谕，礼仪传家，因此儿孙辈都是极孝之人，齐心协力给三位老人筹办寿庆，五十八岁的邵棠应邀帮忙安排庆典相关事宜，忙得不亦乐乎。

这天，汦人公的儿女亲家——曾任刑部郎中、九江知府、湖北按察使的方青天（方体）传来消息，嘉庆皇帝听闻此事，已派钦差带寿礼前来祝贺，还亲笔御题"七叶衍祥"匾额一块，以示表彰。主人家和邵棠都认为此事重大，须和族长商议一下如何迎接钦差。

来到族长家，听闻族长已到祠堂去了，邵棠随即赶到宗祠。只见族长铁青着脸一言不发地坐在厢房的交椅上，面前跪着一人，像个泥塑一样一动不动。

邵棠正待问个究竟，族长开口了："四先生来得正好，你认为此事该如何处置？"这时跪着的人鸡啄米似的连连向邵棠磕头："四先生救救我，四先生救救我。"

四先生一看，求救人是本族一个鲁莽后生，人称"愣头青"，家中母子二人，母亲邵程氏，生性唠叨，平时一句话翻来覆去要说好多遍，外号"复来潮"②。因为儿子已过而立之年尚未娶亲，"复来潮"心急如焚，整天喋喋不

---

① 邵汦人,伏岭人,曾任过教谕,在当地是较有影响力的乡绅。
② 绩溪方言,指重复或反复。

休念叨此事，惹得"愣头青"性起，与母亲大闹一场。邵程氏想到丈夫去世得早，自己含辛茹苦地将儿子拉扯成人，孤儿寡母吃尽了苦头，如今儿子却如此不听话，越想越气，伸手去揪儿子的耳朵，"愣头青"乘势一挡，不料拳头击中母亲嘴部，打掉门牙两颗。见闯了大祸，儿子呆若木鸡，不知如何是好，而母亲则坐在地上，呼天抢地号啕大哭，脸上满是泪水、鼻涕、鲜血，任凭闻讯赶来的左邻右舍如何相劝，"复来潮"就是不肯起来，儿子此时一看苗头不对，赶紧离开以躲避众人责骂。

好事不出门，坏事传千里。儿打娘的事情很快就传到了相隔十里的邵程氏的娘家，脾气火爆的娘舅立马放出话来，要率众前来伏岭兴师问罪，如果不能妥善处理，便砍断外甥的双手，扭送官府问罪。"愣头青"得此消息，连忙找族长求救。

这真是"半路杀出个程咬金"，邵棠感到十分棘手，认为若处理不当，势必造成如下恶果：

1.矛盾激化，引发两村械斗，可能导致人员伤亡；

2.儿子送官治罪，寡母无人照顾；

3.乡绅汪人公寿庆在即，圣上钦赐御匾嘉奖伏岭邵姓族风民风淳朴，家和事兴，在这当口出此反面教材，岂非影响全族荣誉？倘若事情闹得不可收拾，被嘉庆帝知道，龙心肯定不悦。

因此，邵棠与族长商议，此事必须在寿庆前妥善处理。

族长派人找来邵程氏，并当着她的面狠狠训斥了"愣头青"，责令其向母亲赔礼道歉，接着邵棠向母子俩分析这事处理不妥将会产生的严重后果。其实，这对母子一直相依为命，没有根本利害冲突，只因个性问题，一时冲动发生了不该发生的事。听了族长和邵棠的劝导，母子俩一起恳请四先生和族长设法摆平这事件。

邵棠对邵程氏说："摆平这件事情并不难，只是需要你受点委屈，你儿子受点皮肉之苦，不知是否能做到？"这对母子同声回答："愿听先生安排。"邵棠对"愣头青"说:"既然如此,且附耳过来。""愣头青"以为四先生会授予他什么锦囊妙计应对舅舅,忙将耳朵凑近四先生,邵棠趁其不备,一口咬住他的耳朵,痛得这位莽汉大叫不止,拼命挣扎,四先生这才松口,可怜此时"愣头青"的耳根处留下了一道口子,鲜血直流,耳廓上也留下了几个带血痕的牙印。

不等其他人反应过来,邵棠就对邵程氏说:"据我了解,你兄弟是个得理不饶人的主。只有你违心承认是在恨儿子不听话打算揪他耳朵时,双手被儿子捉住,情急之下,张口咬住他的耳朵,结果儿子负痛挣扎,将两颗本已松动的门牙扯落,才能适当地推卸打落牙齿的责任,大事化小,小事化了。现我以宗祠名义写张处理此事的训词给你,等你娘家人来时给他们看,并照我的安排向他们解释清楚,你儿子暂时就待在这里避一下,以免一言不合发生冲突,顺便我给他处理一下耳朵伤口。"

当邵程氏刚回到家,娘家人就气势汹汹地到了,大声嚷嚷着要与"小畜生"算账,惊得邵程氏一身冷汗,心中佩服四先生有先见之明,否则后果不堪设想。为稳住娘家人,邵程氏反复说明牙不是被打掉的,而是咬耳朵时被扯落的,并出示训词给众人看,只见上面写道:"无事寻烦恼,母子相吵架;儿耳不听话,差点被咬掉;母口咬儿耳,牙齿连根拔;送儿吃官司,老母无依靠;祸本自己惹,冲动真可怕;教训须吸取,千万戒胡闹;家丑莫外扬,母子互关照;平安过日子,才是最重要。"

脾气火爆的娘舅将信将疑,追问"小畜生"在哪里,一定要当面对质。这时,族长和邵棠护送"愣头青"回家,看到外甥耳上确实有牙印和伤痕,邵程氏娘家人才深信不疑,责骂了"小畜生"几句,又怪传信人加油添醋,真是"十里无真信,本村出谣言",险些酿成大祸。

邵程氏母子买菜,做饭,由族长、邵棠作陪,招待程家人,"愣头青"向来客一一筛酒赔罪。

脾气躁的人一般都心直口快,果然,三杯酒下肚,舅舅就站起来拍着胸脯对邵程氏说："姐姐放心，外甥媳妇的事包在我身上。"

本来一场难以收拾的棘手事件就这样大事化小，小事化了，得到了圆满解决。

（邵昌后整理）

卵石充银诳亲子

清嘉庆五年，邵敦兴老汉已六十五岁，老伴十年前撒手人寰，如今三个儿子皆已成家。老汉自思年逾花甲，昏聩糊涂，难以主持家政，便产生退养天年之念，于是找来内弟和邵棠作中证人，除留一间房自己住外，将祖传及亲手所置一切产业，品搭均匀，编作"福""禄""寿"三阄，平均分给三个儿子执业，而自己衣食则由三家按月轮流供给。

开始一切正常，不料到了夏季，天大旱，地焦草枯，老二和老三两家为农田灌溉一事产生纠纷，妯娌失和，兄弟反目。城门失火，殃及池鱼，敦兴老汉的衣食供给也受到影响。本来同胞兄弟，凡事好商量，如今有了矛盾，什么事情都斤斤计较起来，甚至连哪家小月供饭，轮到大月供饭的另一家就感到不平衡：为什么我要多供一天？留下的房间也成了三家争斗的导火索，怕父亲厚此薄彼，一碗水端不平，最后闹到房间不处理好，谁家也不供饭的地步。

可怜的敦兴老汉去找内弟主持公道，企盼能得到最基本的温饱保障，怎奈内弟不善言辞，多次调解毫无结果。老汉只好去找邵棠帮忙劝导儿子。

邵棠对这位族兄的处境了如指掌，不等长吁短叹的敦兴老汉哭诉完毕，就打断他的话题，直截了当地面授机宜，嘱其回家后如此这般地行事。

自此后，敦兴老汉的三个儿子发现父亲的行为有了一些变化，平时待在房里不出来，出门即上锁，仿佛房中有贵重物品怕被人偷走。兄弟妯娌各人千方百计想探清其中的秘密，但一直不能如愿。有一天，只有敦兴老汉和长孙在家，敦兴老汉一直待在房里不知干什么。小孩子好奇，突然推开房门，问："爷爷，你在干什么？"只见敦兴老汉慌慌张张地将几个白晃晃的像元宝一样的东西往箱子里一扔，并立即锁上一把铜锁，颇感吃力地将沉沉的箱子放到床顶上，然后拿出一个饼给孙子，笑眯眯地关照孙子："好孩子，不要把爷爷有只箱子的事情告诉别人。"

小孩子本来就不藏事，况且父母又不是外人，当晚就将白天的事告诉了父母。敦兴老汉的长子、长媳十分仔细地问了所见东西的形状和大小，就自然而然地猜出了那就是让人眼红心黑的白花花银锭。于是，长子夫妇便将心思从一间房转移到一箱银锭上。同样，像爷爷叮嘱孙子一样，爸妈也叮嘱儿子不要将这事告诉任何人，以免产生竞争对手。

岂料魔高一尺，道高一丈，老二、老三毕竟比老大年轻，耳朵灵，反应快。他们早就在夜阑人静时多次偷听老父亲躲在房里数银锭，而且还不知从何渠道打听到，老财奴（父亲）已立下书面遗嘱存放在邵棠处，写明三个儿子中，谁孝顺，谁能与兄弟和睦相处，房子、银锭就让这个儿子继承。老大得此消息，恍然大悟，难怪老二、老三两家近些日子对待老父的态度有了明显地转变。其实老大还有一桩秘密不知道，老二、老三曾分别采取过相应措施和行动，想将银子窃取，占为己有，只因老人警惕性高，看管严而未得逞。

有了明确的目标和努力方向，三兄弟自然对老父孝顺了，一天几次请安问好，衣食住行安排得井井有条，兄弟间也变得客气起来，碰着困难互相帮助，遇到好处互相谦让，往日勾心斗角、煮豆燃萁的情况不再发生，一大家子整天沉浸在亲情的温馨里。久而久之，房子、银锭的事渐渐淡忘，孝顺老父和兄弟间和睦相处成了三家的自觉行动。

嘉庆三十年，敦兴老汉无疾而终，三个儿子风风光光为父办了后事。此时三家都盖了新房，过上了殷实的日子。虽然谁也没提房子和银子的事情，但邵棠还是将三兄弟叫到老汉所住房子里，当着三人的面，打开了箱子，只见箱内装满了河卵石，内有遗嘱一张，自然是邵棠代笔所写，按有敦兴老汉的指印。遗嘱写道："老汉非骗子，实在没法子。为了过日子，请人出点子。捡来卵石子，装箱充银子。诓骗亲生子，改变原样子。逆子变孝子，喜煞老头子。今闭眼珠子，去会老婆子。留下破房子，留给长孙子。望尔三家子，团结过日子。"

兄弟三人看了，百感交集，唏嘘不已，连忙向四先生磕头致谢。

（邵昌后整理）

救少妇桃树一棵不卖

有一次，邵棠从村里经过，见一年轻妇人坐在门前号哭，旁边站着一个五六岁的孩子，也和母亲哭在一起。那妇人泣不成声，悲痛欲绝，邵棠料她必有无限伤心之事，决定耐心问她个明白。结果得知那妇人不久前死了丈夫，家中并无资财，单靠附近山上的一片桃树度日。该山土肥、阳暖，适宜种果，每岁五六月间，鲜红、个大的桃子累累挂满枝头，实在叫人喜爱。同村有个财主，为富不仁，横行霸道，觊觎桃山已久，三番两次企图以廉价购买都未能得逞。今见孤儿寡妇，无依无靠，就更加威逼利诱、软硬兼施地纠缠不清。该妇以桃山为养命之源，怎么也不能出卖，但慑于对方的威势，又不敢断然拒绝，无人替她做主，因而伤心痛哭。邵棠听了，心中大为不平，决定为之想一万全之策，给财主一个严厉的打击。于是悄悄地对那妇人如此这般地说了一阵，妇人听了也将信将疑。

桃山终于以十二两银子的价格卖给了财主。

哪知第二年桃熟季节，不等财主雇人摘桃，妇人即出其不意地把桃子摘个精光，并预先找好主顾把桃全部卖了出去。财主知道了，前来兴师问罪，不料妇人不但不低头认罪，反而理直气壮，有恃无恐地说是物各有主，她摘桃与别人不相干。财主气得胡子直翘，但又奈何她不得，于是跑到县衙里去告状。

县官一面看状子，一面问原告状告何事？财主把花钱买桃山，被告目无法纪，抢摘桃子等事原原本本地诉说了一遍。县官听罢，眉头一皱，暗暗思忖：原告有钱有势，被告孤儿寡母，既把桃山卖了，还敢抢摘桃子？此中必有缘故。于是把惊堂木轻轻一拍，问被告为何如此胆大妄为？妇人禀道："我出卖的是桃山，桃树一棵不卖！桃树是我的命根子，怎么舍得卖呢？老爷不信，有卖契可凭，请原告把卖契拿出来，一看就明白了。"

"启禀老父台，那卖契是晚生亲笔所书，内容清清楚楚，明明白白，是非曲直，老父台一看便知。"邵棠当堂作证。

"正是有凭有据，我才来告状；如果口说无凭，甘当反坐。卖契在此，请老爷过目。"财主呈上卖契。

"立卖契人胡程氏，缘因生计所迫，自愿将屋后桃山一座桃树一棵不卖，折价十二两，出卖于程大有名下为业……""混账！"县官狠狠地将惊堂木一拍，"狡诈顽民！这卖契上分明写着十二两银子买的是桃山一座，桃树一棵不卖。如今胡程氏摘自己的桃子与你何干？"

"老……老爷……事情不……不是这样……"程大有委屈得惊慌结舌。

"白纸写黑字，还会有假？分明是你歪曲事实，蓄意谋占，请老父台明察。"邵棠又乘机抢白了两句。

"大胆程大有！本县久闻你横行乡里，欺压良民，今日诬告孤寡，该当何罪！来！与我重责二十大板！"

原来，当日程大有登门逼卖桃山时，胡程氏依计请来邵棠"作中"代笔。邵棠暗暗地把胡程氏的孩子用力拧了一把，使孩子顿时大哭起来，然后又假惺惺地问孩子哭什么，胡程氏"声泪俱下"地说："孩子年年吃惯了桃子，今见桃山卖了，以后再也没有桃子吃了，安得不哭！"邵棠听了也深表"同情"而连连摇头叹息。

片刻，胡程氏对程大有哀求道："太公，请你慷慨大度一点，容我保留一棵桃树不卖，以便孩子来年还有桃吃。"接着邵棠也帮腔道："有翁一贯怜贫恤苦，仗义疏财，还在乎一棵桃树？"吝啬、刻薄的程大有本来是不肯的，但恐把事情弄僵，达不到多年梦寐以求的目的，果然利令智昏，答应了她的请求而落入邵棠的圈套。结果，不仅枉费心机折了银子，还挨了一顿板子。

（程光宪整理）

巧识"痣"两惩"嚼舌根"

　　此事发生在乾隆年间的江南地带。这天，邵棠穿着长衫，背着包袱，夹带着雨伞，独自一人前往杭州府办事。他走完陆路，换乘船只，日夜兼程，风雨无阻。途中无聊，不免与同行路人搭搭讪、拉拉家常。"天下乌鸦一般黑"，言谈中大伙儿不时感叹人世间的沧桑凄凉，流露出对世俗的愤慨又无奈之情。

　　这天，他来到临安地界，一路山水风光他无心赏玩，倒是沿途破旧的民舍、衣衫褴褛的庄稼人，使他心生怜悯。在通往杭州城的大道上，不时有富人的马车大声吆喝着，从他面前飞奔而来，耀武扬威地呼啸而过。但同时逃荒而来的人群中，携儿带女的也不少见，他们惊恐地躲闪着，蹒跚而行。烈日当空照，邵棠走着走着，自觉浑身燥热，体力不支，他便停下脚步挥手招车。不多时，一辆敞篷马车在他面前戛然而止。他一跃上了车，只见对面坐着一对四十岁左右的夫妇，正和车上人嘻嘻哈哈地聊得火热。

　　闲聊中，这对男女夫妇突然把话题扯到了他身上。这老妪家①摆出一副万事通的样子，眉飞色舞地对车上的人说："你们听说过吗？在徽州朝奉中有个叫邵棠的人，是有名的铁嘴官司王，他在杭州府替人打官司，那可是横打官司直耕田，搞得人哭笑不得，真是个鬼点子多的烂肚宝，厉害着呢，连我们这一带有名的绍兴师爷也奈何不了他！"她指手画脚地讲着，不时飞吐出唾沫，车上的人眨巴着眼睛，好奇地听着。这还不够，她还不断讲述着一些有

---

　　① 老妪家：绩溪方言，妇人，结过婚的女人。

关邵棠在打官司中流传的奇闻逸事，把邵棠活活地描绘成好事、闹事、挑事的无赖之徒，他的男人也在一旁附和着，挑衅着，车上的人也不时在插嘴问话，心中难免愤愤不平，诅咒着这个该死的害人精。车里的空气似乎弥漫着火药味，唯独邵棠在默默地听着，装着什么也与他不相干的样子，心里却在想：这嚼舌根的，我可要好好收拾你们一回，让这些口说无凭、血口喷人的小人领略一下本官司王的厉害！

一路上马车在飞奔着，颠簸着，车子在晃荡着前行，叫骂声也不时飞出车窗外。也许聊得带劲，加上天热，老妪家口干舌燥，时不时撩撩大裾衣服的对襟衣角，通通气，上口的纽扣自然松落了下来。邵棠见此，顿生一计。

突然，"哎哟！——"那老妪家一声惊叫，连忙弓下身子，捂着脚一个劲叫疼，破口大骂着——"是哪个缺德鬼瞎了眼珠子，踩到老娘身上来了？"邵棠连忙起身扶起她，一再赔礼道歉，才平息了这场风波。

不觉已是午后二时，车子才抵达杭州城。车里人陆续下了车，都在忙着收拾行李付车钱。就在这时，邵棠一把攥着那泼妇的手，一个劲往前跑。街上行人纷纷避让，那泼妇挣扎着，嘴里不停地念叨着："你发什么神经呀，抓我手到哪去？"邵棠破口大骂说："你这个贱女人真不要脸，人家给你点东西吃吃，讲两句好话，你就跟人家男人跑了。"这时她的老公才从惊呆中缓过神来，顾不得手中的包袱，连忙拼命追赶。

不觉到了知府衙门，邵棠才停住脚步。慌乱中，那女的瘫跌在地上，又是哭又是闹，用手半遮着脸，羞羞答答的，用莫名其妙的眼神瞅着眼前这个怪男人。前来看热闹的人越来越多，指指点点，在谴责这个伤风败俗的坏女人，都想来见见官家怎样断案。

邵棠拼命地击鼓鸣冤，击鼓声一声紧过一声，当差的衙役闻讯忙进去禀报，知府大人连忙放下手中的案头，速速端坐在公案上，如狼似虎的衙役手执水火棍，迅速分列在两侧。头顶着"明镜高悬"的匾额，知府大人一拍惊堂木："升堂——""噢——"邵棠和这对夫妇立马被传唤到大堂里。

待双双跪下后，知府大人问："你们冤从何而来？速速报来！"原来他们申冤是为了争辩身边这个女人是自家的老婆，这事闹到大堂上来了。知府大人要他们出示能证明自己女人的有力证据来。邵棠随口而出："我先来，我老婆背后的颈脖子里长有两颗痣，一颗有毛，一颗没毛。不信大人可以查看。"女验官师当场出来查验，撩开那女的上背衣领，果真如此。真是神了，你猜邵棠怎么知道那女人身上的特征呢？原来这对男女在马车上一味地说他的不是，让他好生怒火。趁车子在晃荡，他灵机一动，故意用脚踩了那女人的脚，在那女的弯下腰的一刹那，邵棠看到她脖子上长有两颗痣。

该是那男人出来作证了，他却摆出一副满不在乎的样子，说他和自己的女人一起生活了多少年，她的什么事情，哪有他不知道的呢？！可他说来说去，就是说不出自己女人的身上有什么特别的地方，越辩越糊涂，急得冷汗直冒，身子直打颤。知府大人听得早已不耐烦，一拍惊堂木，怒吼道："大胆刁民，胆敢欺诈本府，给我重重打二十大板！"随即是一声声撕心裂肺的惨叫，那女人自知男人肚里有冤，可也想不出什么好法子来，苦水只能往肚里咽。那女的也自然判给了邵棠。

故事本该结束了，可好戏还在后头呢！

邵棠搀着那女的从大堂出来，那女人尽管极不情愿，但也无可奈何。她的男人一瘸一拐地跟在后头，不时发出呻吟声、哀叹声。在衙门前，邵棠叫他们停住，"你们今后可给我记好了，饭可以乱吃，可话不能乱说，更不能污蔑、栽赃人。本人就是你们所说的官司王邵棠，但我做的都是为民申冤的事，从来没害过人。明人不做暗事，你的女人我自然会归还给你。"这对男女大眼瞪小眼，似懂非懂地点点头。可就在男人领走自己老婆的那一刻，邵棠察觉到那男的眼神里流露出的不满。邵棠看在眼里，心想这家伙今后还得坑人，我得再次收拾收拾他，让他好好长长记性。

就在那男的领着女的，一路嘀咕着走出十几步的那会儿，邵棠连忙跑上去，又一把扯着那女人往回跑。"咚咚咚！"又一次击鼓升堂，知府大人不明所以，又速速升堂办案。在问审中，知府大人得知，那野男人不服输，又强行拐走了别人家的女人。这还了得，本来怒气未消的大人这下可火上浇油，不容他们多分辩，大手一挥，让那班衙役重罚了那男人五十大板。

这五十大板可重重赏给了信口乱说的这对夫妻，打服了这家幸灾乐祸的骂人精。这次从衙门里出来，邵棠执意要把这女人归还给他，那男的头不敢再抬，再也不敢认领眼前这个本该属于自己的女人，灰溜溜地，一瘸一拐地消失在茫茫人流中……

（程林达①整理）

---

① 程林达,绩溪县伏岭镇岭前村人,现为伏岭中心小学教师。

邵棠戏书"旦白堂"

连日来，瑞雪纷飞，把大地点缀得银装素裹，别有一番情趣，正所谓是"满地飞花不是春，漫天零落玉精神"。

这天，正月初五，正是城东富商汪爱书的生辰，为庆寿诞，主人特邀本邑士绅、戚友、亲朋，大宴嘉宾。堂内张灯结彩，正中挂着一幅老寿星图，大厅上方横悬一块镂花金字大匾；厅内宾朋满座，熙熙攘攘的前厅鼓乐吹打，好不热闹。酒过三巡之后，汪爱书起立，提着嗓门大声说："今天是鄙人母难①之期，而厅内又新挂本县知名人士四先生大手笔书写的金匾，"随即指着中堂上方说，"特邀诸公鉴赏。"

众人抬头望去，只见镂花的金匾，辉煌夺目，上面写着"旦白堂"三个硕大的鎏金大字，字迹庄重，铁画银钩，人人赞不绝口。但是"旦白堂"三字是何涵义，颇觉费解，一时众相猜问，不知所以。

汪府西席②看到大家迷惑不解，为释众疑，忙站起来说："四先生的字，正如诸公所论，确实手笔不凡，至于其'旦白堂'三字的涵义，我已翻过《康熙字典》：旦者，诚恳也；白者，清白也，意思自然是说：诚恳待人，清白处世。"

这时，席上有一位姓高的秀才，站起来哈哈大笑说："非也，今天主人应请夫人出来敬酒。"

---

① 母难：古称自己的生日为母难日。

② 西席：旧时对幕友或家中请的教师的称呼（古时主位在东，宾位在西）。

汪爱书听了，甚为惊异，心想请众位鉴赏金匾，怎么扯到女人的头上来了，忙问："却是为何？"

高秀才说："旦者，乃戏曲上常称的生旦丑末之旦也；白者，乃典本上常见的道白之白也，所以'旦白堂'是说夫人是一家之主，唯有夫人说了的话才能算数，照此涵义，'旦白堂'当然就成了女主人的堂名。不过，不管怎样，这比'夫人堂'或者'奴家堂'要含蓄得多，高明得多。诸位，既是女主人的堂名，理应请夫人出堂敬酒，众位以为如何？"高秀才的一番言论，说得整个大厅就像炸开了的油锅，人人捧腹大笑。

汪爱书听了之后，急得满脸通红，无地自容，但还是强作镇静，站起来说："高先生真会说笑话，你的妙语，为在座高朋增添了不少乐趣，管它是'旦白堂'还是'蛋黄堂'，来来来，大家干杯。"

事情就这么一笑了之地过去了，可汪爱书听了高秀才的话后，为什么急得满脸通红，无地自容呢？这还得从他的家世说起。

汪家祖先，原也是"书香门第"，可是星移斗转，传到他祖父一代，书香味却越来越淡。汪爱书的父亲为人倒也本分，虽一生读书，却屡试不中，如今年又花甲，连个秀才也没有捞到。因此，每逢口角，他的夫人常挖苦他是"老童先"，意思是说，老了还是和早年的"童生"①一样（土语中"生"与"先"同音）。也许是因为考不取秀才，一辈子都得称"童生"的缘故，对此，老头从不还口，久而久之落得了一个惧内之名。

汪老先生感慨自己命途多舛，考运不佳，如今又已年迈，为此，曾一度把希望寄托在儿子身上，以实现他终生未竟之愿。可汪爱书名为"爱书"，但他一看到书，就像看到阎王簿一样心惊胆战，失魂落魄。尽管多年来，其父严加管教，而他总是读书不成，父视他无法成才，一怒之下，送他到杭州一家绸缎庄里去当了学徒。经过三年的磨炼，倒也学到了不少生意经。后来，回到绩溪县城在一家姓程的绸缎铺里当上了管事。

---

① 童生：明清两代称没有考秀才或没有考取秀才的读书人。

汪爱书虽不爱书，却十分爱财。他常说，做生意本来就是为了赚钱，要赚钱就得心狠手辣。因此，在他不择手段、十分卖力地经营下，这家绸缎铺旧貌换新颜，为此他深得程老板的赏识，并且程老板还将独生女儿许配给了他。

订婚之后，程老板心想：自己无后，将来死了，全部财产自然是归女儿和女婿所有。为防今后女儿被女婿欺负，于是想了一步绝招，将自己的财产作为女儿的陪嫁。

结婚那天，女方陪嫁的嫁妆共二十四扛。首扛是披红插花的"万和绸缎庄"金字招牌；二扛是锦缎上叠放整齐的大堆房产田地契约；三扛是各式金银首饰。接下来是各色床单被褥，四季男女衣服，四时男女鞋帽，以及成套的楠木家具，大小箱笼，杯盘碗碟和水桶、脸盆、脚盆、便桶等。总之，一切生活所需，应有尽有。最后一扛，也就是第二十四扛，是一口楠木大棺材，言下之意，即到了我的姑娘百年归西的那一天，连棺材也用不着男方操办。由于排场阔绰，仪式隆重，宾客云集，这场婚礼轰动了整个绩溪县城。

程老板的女儿，既是独生，自然惯养，优裕的环境，使她成了一个脾气暴躁，一意孤行，什么事都得由她说了算的女人。鉴于夫人的财大气粗，汪爱书只好处处忍让。久而久之，也和他父亲一样落得一个惧内之名，城里的人都说他家是"花香门第""惧内世家"。

尽管汪爱书非常怕老婆，但毕竟十分富有，有钱人大都爱虚荣，特别是在封建社会里，表现尤为突出。有些人家，原不是什么"书香门第""积善之家"，为了沽名钓誉，伪装斯文，竟然攀龙附凤，自以为诗礼传家，积善修德，到处托请名人学子书写什么"积善堂""德晖堂"等。如今汪爱书有了钱，新盖了华居，如果大厅没有一块引人注目的匾额，岂不有失风雅！在本县知名人士中，他最仰慕伏岭下的邵棠，知道他不仅文才奇特，而且写得一手好书法。经多方打探，汪爱书了解到自己的西席过去和邵棠曾有一面之交，于是备办厚礼，请老夫子专程前往邵棠家中求字。

这位西席来到伏岭下邵棠的家里，一阵寒暄之后，便说："敝东汪爱书仰慕先生墨宝，恳请赐书新居堂名。"

"是不是结婚二十四扛嫁妆，棺材压阵的富商汪家？"

"正是，正是，求先生大笔一挥。"

邵棠对这家富商的恶行早有耳闻，得知他十分惧内，家内一切事务，全由他老婆说了算，便说："你我毕竟有一面之缘，堂名我可以写，礼品绝不能收。"于是略一思索之后，拿起笔来挥写了"旦白堂"三个斗大的黑字。

老夫子看后，非常满意，当即谢了邵棠返回城里。汪爱书见到西席，接过大字一看，见"旦白堂"三字，严正端庄，雄厚有力，十分高兴，忙请工匠，做成了一块镂花金字大匾，高挂中堂。生日那天，汪爱书原想乘机炫耀一番，谁知道反在通城士绅面前闹了一场笑话，几乎下不了台，心中懊丧不已。席散之后，急忙吩咐下人将金匾摘下，可他的老婆却坚决不同意，说"旦白堂"正如高秀才所说，名正言顺，有什么不好？汪爱书的老婆不但不准下匾，而且还责怪汪爱书为什么当时不请她出堂敬酒。汪爱书既下不了匾，又窝着一肚子气，实在不是滋味，心想：等哪一天，我非得去伏岭下责问一下邵棠不可。

俗话说："好事不出门，坏事传千里。"关于"旦白堂""奴家堂"的笑话，就像一阵风，不胫而走。当邵棠听了之后，连说："痛快！痛快！"大笑不已。

日子有晴有雨地过去，转眼之间，正月已完。这日，春风送暖，天气晴和。一早，汪爱书便命下人雇来两乘小轿，邀了西席陪他去伏岭下造访邵棠。

他们来到伏岭下，相见之后，汪爱书说："上次有劳先生赐书堂名，今特来致谢，但不知'旦白堂'所含何意？还望先生赐教。"

邵棠说："其意浅显，旦如光明，白乃洁净，含义是：光明磊落，清白做人。"

"可是也有人认为此乃女人堂名，唯有女人说的话才能算数的意思。"

大戏演出的第二天，原供职县衙的一位湖村村民，因家中小孩染上了天花，特从县城赶回探望。他告诉了村民们一件紧急大事，说邻村塘塍某家兄弟，因争夺家产，出了命案，明日县老爷将带领衙役前去塘塍。而最近的路就是经坑口，过三面亭，由湖村进塘塍。目前，村里正在求天花娘娘慈悲，日夜做法事演大戏，且戏台正好占着往来大道。明日县老爷坐着四人大轿经过此地，既不能拆台，又无别路，将怎么过去呢？这始料不及的情况，急坏了全村乡民，大家都深觉事情棘手，人人叫苦不迭。这时，其中一人突然想起伏岭下十分有名的邵棠，于是站上路旁的小石墩，对着众人说："伏岭下邵棠，足智多谋，人称奇才，现在，时间已经不多，我们是不是马上派人前去求教？"既然大家想不出更好的办法，那也就只能如此了。所以，村民们立即推选一人，迅速赶去伏岭下。

被派选的代表来到邵棠家里，诉说了事情的经过，请求设法解危。邵棠说："今年本县天花流行很广，伏岭下也不例外。前些日子，有些村子也和你们一样，为天花娘娘设坛演戏，但天花流行并未终止。我们这里，半月前请来了磡头名医胡郎中，经他悉心诊治，村里大部分小孩均已转危为安。看起来，设坛做戏祈求菩萨保佑，根本管不了什么作用。有病应该悉心诊治，这才是正理。你们不妨敦请胡郎中去你们村试一试。"

"四先生所言极是。敦请胡郎中倒是不成问题，但明日县老爷就要乘坐四人大轿经湖村去塘塍，事情已经到了火烧眉毛的地步，还望四先生大力相助，排解为难。"

"这倒也是实情。"邵棠边说边思索，琢磨了片刻，然后笑着说："解决此事，倒也不难，你们回去后，只需请木匠做一块大牌位，把"恭祝皇帝万岁万万岁"字样，用朱红写在牌上，并供奉在戏台正中，再用红纸剪出'万岁戏'三字，贴在台前条桌的围披上。然后你们什么也不用管，照常演戏。要知道，皇帝至高无上，为皇帝演'万岁戏'这是比什么都大的大事，区区县官岂能奈何？"

　　两位村民听了后，觉得此计甚妙，十分高兴。于是谢了邵棠，回到湖村依计行事。

　　次日中午，绩溪知县带着典史①、仵作②和衙役，乘着官轿，浩浩荡荡来到湖村。只听湖村村口锣鼓喧天，吹拉弹唱，不知所为何事。绩溪知县正欲查问，轿子却忽然停下，前面一衙役匆匆返回禀报说："村口正在演万岁戏，道路中断。"绩溪知县掀开轿篷，探出头去，见一块大牌位高高供奉于戏台正中，台前围披上，"万岁戏"三个斗方大字赫然在目。绩溪知县深觉此事非同小可，不敢怠慢。于是急忙下轿，整饰衣冠，疾步走上戏台，对着皇帝牌位恭恭敬敬地行了个三跪九叩首的大礼。礼毕之后，转过身来，居高临下，只见道路为戏台所占，而路旁河坎，又委实太高，根本下不去，实在无路可走。几经思索，绩溪知县只好令衙役将官轿仪仗退至石门里下河，顺滩而上，绕至湖村村后停候。而自己自然免不了在台上向村民们说几句嘉勉的话，鼓励一番。然后，下得台来，摘下官帽，低着头，躬着腰，手提袍角，小心翼翼地从台下穿过。

　　绩溪知县去后，村民们无不拍手称快，个个赞扬邵棠聪明绝顶，为大家解困，做了一件了不起的好事。

　　绩溪知县来到塘塍，经过查审，按律对案件作了处理。正想绕道杨溪回城时，县衙快马来报，说府台示谕，皇上特派钦差大人在九华进香，嘱各府及所属知县，迅速赶赴青阳，听候召见。绩溪知县一听，不敢怠慢，立即就地束装，打道杨溪，前往九华。

　　当绩溪知县赶到青阳时，皖南各府知府和知县均已先后到齐。绩溪知县在被召见后，照例说了一些风调雨顺、国泰民安之类的套话，但却一下想不出可以向钦差大人禀报的一些较为具体的民情。慌乱之中，绩溪知县突然想

---

　　① 典史：官名。元始置，明清沿置，为知县下掌管缉捕、监狱的属官。如无县丞、主簿，则典史兼领其职。

　　② 仵作：衙门里管验尸验伤的人。

起县内天花流行，而湖村乡民尚在大演"万岁戏"的事。于是，便如此这般，添油加醋地鼓吹了一遍，事情才算有了交代。

钦差大人回到京城，即刻将九华进香及了解到的皖南各地民情写成奏章呈给皇上。当皇帝看到绩溪乡民在天花流行中不顾儿女死活，大演"万岁戏"时，深思穷乡僻壤，山野村民，竟对朕如此忠心，实属罕见。欣慰之余，立即着手表彰，并赏赐救济银三千两。同时，将恪尽职守、涉足农村、体察民情的绩溪知县晋升徽州知府，着即发放救济银两完毕后，克日到任。

当圣旨到来之日，正是知县大发脾气之时。原来，关于湖村大演"万岁戏"知县三跪九叩首的真实趣闻，竟不胫而走。一传十十传百，不到三个月，已传到岭南岭北。当绩溪知县得知事情真相后，火冒三丈，暴跳如雷，非得要把邵棠捉来整治一下不可。然而就在此时，圣旨突然到来，知县没料到上次因禀报湖村演"万岁戏"的事，竟受皇上表彰，还赏赐救济银三千两，而自己也借此鸿运高照，晋升知府。由此说来，这还要感谢这个作恶的邵棠。也罢，升官与整人恰好是碰在同样一件事上，似乎有点不太好办，就饶他这一遭。不过，堂堂七品知县竟为一个寒士所戏弄，实在有失官场体统。绩溪知县心想，以后日子长着呢，本官总会有机会好好收拾他。

三跪九叩首的绩溪知县荣升知府，走马徽州府上任了，而大演"万岁戏"的故事却一直流传至今。

打那以后，湖村乡民因怕碰到类似情况，再给村里人带来麻烦，故凡逢做会、演戏，直至后来兴起的"观音会"（俗称接观音）都一律在小河上游拦水筑坝，将溪水引向靠山一边，把戏台搭盖在河滩上，两百年来，代代相传，直至中华人民共和国成立。

老师爷白挨四十板

徽州地处皖南山区，历来就有"八分山水二分田"之说。正因为山多田少，乡民无法养活全家。因此，待儿子长大，乡民就得四处托人将儿子送往外地谋生。时间长了，代代延续，徽州人遍布大江南北，获得了"无徽不成镇"的美名。话虽如此，但在封建社会，经商并不是一件体面的事，商人们无权无势，常常受到当地豪门官绅的欺凌。有时，明明受了冤枉，吃了亏，由于无力与之抗衡，商人们也只得逆来顺受，忍气吞声。

这年初春，在浙江萧山、杭州、绍兴等地，又连续发生了多起徽商受冤的案件：

一是萧山富户孙某，明明是自己侧院厨房起火，却反诬为前店徽商所为，告到官府要求追赔损失。

二是杭州地绅刘正，因使女不堪其虐，深夜逃亡，反诬隔壁徽商唆使，告发强索巨款。

三是绍兴豪门张府少爷，在徽商饭店设宴，酒后不但不付钱，反殴打堂倌，重伤致死。老板告官，而官老爷却是张府姻亲，反诬其虐待伙计丧命，打入大牢。

这几桩案件，据说都是绍兴师爷①捉笔承办，而且似乎胜诉在望。

提起绍兴，人们会自然而然地想到"天下才子数浙江，浙江才子数绍兴"。绍兴不仅是鱼米之乡，而且人文荟萃。历代以来，绍兴出了不少才子、

---

① 师爷：清代官署中幕僚的俗称。

学士和名人，特别是师爷，为数最多，分布极广，有些则颇负盛名。因此，提到绍兴，人们就会联想到"绍兴师爷"，就像一提到徽州，就会联想到"徽州朝奉"①一样。当绍兴师爷们承办了这几桩案子并即将胜诉时，徽商们感到确实冤枉，但却因势单力薄，难以申诉。在无可奈何、一筹莫展之际，正巧邵棠因事来杭州，于是大家相约登门，请求邵棠务必设法解救倒悬之急。

邵棠得知这些情况后，义愤填膺，认为当地豪门官绅，实在欺人太甚，朗朗乾坤，岂容黑白颠倒，故挺身而出，并一一代写讼词，极力辩护。因为正理原本在徽商一边，事实无可抵赖，最后，这几桩案子，终于先后一一胜诉。特别是那桩命案，由于官府维护姻亲，官司一直打到绍兴府。结案时，连这位包庇内亲的官老爷都被上司开革。

在这几桩案子中，邵棠连续挫败了多位绍兴师爷，官司反败为胜，轰动了杭州、绍兴两府，因此邵棠名声大振。许多绍兴师爷为此感到脸上无光，既不服气，也咽不下这口气。这时，杭州有一位颇有声望的绍兴老师爷，在一次同乡聚会中说："官场幕府中，我厮混了三十余年，经历过不少风风雨雨，也曾屡次击败许多誉满江南的笔刀。我就不信默默无闻的山区穷酸小子有多大能耐，我要去徽州会一会邵棠，让他见识一下我们绍兴师爷可不是一盏省油的灯。"众人听后，连连点头称是，认为只有这样，才能出这口恶气。

老师爷说干就干，立即束装上路，晓行夜宿。这日，走到于潜，天色已晚，遂投宿饭店。正巧邵棠也因事从临安返回绩溪，路过于潜。真是无巧不成书，鬼使神差，两人恰好同住一室。彼此相见之后，老师爷觉得这位投宿的后生少年老成、朴实无华，颇具好感，于是便开口问道："老弟贵姓，从何处来，将去何方？"

邵棠答说："免贵姓邵，因事从临安返回绩溪。"

老师爷听后，心想：绩溪不正属徽州府辖六县之一吗？这后生姓邵，或

---

① 朝奉：宋朝官阶有"朝奉郎""朝奉大夫"，后来徽州方言中称富人为朝奉，苏、浙、皖一带也用来称呼当铺的管事人。

许知道一些关于邵棠的事情，便说："贵地有一位闻名遐迩的讼师邵棠，不知老弟可知？"

"你问邵棠，有的，有的，老先生认识他？"

"非也，据说此人才思敏捷，机智过人，老朽此次特地从杭州过来，就是想会一会他，以便彼此能认识认识。"

邵棠一听，觉得来者不善，非亲非故，想认识什么？于是忙改口说："实不相瞒，我正是邵棠的学生。家师一月前从绍兴回到家乡后，即偕同一位师伯前往江西游览庐山去了，估计需半月后方能返回，恐怕现在是无法见到他了。"

"哎呀，真是出门不看皇历，没有选好日子。据说，令师半年中连挫多位师爷，官司接连胜诉，老朽甚为震惊，本想彼此一试高低，看来此番是白跑一趟，无法较量了。"

邵棠忙说："老先生能有如此雅兴，晚辈敬佩不已。此番既然前来，岂能白跑，前辈如不嫌弃，可否让晚辈见识一下，然后再一同去徽州等候家师如何？"

老师爷心想，这样也好，先挫败他的学生，煞煞邵棠的威风，再去徽州和他比试高低亦不为晚，于是马上答应。但两人怎样比试呢？老师爷略一思索之后说："我的年纪比你大，就委屈老弟一下，暂做我的儿子，明日公堂之上，我们就用父子纠纷这个命题做文章吧，不知老弟以为如何？"

邵棠说："你会家师，你是宾，我是主，你老先生年纪大，我年少，我做你的儿子，当得，当得。只是儿子没法状告老子。因此，老先生不必客气，明日你只管去县衙告状，扭着我去见官，并任凭摆布。"

老师爷一听，大喜过望，心想，这小子真是"初生牛犊不怕虎"，不知道官场的厉害，明日扭他上公堂，让他吃点苦头，才知道锅儿是铁打的。

晚饭之后，邵棠就像没事人一样，倒头呼呼大睡。而这一夜，老师爷却费尽心机，绞尽脑汁，几经反复推敲，多次增删修改，直到鸡叫三遍才写完状纸。细心审阅之后，觉得尽善尽美，无懈可击，才匆忙就寝。

次日起床，各自盥洗并用完早膳后，老师爷即一把扯住邵棠的衣领，扭扭打打，拉往县衙投状鸣冤。县官升堂，老师爷立即呈上状纸，并泣不成声，哭诉逆子如何不务正业，如何吃喝嫖赌，如何忤逆不孝，如何打骂爹娘，只见他言语精炼，头头是道，把儿子说得十恶不赦，体无完肤。

"姜还是老的辣。"老师爷不愧是胸有成竹，老谋深算。这场官司一开始就有声有色，表演得淋漓尽致。看来，这位老师爷似乎已稳操胜券。而邵棠呢，则一边听老师爷诉说，一边琢磨盘算，思考对策。

历代封建王朝都重五伦，讲孝义。县老爷在听完老师爷一番哭诉，并看了状纸后，怒不可遏，忙将惊堂木一拍，说："百善孝为先，逆子，你还有何话可说？"

邵棠连忙疾呼："冤枉！这是天大的冤枉呀！"

"有何冤枉，从实说来。"

"小民在此实在不敢说，恳请老爷赐给笔墨。"

县官心想，老子状告儿子，哪还有假？我倒要看这孽障会写些什么，于是着衙役给他笔墨。

这时，邵棠拿起毛笔，迅速在手心上写了两句话，然后，高举双手，伸开掌面，对着县官轻轻摇摆。县老爷向下仔细一看，见掌心写着：

"妻有貂蝉之美，父有董卓之心。"

县官恍然大悟。心想，这老畜生泥土都埋到了颈脖子，还老不收心，如此轻佻乱伦，简直是衣冠禽兽。顿时怒火中烧，一拍惊堂木说："来人，别听这老家伙胡言乱语，给我拉下去重打四十大板。"于是不容分说，衙役就将老师爷拖到堂下，打得老师爷皮开肉绽，叫苦连天。

行刑完毕，县老爷斥责老师爷说："事情你自己十分清楚，以后记住，不可再胡言乱语，胡作非为，否则本官当严惩不贷。衙役们，把这老头给我轰出堂去。"

在封建社会里，一般民事案情，官老爷只听双方事理，不重视实际调查，所以民间曾流传着这么一句话"横打官司直耕田"，意思就是说，打官司不像耕田那样，直来直去，谁的状纸有理有据，谁的口齿辩驳得力，谁就能当堂胜诉。这场"父子纠纷"的官司，主要是邵棠两句话写得简明有力，所以"三下五除二"就把官司打赢了。

当老师爷稀里糊涂地白挨了四十大板，被邵棠扶着出堂后，虽然屁股疼痛难忍，但他还是不明白为什么邵棠在堂上只喊一声冤枉，手上简单写了几个字，县老爷竟马上变脸，转过头来斥责他胡言乱语，拖下就打，这到底是怎么一回事呢？他看着邵棠想说不好说，想问不便问，心中结着一个迷茫的疙瘩。心想，我连邵棠的学生都胜不了，白挨了四十大板，还哪能是邵棠的对手呢？两天后，棒伤稍稍好转，老师爷即自认倒霉，拄着拐杖，灰溜溜地回了杭州城。

老师爷挣扎着回到杭州后，许多同僚和乡亲都来探望，见到他那挨了打的狼狈模样，知道事情不妙，可是当问明情况后，老师爷对堂上突然败诉的事，却始终说不出个所以然来，众人对此更是疑惑不解，觉得徽州的这个邵棠，果然名不虚传。既然杭州颇有名气的老师爷都败在他学生的手下，更何况其本人？他们自感技逊一筹，也只好怏怏作罢。

后来，据说这位老师爷一直到死都没有悟出邵棠的学生迅速胜诉的原因，这成了他终生的憾事。

抢棉被智惩花和尚

苏州位于江苏太湖东侧，是江南历史名城。那儿人文硕厚，物产丰富，尤以园林风景名满天下，素与杭州齐名。人们每提及苏州，就会想起"上有天堂，下有苏杭"的美誉，无不以一睹其风采为快。

两年前，旅居苏州的一位乡友，曾竭诚邀请邵棠泛舟太湖，畅游姑苏。当时邵棠兴奋不已，极想前往，可是两年来总是因事务缠身，未能成行，因此一直记挂心头。

这年的十月间，虽然已入冬令，但正赶上十月小阳春，气候特别温暖。邵棠蓦然想起了两年前乡友的邀约，考虑时间虽晚了一点，但还不算太冷，于是一时兴起，欣然成行。正如家乡人所说："忙不忙，三日到余杭。"他从家中动身，徒步三天，来到余杭，当晚搭乘小船，一早到达杭州，随即另换木船，前往苏州。当船过德清，抵达苏州时，船上来了一年轻和尚，只见他身背棉被，手托钵盂，走到邵棠身边的一个空位，坐定之后，也不搭话，而是双手合十闭目静坐，大有长老风范，众人见了，无不暗自赞赏。

不久，船进太湖，天气骤变，凛冽的北风呼啸着扑向船窗，不仅使木船颠簸得厉害，而且寒气袭人。这时，只见和尚从容不迫地打开棉被，盖在身上。而邵棠呢？由于离家前为小阳春所迷惑，同时也没有想到木船竟无卧具，因此未带行李。夜深了，太湖波浪滔天，北风喧啸呼叫，冷得邵棠直打哆嗦。他见和尚身上盖着的棉被既宽又大，于是恳求着说："师父，今晚天气突变，寒冷难耐，可否行个方便与俗家合盖一被？"

半晌，和尚睁开蒙眬的眼睛，面带不悦之色说："施主，如此隆冬季节，出门哪能不带棉被？"

邵棠忙说："只怪俗家忙于成行，一时疏忽，还望师父慈悲为怀，行个方便。"最后，经不起邵棠的再三请求，和尚才勉为其难，答允合铺。

当邵棠掀开棉被时，发现大红色的被面被反盖在里面，觉得十分奇怪。但是，邵棠转念一想，管他呢，反盖就反盖吧，只要能御寒就行。睡下之后，邵棠忽然闻到棉被上散发出一阵淡淡的脂粉香味，心想这分明是一条妇女盖过的棉被，怎么在和尚手里呢？邵棠深觉怪异，但寻思良久，始终没有理出一个头绪来。

次日，船到松陵，船家靠岸卸货，停船半天。这时，邵棠对和尚微微一笑说："师父，可惜你是佛门弟子，不然，你我尽可上岸对饮御寒。"

和尚听后忙说："贫僧素有少林之风，历来是'酒肉穿肠过，佛祖心中留'，并不拘泥于小节，施主不必介意。"

邵棠一听大喜，立即邀请和尚同登码头，并择了一家临湖饭店的雅室入座，向堂倌点了几样菜，要了两壶酒，二人边饮边吃，边览太湖冬景，倒也颇得其乐。酒过三巡之后，两人似乎都有了醉意。邵棠为了要弄清和尚那条棉被的来历，忙试探地问："师父出家几载？"

和尚举着酒杯说："三年。"

邵棠看着和尚晃动的酒杯，突然计上心来，马上一本正经地编着谎话说："师父出家的时间虽不算太长，但比起我当年削发为僧时，你现在的日子可强多了。"

"难道施主也曾入过佛门？"

"是的，当年我当和尚，只是为还父母的一桩心愿，身在佛门却尘缘难断，有这样的一句俗话：和尚不吃荤，酒肉满口香。就我当时的处境来说，却是真实写照。那时我身为和尚，虽然想吃想喝却总吃不到，哪像师父现在这样，面对太湖景色，吃得如此潇洒自由。所以说，你比我当年强多了。"和

125

尚说："身在佛门只是信念，喜吃酒肉则是习性。和尚吃酒吃肉古已有之，济公活佛、和尚鲁智深、行者武松……比比皆是，岂止是你我！根本不足为怪，来来来，满饮。"

邵棠举起杯说："酒肉因为佛门所忌，而尤为甚者，莫过于色。我看，这不光是英雄，就是和尚，若无坚强信念，也同样难过美人关。当年，我就因为过不了这个关才违背父母心愿，决心还俗。"

这时，和尚已喝得像"飘然一只云中鹤"，对着面前这位当年同道，甚感惺惺相惜，于是情不自禁地说："贫僧亦非圣人，与老兄当年颇有同病，老兄是过不了关，决心还俗，可贫僧过不了关却乐当和尚。"

"却是为何？"

和尚此时已醉态毕露，精神恍惚，正如苏东坡所说："我观人世间，无如醉中真。"只见他肆无忌惮地笑着说："历代以来，朝廷一直尊尚礼教，妇女为'三从四德'①所束缚，一个个都躲在闺房，如无张生跳墙的本事，很难进入后花园相会，而和尚呢？那就不同了，和尚的好处有三：

第一，和尚能守口如瓶。须知，色情本为佛门所忌，俗话说：'十个女人九个肯，只怕男人嘴不紧。'而和尚却正好为妇女解除后顾之忧，无需为此担心。

第二，和尚能任意约会。身在佛门，可以随时进入府邸化缘，询做佛事。而妇女亦可随时来庙许愿、还愿，或朝山敬香，或协做佛事，根本用不着彼此相思，望墙兴叹。

第三，和尚有的是钱。向施主化缘，乃佛门一大法宝，此为无本生意，得钱容易，花钱自然大方，因此最能讨得妇女欢心。由此三点，故而贫僧乐为和尚。"

邵棠听后，感到这和尚无耻之极，甚为愤慨。但表面仍很平静地说："那

---

① 三从四德："三从"指未嫁从父，既嫁从夫，夫死从子；"四德"指妇德、妇言、妇容、妇功。是封建统治阶级奴役妇女的教条。

么，你那条大大的棉被，不用说，肯定是你的相好馈赠的了？"和尚笑而不答。于是，邵棠严肃地说："身为和尚，却不守清规，这不仅玷污佛门，而且将来亦绝无善果，不知师父可知道《杀僧报父仇》的故事？"

"尚未听闻。"

邵棠便说："从前，有一个和你一样不守清规的和尚，与对河村里一寡妇相好，虽然过从甚密，但隔河往来，极不方便。后来这寡妇之子当了官，她便嘱咐儿子在这条河上造一座桥。儿子明知道这完全是为了方便和尚往来，心中虽极不愿意，但想到'百善孝为先'，只好遵命。可回过头来想，今后如让秃驴私下往来，岂不有辱先父。于是在新桥完工之日，一怒之下，杀了和尚，并在先父牌位两侧，写了这样一副对联：'造桥尊母命，杀僧报父仇。'其母看后，愧而自尽。这就是佛门败类造成的恶果。方才师父说的三点好处，我看再好也只能是偷鸡摸狗，伤风败俗。须知'万恶淫为首'，与其违反清规，不如舍寺还俗，明媒正娶，蓄发迎亲，岂不更好！"

和尚听后，觉得这位施主深明大义，说得有理，急忙双手合十说："感谢施主谆谆教诲，指点迷津。此番返回苏北，定决心还俗，再不做玷污佛门之事。"

这时两人都已喝足吃饱，邵棠说"如此甚好"，于是站起身来，抢先付了账，然后在夜色朦胧中一同回船。

他们来到船上，当和尚打开那条大红棉被时，也许是旧情难忘，凝视良久之后，和尚感慨万千，竟轻声念起了李后主①《相见欢》词来："剪不断，理还乱，是离愁，别是一番滋味在心头。"

邵棠忙说："师父真是'袈裟未着愁多事，着了袈裟事更多'，如不革心洗面，必将自种苦瓜，自食苦果呀！"

和尚面有难色，只见浑圆的脑袋摇得像拨浪鼓。

---

① 李后主：即李煜（937—978年），五代时南唐国主，世称李后主。宋破金陵，出降，后被毒死。能诗文、音乐、书画。尤以词著名。

邵棠心想，这和尚着实可恶，"不见棺材不掉泪"，得好好整治他一下。于是乘和尚不备，信手写了一张字条，塞在被角里面。一夜无话，清晨，船到苏州，邵棠抱起大红棉被匆匆上岸，和尚追了上去说："不用麻烦，我自己来抱。"

邵棠说："我的行李，应由我拿。"

和尚一听急了，忙说："我可怜你，让你同铺，怎么合伙盖了几夜，棉被就变成你的了？好心不得好报，真是岂有此理。"于是彼此争执不休。走着走着，不觉来到县衙，由于互不相让，只好报请县官评理。

大堂上，和尚首先说了经过。县老爷转过头来，邵棠不慌不忙地说："白底红面，确实是我家棉被，望老爷明察。"

和尚急忙说："这位施主说的全是无中生有，一派胡言，望老爷做主。"

县官说："那么，你就说说你的棉被有些什么记号或来历。"

和尚一听心想，记号倒不曾注意，来历则更不便说，只好无可奈何地摇摇头。

这时邵棠说："大红被面为僧人所忌，更何况上面尚残留脂粉余香，小民为防出差错，被角一侧还藏有字条一张，请一并拆角验看。"

县官忙令衙役堂验，打开大红棉被后，果然余香袭人，并在被角取出纸条一张，上面写着：

"大红被面新棉絮，伴随主人常来去。唯防讹错起不测，暗藏此条为凭据。"

县官看后，觉得申诉有理，证据充分，忙将惊堂木一拍，对着和尚厉声说："出家人应该六根①清净，从善如流，你为何见财起意，做此下贱无类、败坏佛门之丑事？来人，给我责打二十大板，轰出堂去。"

和尚挨了板子，有苦难言，摸着红肿的屁股，出了大堂。这时，邵棠已在路口等候，他把棉被交还给和尚，并严厉告诫和尚说："区区一床棉被，能

---

① 六根：佛教指眼、耳、鼻、舌、身、意，认为这六者是罪孽的根源。

值几何？我只不过是权且借它来惩治一下你这个可恶的花和尚而已。须知佛门乃圣洁之地，岂能容你胡作非为，败坏清规。今天这二十大板只是对你贪恋酒色，执迷不悟，略做惩罚而已，古语云：'天网恢恢，疏而不漏。'今后，你要记住，躲得过初一，可躲不过十五。如再继续勾引妇女，玷污佛门，你将来必成过街老鼠，众所难容，到那时，则悔之晚矣！"

和尚听后，连连点头称是，心想常走夜路，必然见鬼。算了吧！还是折还老家，蓄发还俗，娶房媳妇，过安稳的日子吧。于是，和尚向邵棠再三稽首道谢，然后拖着沉重的双腿，向东方蹒跚而去。

一壶水救活千亩苗

逍遥岩位于绩溪登源，是皖南东部与邻省浙江的分水岭。此山地势雄险，峰峦陡峭，可与闻名海内外的黄山相媲美。逍遥岩垭口名"江南第一关"。

逍遥岩的顶峰叫老人峰，俗名人面石。隔河与大鄣山的主峰鸡鸣尖相对。两山之间，紧夹一水，河中怪石嶙峋，水流湍急，从谷中涌向岩口。

溪水奔出岩口，就到了竹山圩。这是一个颇为平坦广阔的盆地，周围约三十里，有良田数千亩。其上部水田，为竹山村民所有；下部水田，则归属伏岭下村民。竹山村人，为了确保粮食丰收，特在离村不远的岩口亭上方，筑一简易石堨，用以拦水灌溉水田。伏岭下村民原想与他们合力砌堨，共用岩口之水。可竹山人认为伏岭下人和他们共用一堨之水，很不划算，因此没有同意。伏岭下人心想，不同意就另筑新坝，重开水沟，而竹山人却不愿意在他们的土地上为水让路。伏岭下人在无可奈何的情况下，只好在鸡鸣尖脚下挖一水塘，取名黄芝塘，用来灌水浇田。

这个人工挖成的小水塘，在雨水基本充足的年份，必要时对一些易干稻田略做调剂，倒也还勉强应付。可如果碰上大旱之年，想靠它来灌溉稻田，则无异于杯水车薪。然而，竹山人却迥然不同，他们依靠那座修砌的简易石堨，年年旱涝保收。有时，地主还将用不完的水放归河滩，让它白白流失。伏岭下农民见此，心痛万分，想到流向河滩的不是河水而是白花花的大米，要是农民们手头没有粮食，就意味着必将挨饿。因此，每逢旱灾之年，伏岭下人就会向竹山人苦苦哀告，请求放水；实在不行就偷水，偷不到水就争水，甚至抢水。由于矛盾不断升级，以致纷争时有发生。

这年，天公不作美，又碰上一个干旱之年，争水抢水事件又开始发生。竹山人知道，要谈打架，自己村小人少，是无论如何也斗不过全县第一大的伏岭下村的。竹山村民心想，家有家规，国有国法，打不赢我们就来文的。于是，他们一纸诉状递到绩溪县衙，诉述伏岭下村民强行抢水、无理械斗，请求严处。县老爷审阅后，觉得案情复杂，事态严重，立即带领书吏、衙役等人到现场勘察。

伏岭下村民得知消息后，奔走相告，大家认为抢水纷争虽然情非得已，但终归理亏。众人对此不但一筹莫展，而且心中害怕，焦急万分。几经琢磨，实在想不出办法，大家就去寻找邵棠，请他排忧解难。

邵棠听完众人诉说后，对乡亲们言道："你们所说的事我全明白，发生斗闹，主要是为了争水，所以关键是要如何解决水的问题。反正今天县官还没到，容我仔细考虑一下。等晚饭后，再向你们说说我的想法。"众人走了，邵棠独自在庭院里，来回踱着方步，仔细地思考问题，不觉回忆起许多往事。他到过黄芝塘，知道那是一个小得可怜的水塘，碰上大旱之年，不说挽救千亩稻田，就连灌溉百亩禾苗都很困难。如果农民不向上游偷水、抢水，那么田亩必然颗粒无收，大家只能等着挨饿。

当初伏岭下提出欲与竹山人共修石墈，以确保竹山圩的大片稻田，这原本是个好办法。可是，竹山人想的只是属于他们自己的那上半部的小片土地。他们尤其害怕与伏岭下这个大村掺和在一起，想到两村合砌一墈，用水量必然增大，万一供水不足，弄不好，既枯了伏岭下人的稻，也干了竹山人的田，岂不弄巧成拙。

为了维护自己的利益，竹山人的想法，不能说没有道理。于是他们撇开伏岭人，自己修了石墈。可是每逢干旱之年，偷水抢水事件屡有发生。"树欲静而风不止"，这是竹山人始料不及的事。邵棠想到这里，认为要解决这些矛盾，唯一的办法就是合修石墈。他在庭前仰望着火辣辣的太阳，愁虑着半枯萎的禾苗，思考着明日县官和他那一班衙役在田间顶着烈日勘察的情景，于是一个构思巧妙的办法终于设计出来了。

晚上，乡亲们来到邵棠的家里，他向着众人说："村里的人经常与竹山人争水，这不是办法。明日知县来现场察看，我认为倒是件好事。我们应乘此机会，彻底将水源问题解决，并与竹山人重新和好。"众人连连点头，但水源问题闹了几代人，又将如何解决呢？邵棠接着说："县官既不是本地人，也不是农民，他应该不懂农事，也不识行情。如果就事论理，他有权判案，可要是靠他来解决水源问题，恐怕他也不会提出什么好办法。所以，关键是靠我们自己，在适当的时候，为县官出点子，然后由他来结案。这样，才有可能变被动为主动，才能躲避灾祸，解决好两村的纷争。"于是，他走到一位德高望重的老太爷面前，并对他说："明天县老爷带着一班人马勘察竹山圩现场，天气炎热，您老人家就负责倒茶水的事吧。"然后，给了他一张写好的状纸，并如此这般地做了一番具体安排。老太爷和众人觉得十分满意，不禁转忧为喜。

次日中午，县官及衙役人等，果然来到伏岭下，并传叫与此案有关的村民随行，然后与竹山村民共同查看水源实况及禾苗灾情，待彻底弄清细节后，再作处理。

衙役里的一行人马浩浩荡荡，首先查看了岩口亭石堨，并顺着水流，走完竹山圩的上部水田，然后前往黄芝塘，再顺着田埂，一直往竹山圩下部的大片稻田走。县老爷擦着头上不断流下来的汗，边走边想，觉得石堨是竹山圩人修的，这水无疑应为竹山人所有，伏岭下村民强行抢水，甚至械斗，显然是无理闹事。可是，方才察看的那个水塘，如欲靠它来缓解大片土地的旱情，岂非儿戏。于是，心里盘算着，认为唯一的办法应该是扩大水塘面积，或者另挖几个水塘，只有水塘容量增大，这里的旱情才会彻底消除。

这时，日已过午，天上仍然是"一轮红日滚火球"，人人走得汗流浃背，不仅疲惫不堪，而且口渴难忍。当顺路来到路旁的一个凉亭时，只见伏岭下那位年长德高的老汉早已等候亭内。老汉见众人来到，立即立起身，拱手迎候大家，并侧身取出一把小茶壶，请县老爷和众人喝茶。县官深感奇怪地说："火热天气，又有这么多人，一小壶茶怎么够喝？"老汉忙说："这一小壶茶，就像黄芝塘的水，哪能浇遍千亩稻田？原想扩大水塘，但没有源头水，即使挖了也是白挖。换句话说，纵然换把大茶壶，也不过是一把无水的空壶。现在老爷请看，那边不是挑着大桶的水来了吗？"

县官抬头一看，见一农民挑着一担水，正向凉亭走来。只是前面那桶是漏的，到达凉亭时，桶内的水已所剩无几。县官说："走这么远的路，漏得差不多见了桶底，实在可惜。"老汉说："前面漏的这桶水，就好比岩口亭的那座石竭，虽然拦住了水，但过分简陋，流进田里，委实不够。如果两村能齐心，加高石竭，那么这座石竭，就会像那只不漏的桶，准能变这片干旱的土地为丰产良田。现在，有这一大桶的茶水，就请县老爷和各位公差开怀畅饮吧。"随即，小心翼翼地将一张状纸上呈县老爷。

县官接过状纸，打开一看，见上面写着："加高石坝头，拓宽放水沟。从此纷争息，田亩保丰收。"字虽不多，但一语道破解决问题的办法。同时，又见这位老汉借用茶壶水桶喻理，生动形象，言词简明，因而改变了原准备扩塘的打算。

他们在凉亭稍事休息之后，随即到临时设在伏岭下宗祠的官厅，县老爷马上坐堂审理此案。几经传问，了解到两村的所谓械斗，只不过是双方为了争水，各自用锄头强挖强堵，互相拉扯争吵而已，并未造成伤亡事故。据此，县官认为解决问题只需一个"水"字，于是令书吏取来纸笔，写了下面的判词：

列国纷争，尚通粮棉。

大清一统，岂分水源。

齐修石竭，速救旱田。

水足粮丰，后福绵绵。

判词宣读后，正中伏岭下农民的心意，伏岭下农民个个笑逐颜开，可竹山人却认为判词有些多事。因为石堨本是竹山人所有，即使不修，也足够自家用，至于伏岭下人的田亩有没有水源，那是伏岭下人的事，与自己无关。伏岭下人完全可以扩大水塘，或者另想别的办法，为什么非得"齐修石堨"呢？由于感到不是滋味，竹山人站在堂下一个个沉默不语。

县官判后，见竹山人情绪低落，已明白他们心里所想。于是高声问道："你们是不是还想械斗，是不是想斗出几条人命来才肯善罢甘休？"堂下鸦雀无声。县官接着说："尔等明白稻田无水就不长粮食，竹山圩大片土地，不向石堨岩口要水，难道还向黄芝塘要水吗？如今只有加固并增高石堨，拓宽水沟，才能水足粮丰，造福后代。如果你们不顾别人，恐怕也难保自己"。竹山人听了县老爷的话，觉得从长远利益看，是有一定道理的。心想，水不解决，纷争不会停止，我们就是为了怕发生械斗才告状的呀。如果齐修水堨，利己又利人，和睦邻里，又能造福子孙，一举数得，何乐不为？于是谨遵老爷所判，并转忧为喜。

县官走后，伏岭下和竹山农民立即联合起来，齐修石堨开拓水沟。数日之后，只见石堨之水，顺沟而流，仅几个昼夜即灌遍所有田亩。从此，两村不但不再争水，而且大旱之年还双双取得了往年未有过的大丰收，使竹山和伏岭下的农民皆大欢喜。

县官得知此事后，不禁沾沾自喜，认为到任以来，自己总算办了一件顺乎民情合乎民意的德政。为了鼓励农民生产，当然也不排除标榜自己的可能，县官竟心血来潮，特授伏岭下农民"力农务本"的金匾一块。此匾送到伏岭下后，据说村里人曾吹吹打打，将金匾披红插花，悬挂于邵氏宗祠之内。1953年，宗祠改为粮管所，这块"力农务本"的金匾才被摘除。

诉沉冤了结十年案

屯溪新安江南岸有一村落，叫阳湖，是一个仅有几十户人家的小村。村里有一家姓胡的老两口，膝下只生一女，容貌艳丽。数年前，胡家女儿嫁给屯溪南桥头一家饭店的老板唐世尧为妻，婚后生了一子取名荣全，夫妻十分和睦，小日子过得颇为美满。然而天有不测风云，当胡氏分娩第二胎时，却遭难产，致使母子不幸双亡。此时唐世尧不足三十，儿子荣全也不过七八岁。由于家务无人处理，小儿无人照料，唐世尧为此几经托媒，各方物色，终于觅得镇西何姓寡妇为妻。这女子身边有一八九岁男孩，名叫大兴。再婚之后，因后母宠爱自己的小儿，无视前娘之子，荣全又比大兴小，经常受他们母子欺负。时间长了，夫妻间为子女闹矛盾，常常生气争吵，感情逐渐恶化。为了避免双方见面徒增无谓的口角，唐世尧常常睡铺子里。时间长了，年轻的妻子难耐闺房寂寞而另有所欢。俗话说，"荷包里有没有钱自己知道，头上戴不戴绿帽别人知道。"这件事唐妻当然守口如瓶，即使到死的那一天，也不会吐露真言。亲戚朋友呢，虽有耳闻，但无真凭实据，不敢轻易启口，所以唐世尧就一直被蒙在鼓里，什么也不知道。

一天，后街一个姓王名虎的屠户，为观音山脚下一家办婚事的人家杀猪回家，路经小街，正碰上饭店老板唐世尧自别处赴宴归来，两人虽不在一处饮酒，但各自都有了醉意。相逢之后，王屠户说："唐老板，前天送去你饭店的半边猪肉怎么还不付款。"唐世尧说："不提那半边猪肉倒还罢了，一提那半边猪肉气就不打一处来。大家都是老熟人，老主顾，你怎么能把臭肉送到饭店呢，这岂不是故意砸我的招牌。"

王屠户知道，前天的肉是镇南村民自行宰杀后拉来的，由于路途遥远，天气闷热，拉到屯溪已稍有变味，当时自己曾向村民压了一个大价。收下后，自己立即送了半边稍变质的肉去饭店，而饭店却不能一下将肉售完，待到晚上，其未售完部分，当然就越发变质了。此事，王虎心里自然明白，但他却对唐世尧说："当天杀的猪，全是上好的肉，哪能变味。天气这么热，你那厨房，又烧两个大炉子，正所谓是火上浇油，即使猪肉臭了也怪不到我。"

唐世尧醉眯着眼说："不怕你口舌生花，说得再漂亮也没用，反正你的猪肉是臭的，臭肉岂能卖钱！"

王屠户一听，不禁怒火中烧，生气地说道："唐老板是想赖账还是怎么的，我问你，到底给不给钱？"

这时唐世尧上了火，更不买账，他高声叫嚷道："我不找你赔偿我饭店的名誉损失就算对得起你了，至于你那臭肉，休想要钱。"

王屠户此刻酒性已经大发，只见他血红着双眼，暴跳如雷，大声地说道："人世间哪有那么便宜的事，我王虎可不是好惹的，你若不付我钱，我就要割你身上的肉来抵账。"

唐世尧听完王屠户的话后不禁哈哈大笑，他晕乎乎飘飘然，乘着酒性，也大喊着说："好大的狗胆，我就不付钱，你又把老子怎么样？"

因大家都过量地喝了酒的缘故，王屠户凭借着酒力，竟从身后背着的杀猪家什中拔出尖刀向唐世尧的屁股刺去，只听"啊"的一声惨叫，唐世尧滚倒在地。王屠户见状，酒醉顿时被吓醒一大半，觉得大事不好，忙扶唐世尧起来，送他回家。王虎心想，反正刀只是刺在屁股上，绝对不会有致命危险，明天抽空来看一下，再补点医药费说几句好话，事情就可以了结了。

唐世尧扶着伤口，被送回家后，大腿流血不止，疼痛难忍。原来，王屠户抽刀猛刺时，也许是酒醉糊涂，也许是黑灯瞎火，刀子并未刺中屁股，而是刺中了大腿内侧，同时还切断了动脉，虽几经捆扎，并请来老中医诊治，但却一点没见效。待至次日中午，王屠户前来探望时，唐世尧竟因流血过多而一命呜呼。王屠户吓得脸色发白，忙拿出十两银子交给唐妻，请求她高抬贵手，大事化小，小事化了，尽力包涵，并跪在地下，磕头如捣蒜。唐妻心想，自己与丈夫感情早已破裂，现在男人已经死去，如果告官，不仅花费银两，而且旷时费日，势必贻误青春。同时，一个妇女为死去的丈夫在大堂之下、众人之前抛头露面，也觉不妥，不如顺水推舟，照王屠户所言，遮蔽下来算了，今后还可借此向凶手再索取些银两，以便重新改嫁。于是，唐妻将丈夫尸体草草烧化，并把前妻之子荣全送回阳湖他外公家里。当胡大爷得知女婿被人杀死时，甚为惊异。但他媳妇不肯出面，而自己呢，不仅年老体衰，而且又无真凭实据，无可奈何。那王屠户，为怕风云突变，后果难测，早已逃之夭夭。唐妻料理完丈夫的后事和家务后，则带着儿子大兴投奔了老相好，并与其喜结连理。于是这桩杀人凶案，因无人告发，竟就这样静悄悄地平息下来了。

日子一天一天过去，一晃十年，十年前的王屠户，因事过境迁，早已返回屯溪，重抄旧业。而当年尚在髫龄的荣全，现在已是青年小伙。这天他在王屠户处买肉，因搭配头脚过多，互不相让，以致争执起来。王屠户说："买肉搭配头脚，这是历来的规矩，难道你不知道，你吃过肉没有？"

荣全说："适当搭一点是可以的，但你却搭这样多。真是财迷心窍，黑心透顶。"

"你嫌多，他嫌多，我卖给谁。"

"如果非搭这样多不可，那我就不买你这肉。"

王屠户见荣全想走，马上气势汹汹地说："你是拿我开心还是怎么的？肉已砍好，岂能不要。按说当年你老子还欠着我半边肉呢，真是有其父必有其子，老小一对无赖。"

"胡扯，你才是不折不扣一个死要钱的老无赖。"荣全感到受了莫大的侮辱，一气之下，扭头跑了。回到家里，当他说起这件事时，他外公就把当年他父亲如何被杀的经过详细地告诉了他，于是他到处打听继母的下落，并向父亲的一些熟人了解情况。最后，荣全将事情发生的年月及始末结合今天王屠户尚在肆无忌惮地索欠肉账的经过，写成状纸呈送公堂，为父申冤。他先前告状三次，可历任县官都认为案情年代已久远，非本官任内发生，一概不予理会。荣全因屡告不准，虽心急如焚，却也无可奈何。

这天，他听到自歙县来屯溪办事的远亲说："绩溪伏岭下有一位叫邵棠的人，既有才干，又肯扶弱。此人疾恶如仇，非常仗义，如能前往相求，定会鼎力相助。"荣全听后，十分高兴，立即起程求助。

绩溪距屯溪不过百余里路，他走了两天，终于来到了邵棠的家里。当他说明来意后，邵棠说："十年前的旧案，早已时过境迁，当今的知县并非当年的县官，今天的父母官毕竟不是你真正的父母，哪有闲心去管这陈年老账。所以说，要翻这个冤案实在太难了。"

荣全恳求着说："父亲无端被人杀害，人命关天，做儿子的知道了哪有不管之理！"邵棠说："这样的大热天气，你跑了两天，实在是够辛苦的了。今天吃完晚饭，你就早点休息，明天大家再商量吧。"

当晚，邵棠一直在考虑此案。他想，如今的官吏，一般都是谨小慎微，明哲保身，非任内之事，百姓即使状纸写得再卖力，也绝不会自找麻烦去重翻旧案的。他反复思考，不禁想起半年前在徽州府时，曾听说臬台①将要来皖南巡视，如果能碰上这个机会，也许会有些希望。次日，他对荣全说："你的事我已考虑过，状纸我可以为你写，但必须等待臬台巡视时，才能投送，这样，也许能申沉冤。"于是将写好的状纸交给荣全，并说："听说臬台即将来徽州，你就耐心等待吧。"

小伙子接过状纸，再三道谢不已，他遵照邵棠的嘱咐，返回屯溪，安心静候臬台到来。

一天中午，听到鸣鼓开道的声音，荣全得知臬台已经到来。于是，他揣

---

① 臬台：明清时按察使的别称。

着状纸，追往官衙呈递。臬台接过状纸一看，见上面写着：

先父名叫唐世尧，当年开店在南桥。

不幸惨遭王虎害，贿赂后却把尸烧。

焚尸贿银十两整，凶犯从此乐逍遥。

十两如能偿一命，万金当买命千条。

十年旧案虽年久，年久无难任案销。

乞求臬台伸正义，严惩凶犯莫轻饶。

臬台阅后，认为诉状虽然语句不多，但铿锵有力，特别是"十两如能偿一命，万金当买命千条"这两句话，简直有雷霆万钧之力，似乎不管不行。好吧，本官既为臬台，主管一省提刑按察，就应刚正不阿，为民申冤。臬台当即问清原委，并行至所在州县，提捕各有关人犯，亲自审理。王屠户被拘后，知道十年前的旧案已发，由于杀人属实，人证齐全，不能狡赖，只好一一供认，最后被定了死罪，从而了结了冤沉十年的铁案。

巧安排装疯退婚约

伏岭下北面有一山村，名叫卓溪，这是一个仅有二三十户人家的小村，坐落在两山夹峙、面积不大的山坞里。一弯溪水从村前流过，岸旁垂杨飞舞，河中野鸭漂游，幽静的山村为此倍增诗情画意。

这个村里，有一方姓人家，一家四口，男人在浙江临安经商，家中妻子因患老年风湿病，行动极不方便，一切农活和家务，几乎全由大小两个女儿包干。生活方面，仓里有谷，地里有菜，再加上丈夫每逢三个节日①都按时寄钱回家，因此日子过得颇为安定和美。

一天，隔壁邻居引着一位老妇来到家里，经介绍，才知是伏岭下来的媒婆，她是特地为那里一家富户的儿子前来做媒的。提起那富户，周围几十里的村民几乎无人不知无人不晓。据说，这户人家生活原来极为贫苦，儿子大了，连老婆也娶不起，可是不久前，老头子在山坞锄地时，竟意外地挖到了一个金窖，一夜之间，变成富翁，于是买田买地盖新房。这一传奇新闻就像一阵风，吹遍了整个登源，而"金窖"也就成了这家主人的绰号。

当说到来意时，媒婆说："伏岭下邵金窖家想来你也知道，他们现在是整个登源数一数二的大户。家里除了老两口外只有一子，今年三十岁，属猴，早年家贫，娶不起媳妇，年纪是略微大了一点，但人家现在有田有地有屋宇。人又勤劳，既无兄弟又无姐妹，独根独苗，将来老两口去世，即是一家之主，他们家听说你大闺女年轻漂亮，聪明能干，所以特地托我前来做媒。大嫂子，

① 三个节日：指春节、端午和中秋。

说句不多心的话，真是一门无处寻觅的亲事。只要一过门，不消二年，保准自当家、自做主、自做婆，那可是躺在金窝窝里过神仙的日子，享不尽的荣华，受不尽的富贵啊。"

这位方家大嫂本来早就听说过挖金窖的事，现在经媒婆一说，越发具体，也就动了心。她想，女儿才十七岁，男方却已三十，年纪确实大了一点，但人世间哪有十全十美的事。嫁汉嫁汉，不就是为了穿衣吃饭吗？男方有田地有屋宇，不愁吃不愁穿，这对一个女人来说将是何等重要的大事。她想了半天，觉得除了年纪略大一点外，样样都好，于是自作主张，将大女儿的生辰交付媒婆，并说："我女儿属鸡，今年十七岁。承你老人家热心撮合，如双方八字相配，姻缘成就，今后嫁过去，能一辈子不受罪，不吃苦，做娘的也就满足了。"

媒婆接过庚帖，喜不自禁，忙说："哪有做娘的不心疼自己的儿女。我敢打包票，你女儿嫁过去，必然一生受用，幸福无穷。大嫂子，你尽管放心。"

媒婆回到伏岭下之后，向邵家禀报。老头子立即请来算命先生，将男女双方的生辰八字进行双合掐算，只听算命先生念念有词地说："猴喜山林，鸡喜草坪，衣食两路，有金有银，两不相克，姻缘天成。"邵金窖听后，喜上眉梢，马上择吉日，下彩礼，宴宾客，为儿子订婚的事，大肆操办了一番。

当彩礼送到方家后，大女儿才知道她已凭父母之命，媒妁之言，被许配给了伏岭下邵家，而且得知男方竟大她十三岁，这无疑是一声晴天霹雳，使她陷入了绝境。她几度求死，愿了残生，这可吓坏了她的母亲，没想到原本一片好心，却办了坏事。如今，男方彩礼也送来了，还说年内就要成婚，她恳求女儿说："此事都怪为娘的太粗心，没有事先和你商量，现在事情已铸成大错。你知道，为娘的患了风湿病，行动不便，同时一个女人也不好抛头露面跑去伏岭下找男方退婚。这样吧，你也不必寻死觅活。昨天，大石门的信客①已来我家，他说日内即去浙江，我马上就写封信给你父亲，让他回家解决此事，你看如何？"

姑娘心想，我母既不能抛头露面，我呢，一个姑娘那就更不用说了，事情已到这一步，也只好如此，要是退婚不成，那时再死不迟，于是便点头同意。

绩溪离临安只不过三四天的路程，本就不算太远，更何况它又是往返浙江的必经之路。因此，方老头很快就收到了家中的来信。信上只是简单地谈女儿即将出嫁，要他立即回家操办婚事，于是他就向老板告了假。一位和他共事的伏岭下同乡，见他回家为女儿完婚，就请他顺路代捎家信一封，纹银二十两，方老头收下银两即匆匆上路。

老头子徒步走了两天，到达碛口。第三天一早，他边赶路边盘算，心想碛口到伏岭下约七十里，走到那里正好天黑，可以一方面给同事家里送钱，另一方面则仍按规矩，就在他家住宿一晚，次日一早即可到家。

方老头跑了一天，抵达伏岭下已是日落西山。当他拖着疲倦的身体走到这位同事的家门前时，见门口正在放着鞭炮，焚烧纸钱。这是怎么回事？方老头就近一问，才知道是同事的父亲今早突然中风，现在刚刚断气。这时，只见家里哭声连天，内外乱作一团。于是他瞅准了一个空隙，将家信和银两交给同事的妻子。而这位尚在悲痛中的大嫂，也许是乱了方寸，也许是过分伤心，竟忘了招呼远来的丈夫的同事。而方老头呢，眼看着这里突然发生的特殊情况，几乎什么都没有想就匆匆告辞。当他走到大路，才发现天已全黑，怎么办？他想，伏岭下离卓溪明说是十里，实际上最多也不过是七八里路，现在这里既然已经无法找到住处，那么干脆就在前面的饭铺吃点东西，再赶回家里算了。但仔细一想，又觉不妥，因为这样，走夜路的时间就会更晚。于是，方老头就饿着肚子，急忙跑到一个杂货店买了一盏灯笼一支蜡烛，点

---

① 信客：旧时无邮政，信客是一种专为在外经商或工作的同乡捎带信件和财物的传递者。每一信客都有他自己固定的路线，一般都按三个节日往返。

燃后即匆匆赶路。

方老头提着灯笼，走出村口，见田野周围一片黑暗，山风呼叫，树影婆娑，心中不免害怕起来。他想，今天回家的这段路最可怕的就是翻过伏岭后距伏岭亭前面不远的那座新人坟，它紧挨着路边，非得从坟边经过不可。但现在既然已经上路，再怕也得硬着头皮走，"管他娘的我就不信真的会碰到鬼。"提起这座新人坟，据说是很多年以前，卓溪有一户人家，因父母贪恋钱财，将女儿许配给观前山一富户为媳。因男方年龄太大，嫁过去又是当填房①，还要为前娘带小孩，所以姑娘极不愿意。但姑娘深知自己势单力薄，无力抗拒，因此在结婚那天，吞下了两枚金戒指。当花轿抬到距伏岭亭不远时，新娘病发，一头从轿里栽了下来，不省人事。这意外之事，顿时吓坏了新郎和接亲的一班人，特别是这深更半夜的时候，到哪里去找医生呢。还是领亲②的老练，他说："大家不要走动，都在这里待着，我和新郎去伏岭下请郎中，很快就回。"这地方离伏岭下已经不远，不到半个时辰，终于把郎中请来，但这时新娘已经死去。按家乡的规矩，凡是死在外面的人，一律不得抬回家里。因此，男方就在路边砌了一座坟，将抬新娘的花轿一起埋进坟里。同时，考虑到新娘的肚子里还留有两枚金戒指，为怕盗墓，所以坟堆垒的特别大，很远很远的地方都能看到。每当人们走过这里，见到那高大的坟墓，联想到坟中凶死的新娘，就会产生一种莫名的恐惧感，无形中也就害怕起来。

这时，方老头已翻过伏岭，他提着灯笼，提心吊胆地穿过伏岭亭，知道前面不远就是新人坟了，心里逐渐紧张起来。他迈着大步，快速前进，恨不得一下子飞过这座可怕的坟墓，他走着走着，看新人坟已到了眼前，一颗心似乎已被提到了嗓子眼。他头脑发热，手脚慌乱。这时，田野里突然刮起一阵大风，烛火被吹得小如黄豆，似蓝非蓝，似绿非绿，形如鬼火，他身上的

---

① 填房：女方嫁与再婚男人为妻称填房。

② 领亲：类似傧相，但与现在不同的是，领亲已结过婚，一般比新郎年岁大，起着陪伴新郎引导礼仪的作用。

汗毛竟不由自主地一根一根地竖立起来。心脏好像有几根鼓棒在敲打，跳得又快又响。他曾听人说，走夜路时，如果灯笼里的火光突然变蓝变绿，就说明鬼已近身。若被鬼数清灯笼上篾络的网眼，命即不保，唯一的办法是不停地转动灯笼。平时，他对这些鬼话根本不信，事到临头，却身不由己，立即如法炮制起来。岂知不转还好，一转动则更增风力，那小得像黄豆的火，竟一下子熄灭了，剩下的只是一片漆黑。他像被谁当头打了一棒，顿时眼睛冒火，心脏几乎要从胸膛里跳出来。他又急又怕，不停地喘着气，并颤巍巍地从怀中掏出火镰①、火石②在旁边的一堆石头空隙中打燃纸捻，想去点亮灯笼里的蜡烛，岂知那哆嗦的手，一点都不听使唤，晃动中竟把整只灯笼给烧着了。这时，他心惊肉跳，毛骨悚然，已完全失去控制能力，急忙扔掉灯笼，呼号着、狂叫着，顺着模糊的路影，不顾一切地向前冲去。一路上，他魂飞魄散，跌跌撞撞，跑掉了帽子，跑掉了鞋子，摔了许多跟头，跑得满头汗水直淌。当他冲到矗立于横芝桥桥头的一根如来柱③下时，已精疲力尽，急忙背靠石柱，双手合十，不停地念着"南无阿弥陀佛"，似乎身靠如来，就能得到佛祖的庇护。他靠在如来柱上，再也不敢挪动半步，在漫长的黑夜中，任凭山风呼啸，夜鸟悲鸣，只是睁着双眼，凝视着黑暗中的一切，一直挨到天明。

不知过了多久，就像煎熬了一个世纪，晨曦终于到来。方老头这才如释重负地喘了一口大气，找回被跑掉的鞋帽，赶到了家里，并向老婆子诉说他昨晚的惊险遭遇。老婆子听后，以手抚额，庆幸地说："真是祖宗有德。"然后叹息不止，同时也向老头仔细谈了女儿的婚事的经过。

方老头说："你真糊涂！"并问："大丫头呢？"

"到河边捡石头去了。"

---

① 火镰：旧时打火用的火刃，形象"口"字，其垂直的地方，是一个空心的筒子，可装纸捻，用时取出来引火。

② 火石：取火之石，质地坚硬，结构紧密，用火镰敲打，即冒火星，借以引燃纸捻。

③ 如来柱：如来佛是释迦牟尼的法号。如来柱，即在一整根八角石柱的各个平面上雕刻佛像及佛名，底部有台座，上刻莲花的几何图案，一般矗立于村口或桥头等处。

"捡石头干什么？"

"听她说是挑到新人坟为她自己做坟墓，我怎么劝，她都不听。"

老头子心想，怪不得昨夜点灯笼时，看见坟边有一大堆石头。可为什么姑娘偏把石头放在那里，又为什么灯笼偏偏在那里被烧掉呢？难道新人坟真的有鬼，他越想越蹊跷，也越意识到事情的严重性。他跑到河边尽力安慰女儿，并于次日前往伏岭下商谈退婚的事。

方老头来到伏岭下，低声下气，苦苦哀求，好话说了一大堆，希望将婚事退掉。可男方认为，婚姻大事岂可儿戏，坚决不同意，并扬言如果女方坚持退婚，那么男方将采取强硬手段，抢也要把新娘抢回来。结果，商谈不欢而散。

方老头出门后，一想到男方不愿退婚，女儿将必死无疑，他就急得像热锅上的蚂蚁一样。正当他漫无目的地在路上走着时，忽然闻到阵阵桂花香，于是一下子就想到了桂花树的主人邵棠。方老头和邵棠家，虽然平时没有往来，但认真说似乎还有点拐角亲。因为再也想不出更好办法，方老头就硬着头皮，找到了邵棠，诉说了婚事的来龙去脉和姑娘的行为，以及方才的退婚经过。邵棠听后，深深感到"父母之命媒妁之言"确实害人，如今事情已到了如此严重地步，一方要逼婚，一方要退婚，一方是本家，一方是远亲，如何才能解决好这个矛盾，两全其美呢？他感到很为难。他闭着双目，思索良久，最后终于有了办法。他附在方老头的耳朵边，如此这般地做了布置，方老头领悟后，面露喜色，立即起身告辞。他又来到男方家里，一改初来时的苦苦哀求，大声对邵家说："方才我好言好语说了一大筐，可是你们不听，还说不同意就抢。好嘛，俺是闺女的爹不便直说，我可是有言在先，如果你们不听劝告，任凭你家逼亲抢亲我都无所谓。总之，将来绝不会有你们的后悔药吃，不信就等着瞧吧。"说完这句话，方老头转身便走。而邵金窖则被弄得疑惑不解，如坠在云里雾中。正在反复琢磨时，忽见邵棠从门外走来，金窖忙将刚发生的事情的经过详细告诉他，并向他求教。邵棠说："用不着费那么多的精力去瞎猜，你只需派人去卓溪打听一下不就知道了。"

邵金窖觉得这个办法很好，过了两天，他就叫媒婆去卓溪探问。不到半天，媒婆就回来了，她把方家姑娘前些日子日日挑石头到新人坟为自己垒坟和前两天因退婚未成，竟一下子就急疯了的事告诉了邵家，并说道："我到卓溪村口时，正好见这位疯姑娘满头捆着松毛，还唱着'人家戴花我戴号'，又是'梁山伯'又是'祝英台'念个不停。见到我时，还跑过来硬要拉着我拜堂成亲呢。"

邵金窖听后，大大地叹了一口气说："多好的姑娘，竟成了疯子，只怪自己的儿子没有福气。"他一改先前的强硬态度，立即让媒婆前去退婚，并要回全部彩礼。说来也奇怪，彩礼退还后，方家姑娘的疯病，竟不治而愈。邵金窖知道后非常后悔，他对邵棠说："当初只怪自己太性急，慌慌张张地退了彩礼，要是沉住气，观察一段时间，等姑娘这疯病好了，岂不又可迎娶。"邵棠说："牛不吃水，强水浸牛头那是没有用的。如果真的迎亲，我想只能是在新人坟那里再添一座新人坟罢了。我认为主动退婚是上策，要不然，那才叫作'赔了夫人又折兵'呢"。邵金窖听后，又点头又摇头，无可奈何地苦笑着，似乎在说，钱固然可以通神，但却买不来姑娘的心。

两年后，一对年轻夫妇，手拉婴孩来到邵棠家。据说，她就是卓溪方家的闺女，今日路过伏岭下，为感谢当年邵棠的救命之恩，特来拜访。邵棠笑着说："你们本来就应该拥有今天这样的美满姻缘，今后可要善自珍惜。将来孩子长大了，千万不要再干你娘那样的蠢事，让你们的女儿也和你们一样过上美满生活。"年轻夫妇听后连连点头。临走时，邵棠的夫人在孩子的帽上插柏枝、天竹叶，颈上挂了长寿线，祝福这小女孩快快长大，长命富贵。尽管幼小的孩童根本什么都不懂，可小脸蛋笑得却像一朵盛开的山花，是那样的天真，那样的可爱，好像告诉大家，她出生在这个幸福的家庭里是多么快乐！

耍滑头漆商挨大板

金秋季节，邵棠应浙江友人盛情邀请，前往淳安县，为老伯祝寿。他从伏岭下徒步起程，第一天宿于郑坑店，次日中午到达歙县深渡。乘船沿新安江顺流直下，约需两天，即可抵达淳安。邵棠在深渡一家茶馆稍作休息之后，随即来到江边，但当天已无船只，因此乃于次日早上乘坐一条开往淳安的木船。这是一条既载人又载货的中等木船，底舱已装满山货，篷内坐着七八个商客，正在相互攀谈。船家吃完早饭，正解着系在岸边石柱上的缆链，准备起航时，远远地走来了一位挑着木桶的中年人，一边上船一边问："这船是到淳安县的吗？"船老大说："是的。大哥挑的是什么？"

"是漆，请问船钱多少？"

"三两七"

漆商一听，心想，坐船差不多要三天才能到淳安，而船家开口只收"三两漆"，实在是够便宜的。于是，边答应边将漆桶放在旁边的一个角落里，并找一个空位坐了下来。不久，木船起程，只见大江两岸绿树成荫，村庄错落有致，一路山光水色，相映成趣，船舱里面有些客人边欣赏风景，边高谈阔论，心情十分舒畅。

开船后的第三天上午，船距淳安县城已经不远，这时，船家走进船舱开始向客人们收取船费，当走到漆商面前时，漆商对船老大说："你去拿只碗来。"

船老大一听，大惑不解，忙问："拿碗做什么用？"

"你拿碗来我才好倒三两漆给你。"

船家急忙解释："老哥，你错了，我要的船钱是三两七钱银子，而不是你所说的三两漆。"

漆商说："上船时你问清我挑的是漆，当时你就说要"三两漆"，大家都听得清清楚楚，难道还有假？"

船老大说："老哥，这你可就错了，我问你挑的是什么这是一回事，你问我船钱多少又是另一回事，你怎么把两码事混为一谈呢？"

漆商一听，虽然觉得道理很对，但却不肯认错。他说："你知道我挑的是漆，马上说船钱要"三两漆"，这不是癞子头上的虱子明摆着的事，怎么现在却不认账了呢？告诉你，船钱"三两漆"，想要的话就拿碗来，不然，等船到了淳安，我连"三两漆"也不给了。"

这时，邵棠心想，这个漆商怎么这么不讲理，同船的客人都是给船钱三两七，为什么就他强词夺理，偏要把"三两七"说成"三两漆"呢？于是他站起来调解说："老兄，船家往来水上，挣几个辛苦钱并非易事，既然大家都是三两七钱银子，你当然也不例外，我看你就大方一点，把船钱付了吧。"

漆商似乎是决心固执到底，他说："不行，既然船家说船钱是"三两漆"，我只能给他"三两漆"，多一两也不行。"

邵棠听了，觉得十分烦恼。心想，我屡次出门，总是碰到一些不愉快的事。例如，数年前从临安回家的途中，偏遇上绍兴师爷指名道姓，故意找麻烦；前年赴苏州时，又见一玷污佛门的花和尚；今天，却碰上这个不讲理的漆商。俗话说，路不平有人铺，虽说银子是小事，但既然都看到了，又岂能不管？他马上对漆商说："大家付的都是一样的银子，怎么你的船钱会变成生漆呢？如此牵强附会，分明是有意讹诈，难道你就不怕王法？"

漆商火了，举手高叫："我付不付船钱是我和船家的事，与你有什么相干？你要是不识相，再多管闲事，等到了淳安，我将连你也一块收拾，到那时你可别怪我对你不客气。"

　　邵棠见漆商如此无理，并从其言语中猜测到这家伙弄不好是淳安一霸，不禁深恶痛绝。心想，几两银子，根本不值一提，可是现在自己面对着的却是一个恶棍，岂能让他骑在百姓头上，任意作威作福。于是，邵棠说："本不想为船家几两银子耽误大家的时间，但你这家伙欺人太甚，想来必是淳安一霸。我就不信马王爷真的有三只眼，今天我倒要见识见识，即使是老虎的屁股我也要摸摸，看你又能将我怎样。"这时，他转过脸来，叫船家快找纸笔。

　　船家见状，不敢怠慢，忙从盒中取出纸笔，递了过去。心想，难为这位先生如此仗义，为我打抱不平。邵棠接过后，却听见漆商洋洋得意地说："马王爷有没有三只眼，到淳安就会让你知道。"说罢冷笑不止。邵棠听后，并未理会，只是飞快地写了几行字交给船家，并轻轻嘱咐了一番。这时，船已到达淳安县的码头。上岸之后，不容漆商脱身，邵棠即和船家拉着他向县衙走去。

　　县官升堂后，船家呈上邵棠写的状纸，并如实陈述了事情发生的经过。县官打开状纸，见上面写着：

　　船费银子三两七，漆商偏说三两漆。

　　字虽同音事两码，岂不私自图利益。

　　如果船钱一串①七，他则给俺一船漆。

　　奸商如此不讲理，还望老爷鸣冤屈。

　　县官心想，诉状词句流畅，明白如话。是呀，如果船钱是"一串七"，算起来不过是一百七十枚钱，比原来的"三两七"钱银子可是便宜多了。要是按照漆商说的"三两七"不是银子，而是"三两漆"的话，那么"一串七"就该给他"一船漆"，这可是几百两乃至上千两的大数。于是，他伏案俯身问漆商："你说船费只是三两漆，也就是你随身运的那种生漆是吗？"

　　"回禀老爷，是那种生漆，一点不错。"

　　县老爷接着问："那么你这次随身共运多少漆？"

_____

　　① 一串：过去以银两和制钱作为流通货币，将一百枚钱用绳子穿在一起，称一串。

"回禀老爷，总共一担，足足一百二十斤。"

县老爷说："你这数可差得太多了。船家的船钱"三两七"是三两七钱银子，并非你所说的"三两漆"。如果你硬要说成是漆的话，船家的船钱愿意便宜一点，只要你"一串七"。假如"三两七"能说成"三两漆"，那么"一串七"就是"一船漆"，可你只有一百二十斤，这岂不是相差一大截吗，你将怎样凑足这个数？"

漆商一听，吓了一大跳，心想，我占点船钱的小便宜，也不过是"三两七"钱银子，可是没有想到一张小小的状纸，竟有如此威力，反倒要求我"一船漆"，这可是上千两银子的大数呀，如何得了。漆商急忙磕头如捣蒜地求饶说："小民原先所说，只不过是戏弄之词，并非真心讹诈，还望老爷明鉴。"

县官一拍惊堂木厉声地说："天下三百六十行，不管哪一行，都是以银钱为媒介，而你却故意以漆代银，进行讹诈，甚至到现在还不老实认罪，这还了得！来人，给我责打二十大板。"这时，只见众衙役一拥而上，将漆商拉下堂去。

行刑后，漆商被打得皮开肉绽，只好当堂如实认罪。于是，县官拿起笔来，写了下面判词：

刁民强词夺理，贪利只顾自己。

如不实付船费，全部生漆相抵。

衙役当众宣读判词后，漆商如释重负，立时掏出三两七钱银子，当堂交付给船家，了结此案。站在旁边的邵棠说："你若早早如此，不知省却大家多少麻烦。"漆商低头不语。

众人离开县衙后，船家向邵棠再三道谢。邵棠却转过头来对漆商说："今天你想讹诈的只不过是三两七钱银子，尽管数字不大，但行为恶劣，所以必须惩罚。现在你已在堂有案，而我来淳安县，一时也不走。今后，如果发现你再有坑蒙拐骗、以势欺人现象，不管什么时候，我都要找你算账。到那时，就不是轻轻责打二十大板的问题，你可千万要记住了。"

漆商抚摸着疼痛难忍的屁股，虽然生气却不敢发作，更不敢询问姓名，怕对方怀疑有妄图报复之嫌，只好唯唯诺诺，眼睁睁看着这位先生逍遥离去。这时，忽见人群中有一人指着远去的那位先生说："那不是徽州府绩溪县文采出众、打官司有名的邵棠吗？"众人听闻，纷纷议论起来。

淳安县虽说属于浙江省，但与徽州却是近邻。关于邵棠的种种传说，人们知之甚多。这个挨了打的漆商，虽然不知道邵棠本人，却听过不少有关邵棠的故事。当他知道远去的那位先生就是邵棠时，不禁出了一身冷汗，心想，我怎么这么倒霉，为了占几两银子的小便宜，却不偏不倚正好碰在邵棠的刀口上。看来，以后还是老实点好，要不然再栽在他的手上，那日子就不好过了。如今霉也倒了，钱也出了，屁股也挨了，算了吧，还是回家养伤要紧。众人只见那个漆商垂头丧气，挑着担子，迈着沉重的步子，慢慢向远方走去。

添一笔拓宽新词意

当邵棠自历阳办完事返回家乡，途经芜湖，顺道探访老乡章天源时，却听闻这位老乡的儿子正被无端卷入一桩凶案的漩涡。章天源此时正心急如焚手足无措，突见邵棠到来，真如久旱逢甘霖，欣喜若狂。于是，不等邵棠坐定，章天源即将案情始末及儿子如何被无端卷入的经过，一一向邵棠详细叙说，并请求其鼎力相助，以洗刷儿子的冤情。

邵棠听他诉说之后，觉得案情中的一个环节，是致命要害，必须找到当时在场的证人李某，方能澄清事实。然而，这位姓李的有力证人，据章天源说，已于三月前返回老家皖北五河县了。为了找到这位证人，章天源不由分说硬拉着邵棠同去北方，邵棠无法推辞，只好陪同前往。

他们起程后，过河乘船，登岸徒步，风餐露宿，一路经巢湖，过合肥，抵蚌埠，顺淮河直下。这天傍晚，船到沫河口。这是一个多河交汇颇为热闹的码头，因位于沫河东岸的入口处，故得此名。当邵棠和章天源乘船抵岸后，只见码头边上挤着一大堆人，正在围观一具尸体。由于旅途疲惫，无意猎奇，他们随即绕过人丛，经过码头，来到一家客店住下。

这是一家比较宽敞的客店，房间十分整洁，卧具用品颇为舒适。他们梳洗完毕吃过晚饭后，即在客堂小憩。这时，听一些旅客闲聊说，码头上的尸体，系前几天自苏北逃荒来此的难民。据当时同在一座破庙的叫花子佐证说，他们共有二人，是逃难途中偶然相遇的同乡，故而结伴同行。其中，年长者不幸染病，由于无医缺药，逐渐严重，抵达沫河口时，已病入膏肓。因感长年流浪，生活无着，前途渺茫，为了不愿再受病魔煎熬而投河自尽。其同乡发现后，虽奋力挽救，但从水中捞出时，投河者早已气绝身亡。这位逃荒者，因自己一贫如洗，形同乞丐，无力为其死去的同乡料理后事，只好抬尸于码头，只身逃往他处。正在旅客们你一言我一语，议论纷纷时，门外进来了一位体态魁梧的中年人，许多人都称他为刘掌柜。他既是这爿店的老板，又是沫河口的保正，管理着这小集上催粮征税和传达申报等一些杂乱无章的事务。

刘掌柜进门后，立即走向正在柜台内埋头写字的账房先生。这位姓李的账房，不但是这爿客店的管账先生，同时也是刘保正的军师和笔杆子。此时，他正在为码头上的尸体拟文上报。刘掌柜说："李先生，我请你写的呈文好了没有？"

"刚刚写完，请刘掌柜过目。"

刘掌柜拿过呈文，举目边看边念。最后，他说："文中写的沫河口发现尸首及其具体经过虽然完全属实，但凭叫花子口中之言，恐难取信于官府。退一万步说，即使官府相信，为证实死因，官家还得带领衙役和仵作按部就班，前来验尸审理，待签字按印后，案情方算了结。如果这样，不仅旷时费日，而且耗财费事，你看如何是好？"

管账先生听后，摇着脑袋，两手一摊说："事实本来就是如此，我实在想不出有什么更好的办法。"

这时，柜台外很多在座的熟人和旅客也都听到了，他们同样关心这件事，但众说纷纭。有的说，反正是逃荒来的难民自己生病跳河，死了拉倒，埋了算了，无需申报。有的说，当初这个死者跳了河，要是他的同乡不把他捞上来，不就什么事情都没有，我看根本用不着埋，不如仍旧把他扔回河里省事，就当这个码头上什么也没发生过。

一位老者说："事情既然已经发生了，我认为还是如实申报好。官府命衙役前来查访，虽然非常麻烦，费时费力，但不担风险，稳妥牢靠。"

这时，章天源轻轻对邵棠说："大家都说了这么多意见，你为什么一言不发？我们住在这位老板的店里，既然知道了这事就该帮着拿个主意，你看如何？"

邵棠点了点头，然后向着刘掌柜说："刚才你念的呈文我们都听到了，文章虽然写得详尽，但似乎有些拖泥带水，能否将沫河口发现一尸首的'口'字加上一竖，改成'沫河中发现一尸首'。河中发现的尸体，不用多说，自然是从上游漂来的，现在停尸岸边，而且浑身湿透，这就是最好的实证。不管是乞丐也好，或是本地人也好，奋力挽救和料理善后，都是一种积德行善的行为。我认为如果是这样呈文上级，既无须官府查证，又可就地及时处理。这样，不仅省时省事，而且死者亦可早日入土为安，不知老板意下如何？"

众人一听，齐声拍手叫好，刘掌柜也高兴地跳了起来，忙说："你这先生智慧过人，真是奇才。难得你为我们沫河口出了好主意，既避免了惊动官府又节省了地方钱财，真是一举两得。明天千万不要走，我要叫几个菜，好好酬谢你。"

邵棠笑着说："区区小事，何足挂齿，老板你根本不用客气。"随即站起身来，和章天源一同就寝。

次日一早，他们来到码头，找到了原来的木船，继续放舟五河县。而刘掌柜呢，当他一边着人呈文上报，一边料理好河边的尸体后，回到客店时，发现这位"口字添一笔"的外地客人早已走了，甚至连姓名也没有留下。他抬头望着远处奔腾的河水，内心感到无比的惆怅和遗憾。

邵棠和章天源到达五河县后，马上找到了李某，而这位姓李的证人，也颇为仗义，在邵棠的劝说下，认为好人岂能代人受屈背过，因此自愿到堂作证，明辨是非，于是三人同返芜湖。

他们回到芜湖后，在邵棠的极力帮助下，终于理清头绪，使案件真相大白，章天源之子无罪被当堂开释。为此，章天源全家高兴万分，举手相庆。

事后，章天源向邵棠再三称谢，邵棠笑着说："此次回家路过芜湖，顺道拜访，没想到一见面，就被你连拖带拉，驱赶着去了五河。行舟途中，又在沫河口的‘口’中插了‘一棒’，这实在是连我自己都没有想到的事。看来，这或许就是人们所说的缘分。我想，你我既然有缘，那么就待回家乡时再行欢聚吧。此次来芜湖逗留已久，小弟就此告辞。"说完话后，不容主人执意挽留，他就走上了十里街。章天源无可奈何地看着邵棠的背影逐渐远去，他不停地点着头，嘴里喃喃地念道："好人！好人！这是我们家乡最乐于助人的大好人呀！"

巧辩护开脱杀父罪

伏岭下有一人名叫化基，小时候曾入私塾读书，聪明过人，甚得先生及族人宠爱。稍大后，由于早熟，便不再认真读书，而是经常赶会看戏，到处拈花惹草，正好印证了"小时了了，大时未必然"的古语。从此逐渐平庸，在家务农。

化基成人后，娶了一门亲事，生了两个男孩，老大叫长吉，老二叫长顺。可是儿子尚未长大，妻子却不幸早逝。在长年鳏居生活中，化基凭借口舌生花之才，确实也得到了一些女人的青睐。然而，在封建社会里，婚姻大事，必须有"父母之命，媒妁之言"方能有效。否则，即使是女人自己愿意，也是一句空话。更何况女子嫁给化基不仅是填房，而且还要照管男方前妻的两个小孩，因此化基的婚姻总是东不成西不就。

光阴似箭，一晃二十年过去了，不知不觉间，东风吹皱了肌肤，雪花染白了黑鬓。二十年来，岁月蹉跎，化基虽未续弦，但江山易改，本性难移，年轻的时候拈花惹草，老来仍然是一只馋嘴的猫，因此，在周边数十里，他的名声很臭。许多熟人根据"化基"这个名字的谐音，给他取了一个绰号，叫作"花鸡公"。过去这个绰号都是背着他提，现在，他年老了，人们都当面称呼他为"花鸡公"。由于谐音极为相似，听起来谁也分不清是在叫"化基公"或是"花鸡公"。对此，他心里清楚，总觉得不是味道，但也无可奈何，只是感到如今人变老变丑，失去年轻时的风采，既呼不来鹦鹉，也哄不住黄莺，如此称呼，深感冤枉。幸喜两个儿子尚如人意。老大长吉从小学了一手木工绝活，为人老实，颇受周围各方村民的称颂，因此活路甚多，长年在外劳动，很少回家。而且，长吉有一个如花似玉又非常贤惠的妻子，尽管男人经常不在家，却能恪守妇道，侍奉公公，照管小孩，并尽心尽力，长年如此。

日子长了，鳏居半生的"花鸡公"也许是难耐寂寞孤单，见年轻美貌的儿媳妇也同样空房独守，于是想入非非，多次对儿媳进行挑逗嬉戏，但均遭到了严词拒绝。然而，"花鸡公"并不死心，他想只要功夫深，铁杵磨成针。可是，任凭他使尽浑身解数都无法令儿媳妇俯首就范，这使他苦恼万分。

这天，适逢端阳，大儿子在外工作，仍未回来，媳妇按老规矩包粽子、做菜。而"花鸡公"呢，对今年的端午节却早有打算。他曾在一本叫作《万法归宗》的书上看到过一种春药，是用牡丹根和另两种药晒干，合研成末，焙制而成。由于必须调酒饮服，才能生效，故一直未用。今天端午，正是机会。为此，吃饭时，"花鸡公"乘机劝儿媳妇饮雄黄酒解毒，儿媳妇在勉为其难的情况下，小饮半杯。不知是酒力难胜，还是春药的作用，媳妇竟昏昏然睡了过去。这时二儿子长顺早已吃饱，外出玩耍。"花鸡公"一看，机会已到，立刻抱起儿媳妇，进入房内。

次日媳妇醒来，知已上当，本想找老畜生算账，但考虑到这"公爬灰"的名声，传出去实在难听，不找吧，又觉怨气难消，因此终日忧愁，以泪洗面，日夜盼着外出半年的丈夫早些归来，为她做主。

正当她天天倚门而坐时，没想到她丈夫长吉在一处新房起屋时从房架上不慎失足落下，跌断了腿，房主急忙带他去宁国找骨科名医诊治。媳妇闻听，随即草草收拾行囊，赶往宁国照料。待断腿接上长吉能勉强拄着拐杖下床挪步时，已是九月重阳，于是，妻子雇人抬着丈夫，返回家里。

在宁国那段时间，妻子见丈夫伤势严重，疼痛难忍，既不便说，也不忍说，如今回到家中，媳妇却不知该如何向自己的男人说老畜生使坏及自己怀下孽种的事。而长吉呢，却早已怀疑，他问道："初到宁国时，我见你常常恶心，爱吃酸菜。这次来，脸上又有蝴蝶斑，难道你已怀孕？我不在家，你说，到底是谁的孩子?"

媳妇一听,泪水直流,急忙将端午节发生的事如实哭诉给丈夫听,并请求丈夫为她做主。

长吉听后,就像头上打了一个炸雷,他不敢相信,又不得不信,顿时怒火中烧,就像疯了一样,咆哮着说:"天呐,这丑事叫我怎能忍受!你怀了老家伙的孩子,将来这孽畜出生,他算是我的儿子还是我的弟弟,你算是我的妻子还是我的后娘?这父不父、子不子、妻不妻、母不母,亏你有脸!"竟不由自主地一巴掌打了过去,于是妻子的脸上顿时出现了五个紫红色的指印,嘴角也跟着流下鲜红的血。

媳妇说出来这件不幸发生的事,原本是指望丈夫为她做主,可万万没有想到自己却反被男人严厉责难和打骂,这使她失去了唯一的支柱,感到无比屈辱,心灰意冷。于是,一气之下,乘夜深人静之际,自己吊死于左厢房。

次日,长吉起床发现媳妇自尽,后悔不已。想到妻子原本没有错,错的是自己的父亲,怎么能把气出在她身上,就觉得愧对亡妻。而自己的父亲呢,纵使他有错,做儿子的又如何去算这笔账,想来想去,感到千错万错,错就错在自己是老家伙的儿子。今后即使强忍夺妻之恨,那么父子之间又将如何相处,而面对受伤的瘸腿,他日又将怎样生活?一连串的矛盾,迫使他求生无路,万念俱灰。最后,为了向亡妻赎罪,也为了解脱自己,当天晚上长吉竟拄着拐杖,偷偷到罗坑口潭投河自尽了。

两个晚上,两条人命,尽管纯属家丑,亦未外扬,但鸡蛋再紧密,小鸡还是要出来。这件事,就像一阵风,不知不觉间吹遍了远近村庄。

日子一晃又是数年,过去的丑闻,在人们的心里已逐渐淡忘。这时,二儿子长顺已经长大,知书达理,为人勤快,深受村里人赞许。但一说到婚姻,人们就会想起他的家族,就会勾起往事,于是一个个都噤若寒蝉。"花鸡公"的名声实在太臭,说句老实话,哪家会愿意将自己的女儿嫁给此种人家呢,正因为如此,长顺一直都娶不到老婆。

　　这年盛夏，皖北暴雨成灾，淮河两岸成了泽国，灾民四处逃荒，有王家母女二人，自凤阳辗转逃难来到伏岭下。由于贫病交加，长期劳累，走进村后，母亲不幸晕倒在"花鸡公"家门口。长顺一见，连忙帮着扶进家里，又是倒水，又是喂汤，待其苏醒，已是日上东山。长顺思量，他们母女逃难来此，举目无亲，只好将他们安排在原大哥住的前房暂住。此事传开后，村里的一些好心人见状，就向他们父子说："你们家来了老少两位女客，这是天意，也是天老爷的恩赐，正是你们父子成家的好机会，可别错过良缘。"

　　长顺听后，觉得姑娘温顺漂亮，当然愿意。而"花鸡公"呢，他想老太婆虽然是年纪大了一点，但总比没有好，于是满口答应。经过这些好心人的撮合，母女二人觉得长期颠沛流离终非易事。姑娘认为小伙子人好，心好，嫁给他为妻也称心如意。老母亲呢，自知年老多病，实无再婚之意，但为了女儿终身有靠，自己也有一个安心处所，也只好勉为其难。于是，两家老少的婚事，也就一拍即合，定了下来。

　　这天，长顺准备为母女俩购买衣料、花饰及其他结婚用品。但考虑到这些事，男人毕竟是外行，为使母女称意，故特约岳母，也就是未来的继母，一同前往县城选购。他们走了，家里只剩下"花鸡公"和王姑娘。没想到这老人家竟是一个人面兽心的老色鬼，见家中孤男寡女，良机难得，于是老毛病复发。刚开始是没话找话，万般讨好，接着是话中有话，多方挑逗，随之而来的就是拉拉扯扯，摸摸捏捏。可是王姑娘却冷若冰霜，极力防范，拒之于千里之外。当"花鸡公"使尽招数，仍未达到目的时，不觉恼羞成怒，竟像饿虎扑食那样，不顾一切地扑了上去。

　　再说长顺和老岳母上路后，走了数里，老太婆忽然腹痛，想到此去县城足有四十里，路途遥远，实难继续前行。于是，不得不折返家里。长顺推门之后，听见前房有声音，深觉怪异，急忙推开房门，见老头子正压在姑娘身上撕裙扯裤，顿时火冒三丈，抬头看到侧面墙上挂着大哥生前做木匠时用的一筐工具，即顺手拿起一把斧头，乘势劈去，不偏不倚，正好砍中老头的后脑壳。只见"花鸡公"像只中了子弹的野猫，翻身滚于床下，立刻气绝身亡。长顺见出了人命，而且被杀的是自己的父亲，一时慌了手脚，不知如何是好。

事情发生后，凶杀的新闻，立即传遍全村，许多人都认为，"花鸡公"是个十足的老混蛋、老畜生，该杀。但按当时律例，忠与孝乃两大名节，子杀父即为大逆不道，依罪当诛。村里的人，个个都为长顺捏了一把汗，为他着急，但又想不出开脱的办法。这时，大家都不约而同地想到了村里才华横溢、机智过人的邵棠，于是叫长顺快去求救。此时，正在惊慌失措、乱作一团的长顺听了之后，急忙跑到邵棠家里，跪在他的面前，诉说事情发生的经过并求他救自己。

关于"花鸡公"的事，邵棠早已有所耳闻，觉得这老畜生简直是白披着一张人皮，于是便说："此事让我考虑一下，我当极力维护，尽速为你解除危难。现在你就先回家料理那老家伙的后事吧。"

长顺走后，邵棠反复思忖，终于用推理的方法，想出了一条非常合乎事理发展规律的理由，随即提笔疾书：

儿子剪柴，大力如牛。

老父弯身，扶住柴头。

厉斧脱柄，正中脑后。

……

写着写着，邵棠觉得如此咬文嚼字，未免太过拗口。他想起长顺曾读过几年私塾，略通文字，不如用长顺的口气来写，或许更有力量。于是，邵棠将状纸内容改成下面的句子：

儿子破柴，老子挡柴。

斧头脱柄，打煞亲爷。

这样不仅简单扼要，而且根据家乡的口语，"柴"与"爷"同韵，念起来朗朗上口。状纸写好后，经长顺各处央求，村里的地保乡绅，也都为其作证。最后，经县老爷审理，认为此案纯属误伤人命所致，情有可原，予以免罪。

　　长顺回来后，急忙跑到邵棠家里，千恩万谢。邵棠说："这次你算是为你大哥大嫂报了仇，为你自己和王姑娘雪了耻。以后就和王家母女好好过日子吧。不过结婚时可别忘了请我吃喜酒。"

　　长顺笑着说："没有四先生的帮忙，哪有我长顺的今天。我结婚时，不但请你吃喜酒，而且还要请大恩人坐首席。"婚后，据说长顺夫妻十分勤劳、和睦，并能孝顺老人，从此家庭面貌焕然一新。

想：自己的男人是一个赌鬼，好吃懒做，跟着他绝无好下场。而这老头子呢，又是个吝啬鬼，谁也别想占到他的便宜，与其活着受罪，不如死了痛快。她想悬梁自尽，又觉得死在家里不好，于是决心去村头大河上游的岩下潭投河。刚走出大门，就见门口围着一大堆人，正在指指点点、看他们家的笑话。特别是隔壁许老头家的儿媳妇和小姑，两人窃窃私语，有说有笑，那劲头，简直就像在隔岸观火。这使她想起了三月前菜地分界的事，当舌头舔到被打落的两牙齿的门洞时，她不禁怒火中烧，咬牙切齿地指着姑嫂俩说："我们家的事与你们有何相干，用不着你们嚼舌头，别高兴得太早，老娘正好缺个垫背的。"

这时，邵棠因事去观前山，正好路过这里，得知情况后，见"鬼见愁"儿媳妇仍像疯子一般，冲着许家姑嫂俩出气，就向前劝解说："冤家宜解不宜结，过去的事又经数月，不必再提。须知，远亲不如近邻，多一事不如少一事，还是回家吧！"而"鬼见愁"呢？见门口围着的人越来越多，觉得面子上过不去，忙连连点头称是，并推着儿媳妇进了家门。

儿媳妇心想，争吵也不顶用，反正自己的男人不争气，死了省心。不过要是去跳岩下潭，未免太便宜许家，我得找一个垫棺材底的，死了才不孤单。现在，四先生既已劝解，何不顺阶下台，随即一弯身体，低声道歉，跟着公公回去进家，并顺手关上大门。于是，路旁这块喧哗的场地，又重新恢复了往日的平静。"鬼见愁"的儿媳妇回进家里，看到这个不顺心的家、想到自己不争气的男人，心中越想越气、越气越伤心，终于万念俱灰。她找了一根系牛的绳索，深夜溜出大门，竟一索吊死在隔壁许老头家的门庭上。

正巧，这夜许老头要去村头放水浇田。出得门来，见一女人直直地吊在门上，吓了一跳，提灯一看，原来是"鬼见愁"家的儿媳妇，一摸身上，早已冰冷。碰到这突如其来的人命关天的大事，许老头一时慌了手脚，不知如何是好，他急忙退回家里，叫起家人，共同商量解决办法。

家里的人听说出了人命，惶恐万分，又急又怕，谁也拿不出主意。这时，小姑子突然想起，白天四先生路过村里，曾好言规劝过这个吊死的媳妇，事情他都十分清楚，就提议何不去伏岭下请教邵棠。大家一合计，觉得是个好办法，于是许老头急忙起身。

上村与伏岭下，虽说是两个村，但中间只不过是一箭之隔，不到一袋烟的工夫，许老头即到了邵棠家。此时，邵棠早已睡觉，敲开门后，邵棠问："深夜来此，有何急事？"许老头连忙如此这般地将情况诉说一遍，邵棠说："事情很明显，这原本是他们家自己的事，与别人并不相干。可'鬼见愁'的儿媳妇为了报复，正如她自己所说'缺个垫背的'，才吊死在你家大门上。这件事如果听之任之，到头来，恐怕还是脱不了干系，人是吊死在你家门上的，不说是你家逼死人命，起码也得料理这档后事。"邵棠想了一下后继续说："这样吧，回去后将尸体解下来，重新系好后，再把她吊回到原来的地方，同时脱下死者的一只鞋，甩进她家围墙里，然后就像什么事也没有发生过一样，关上大门，只管睡觉。等明天官府前来处理命案时，绝对不会有你们家的事。现在，时间已很晚，你快回去处理吧！"

许老头听后，虽说不甚明白，也顾不上问个为什么，急忙赶回家里，按照四先生所说的话一一去做。然后，轻手轻脚，关起门来睡觉。

次日天明，村里人见许家的大门上吊着"鬼见愁"儿媳妇的尸体，纷纷议论，争相围观。只见"鬼见愁"跳上跳下，大声吼叫，硬说是许老头全家逼死了他家儿媳妇，要向他们家索命。

其实"鬼见愁"心里十分清楚，儿媳妇的死，原本与许家无关，可现在儿媳妇既然吊死在许家门上，那许家自然就脱不了干系了。说句不好听的话，不但可以省却自己一个棺材本，而且还可以堂而皇之敲他一笔安葬费用。

不久，官府前来问案。追查死因时，许家首先陈述了昨日邻居家因赌争吵的经过以及为何报复的根由。村民们也对过去两家为地界斗殴和昨日发生的事作了证实。查验开始后，官府仵作发现女尸颈上有两道绳索的痕迹，而死者的一只布鞋，又落在自家的墙围里，这充分证明了这件事是一档早有预谋的死后移尸、企图嫁祸他人的卑劣阴谋。于是，官差狠狠训斥了"鬼见愁"和他儿子，并督促他家随即料理后事，具结了案。

"鬼见愁"看现场、听分析、受了斥后，觉得事实确实如此，无话可说，但心里却嘀咕着儿子做事太粗心，移尸怎么不和我商量，要是我也帮着点，就不至于把一只鞋掉在围墙里。而儿子呢，心里也在想，老头子做事实在太死心眼，如果通个气，把事交给我办，一定干脆利落，不会出这样的大纰漏。

人死了，尸埋了，父子两人谁也不愿意再提起这件倒霉的事。因此，很久很久之后，他们的心里，还在不明不白地互相埋怨着、懊悔着……

做棺木知县被革职

这几天，整个绩溪县城议论纷纷，县民们都在街头巷尾争相传递着、关心着、探听着什么消息，特别是那些秀才举人们，一个个垂头丧气、愁云满面，似乎已到了山穷水尽、一筹莫展的地步。

城里到底发生了什么事呢？这就说来话长了，得从现任的县老爷谈起。

原来，来这里不久的知县，是湖北兴山人，家住鄂西山区、神农架脚下。数月前携夫人、儿子和老家人来绩溪上任后，真是春风得意。然而，他却回忆起早年那段"十年寒窗无人问"的日子，不仅悬梁刺股[1]，吃尽苦头，而且连累老母亲也跟着受尽熬煎，而今自己一举成名，并被任命为七品知县，从此平步青云。既是荣华开始，理应将老夫人接来府上，同享富贵，以报三春之晖，于是派老家人专程前往神农架迎接。

老家人抵达兴山老家后，说明来意，可是这位老夫人在反复权衡、再三思考之下，认为自己年老衰迈、形如风霜之烛，如果远去异地，一来怕在外不服水土，二来怕老来客死他乡。而且，家乡紧贴深山老林，木材极多，早在数年前自己的四整块的柏木棺材就已做好，并且每年都用生漆漆一次，漆得油光滑亮，简直可以照得出人影，就像镜子一样。老夫人心里想，我这辈子，身处偏僻山区，没有享到什么福，但靠山吃山，总算有这样一口称心如意的柏木棺材，将来死了，能睡进这个棺材里，也就心满意足，可以瞑目了。因此，尽管老家人说得口干舌燥，老夫人却始终不为所动，不愿前往他处。

---

① 悬梁刺股：悬梁：悬头发于梁上；刺股：以锥刺股，防入睡。指苦学。

老家人没有办法，只好怏怏而归，返回绩溪，向知县复命。

知县见老家人没有把老夫人接来，很不高兴，责怪他笨嘴笨舌、不会讲话。于是，县老爷亲自解释，告诉他接老夫人出来的三点主要理由：

一、家乡偏僻荒凉，一潭死水，而山外的大千世界绚丽多彩，应该让老夫人出来见识见识，并享受一下人间的荣华富贵，才算不枉此生。

二、湖北与安徽两省相邻，有大江贯穿。如沿江直下，则顺风顺水，不消多久，即可到达。来此后，倘觉不适，仍可返回。

三、神农架是山区，皖南也是山区。退一万步说，即便有个三长两短，一口柏木棺材，哪里会找不到？所以老夫人尽可不必挂虑。

老家人秉承知县旨意，到达鄂西后，根据三点理由，向老夫人再三解释、劝说，费尽了九牛二虎之力，才终于说动老人的心。老夫人略为收拾之后，在老家人的陪同下，随即乘船起程。他们日行夜宿，一路顺风顺水，正如老爷所说，船到贵池后，才登陆改乘小轿，不出十日，终于到达绩溪。

自老家人走后，知县日日倚门而望，今天见母亲来到，高兴万分，忙为母亲接风洗尘，一家人久别重逢，自然沉浸在一片欢声笑语的天伦之乐中。然而，好景不长，这位老夫人也许是长途跋涉、风寒入体，也许是初来乍到、水土不服，也许是两者兼而有之，总之没有多久，老夫人真的生起病来，而且身体每况愈下。老夫人深悔不该来此，坚持要回老家。可是，这里距离鄂西的神农架何止千里！来时顺风顺水，尚历时二月，去时逆水行舟，必更旷时费日。而今若病重出行，怎经得起风浪颠簸和旅途辛劳？老夫人几经思虑，反复捉摸，想到当初原不愿意，却稳不住自己，如今来了，却得了一身病，要想再回老家，已是千难万难。最后，她把儿子叫到床前说："你接我出来，虽是好意，但毕竟多此一举。现在来了，却无法回去，看来，我客死他乡已成定数，如今身不由己，也只好如此。今天，趁老娘未死之前，我儿子必须为我做一件事，这也是最后一件事，那就是你须依照家乡的式样，给我做一口四整块的柏木棺材。如能这样，就算你对为娘尽了一片孝心了。"

　　知县听后，痛哭流涕，连忙安慰老娘说："你老人家虽然有点风寒，但并不十分严重，我已着人请当地最有名望的老郎中为你诊治。只需好好服药，安心静养，病体定会很快康复，母亲千万不必多虑。"

　　老夫人摆着干枯的手说："为娘的病自己清楚，儿子不必安慰，还是快快照我所说的话去办吧。"

　　知县离开病房，来到前厅，忙与师爷商量，尽快赶制四整块的柏木棺材。师爷听后说："老父台所言四整块的柏木棺材，在这里实难找到。"

　　知县十分怀疑，他说："皖南不是山区吗？既是山区，必然有树，哪里会找不到一口棺材需要的四整块的柏木板？"

　　"父台此言差矣！皖南虽是山区，但大部分是丘陵地带，岂能与贵处神农架的原始大森林相比。虽然皖南也有颇为险峻的大山，如黄山、九华山等，但都不在县治之内，纵有古柏，也无能为力。至于绩溪，莫说柏树，即使是高大的杉树，也难以找到。民间的棺木，一般都是十六斗①，如果是十二斗的棺木，那就算是最好的棺材了。"

　　知县一听，急得跳脚，他发疯似的吼叫着说："那绝对不行，你必须给我找到，给我找到！"在这里找一口四整块做成的柏木棺材，无异于缘木求鱼，谈何容易，师爷被一阵雷鸣般的吼声震呆了。不过，他头脑灵活，一闪念，终于想到了柏木的出处。于是，他胸有成竹地说："老父台，要说找一口四块头的柏木棺材，说难也不难，只要老爷一句话，还是可以找到的。"

　　"哪里有？快说，快说！"老爷急不可耐。

　　"远在天边，近在眼前。城里明伦堂②的前院就有合抱的古柏数株，如果老爷认为没有问题，即可派人前去伐取。"

　　知县的眉头展开了。他想，本官砍一棵明伦堂里的柏树，量那些穷儒也

---

　　① 十六斗：就是每四块木方拼成一面，用十六块木方拼斗成四面，然后做成一口棺材，就叫十六斗。

　　② 明伦堂：多设于古文庙、书院、太学、学宫的正殿，是读书、讲学、弘道、研究之所。

不敢怎么样，难道几只微不足道的跳蚤还能顶得起一床被褥？于是，他咧着大嘴笑道："我就说嘛，偌大的一个山区，哪能找不到一口四斗棺木的板子？好吧，此事就交给你去办。"

知县要的柏木棺材倒是解决了，可是麻烦也跟着来了。原来，明伦堂既是圣殿，也是童生会试之所，同时又是文人们祀典和读书聚会之处。当这些斯文①得知知县砍伐古柏是为老母做棺材时，气愤不已，随即具状联名上告知府②。知府审阅诉状后，即传知县查问。这位现任的知县，对知府的传问却不怕，胸有成竹。原来，他到任后，曾听说前任知县当年途经湖村时，因戏台拦住了去路，却被邵棠用做"万岁戏"的名义，迫使知县不但在万岁牌的面前三跪九叩首，而且还乖乖地摘下官帽，从台下低头而过。这是一条绝妙好计，现在，就让我也来临时借用一下。于是，知县向知府申诉诉说："府台有所不知，砍伐古柏，并非为别，实乃精制太上皇的万岁牌。"

知府原是这位知县的同年③，他听了之后，认为理由充分，更何况是熟人熟事，理当维护，于是提笔批示：

县令为敬太上皇，故尔伐木明伦堂。

虔诚精制万岁牌，砍伐一树有何妨。

诸子今后休滋事，如再滋事则犯上。

一经察觉必严办，法不轻饶细估量。

批文下达后，知县洋洋得意，而那些联名告状的秀才和举人们，则一个个傻了眼，无计可施。街头巷尾聚集着三三两两的县民，都在纷纷议论此事，关心着事态的发展。

那些秀才举人们心里明白，上告只能到此为止，因为批文斩钉截铁，不容分说，否则府衙必将倒打一耙，倒霉的绝不是官官相护的知县，而是被认

---

① 斯文：旧时指儒者和文人。

② 知府：府一级的行政长官。

③ 同年：科举考试同榜考中的人。

为"滋事"的书生。怎么办？难道就不明不白地忍下这口恶气？这时，一位秀才突然想到了胸有城府、智力过人的邵棠，于是大家前往请教。

他们找到邵棠后，详细叙述了事情经过。邵棠看了摘录的批文后说："纯属一派胡言。知县砍伐圣树做棺材，却拉太上皇作盾牌，就凭这一点'玷污上皇'的罪名，我就不信一个小小的知县能担当得起？知府那里告不准，为什么不告到臬台那里去呢？臬台是主管一省监察和司法的官员！"

诸生听后，点头称是，忙说："全仗先生大手笔，就依照四先生说的办吧！"

邵棠见众人均如此说，也不推辞，马上写了状纸，并交付诸生传阅，然后联名上告。臬台大人收到状纸后，见上面写着：

知县老爷死了娘，遣人前往明伦堂。

偷砍千年老柏树，用作棺木装皮囊。

明伦乃是至圣殿，岂可毁木损庙堂。

伐倒圣树罪恶小，犹说制牌供上皇。

明敬上皇暗作棺，险恶居心已昭彰。

玷污上皇罪当戮，知府竟然视若盲。

而今臬台明如镜，且看知县怎下场。

臬台阅后，心想，一个小小知县竟敢肆无忌惮地砍伐圣树，为老娘做棺材，并且还拉太上皇当挡箭牌，这简直是罪该万死。本官在诸生眼里，既然是心明如镜，那么，作为主管一省监察和司法的官员，岂可视而不见、听而不闻？于是臬台就亲自审问此案。当他查明知府曾偏护知县、批文压制诸生时，毫不客气地对知府进行了严加训斥。在知府的战栗中，他那身为臬台的优势和威风显现得淋漓尽致。

这位被臬台训斥的知府，就是当年曾在"万岁牌"面前三跪九叩首的前任绩溪知县，怎想到这次又因"万岁牌"的事，栽在邵棠的手里，而且险些丢了官职，为此，越发对邵棠恨之入骨。他拍着桌子对师爷说："我就不信一个五品知府斗不赢一个寒士？今后，你得好好给我注意着，只要邵棠一出现，我必须来整治，以解我心头之恨。"

师爷表示虽唯唯应诺，可他心里想，邵棠并未犯罪，根本不可能随便乱抓。要是等他来徽州府，再趁其不备抓住他，这要等到哪年哪月呢？

不久，上报的批文下来，臬台根据示谕，立即行文徽州府，并批复道：

知县伐木明伦堂，亵渎圣殿玷上皇；

论罪当诛不容赦，唯思孝道犹可谅；

而且上报经谕示，革却官职遣回乡。

这位知县怎么也没有想到，为了母亲的一口柏木棺材，竟然丢了乌纱帽。现在，老夫人躺进了四斗的柏木棺材里，早已瞑目。可是知县呢，却不得不带着他那才来不久的妻室儿女，返回千里之外的湖北神农架，身后，只有那昙花一现的荣华美梦在陪伴着长眠于登岭上的母亲。

回家的途中，他站在船头，凝视着汹涌澎湃的大江，脑子里好像灌满了浪花，剩下的似乎只有一片空白。

抱不平治服大恶霸

一个春光明媚的日子里，当邵棠写完《徽志补正》一书后，感到心情舒畅，无比轻松。偶登村后山，见千峰叠翠，群芳争艳，邵棠不禁萌发了游赏黄山的雅兴。整装出发后，邵棠连日跋涉，经岩寺，抵汤口，并在温泉略做逗留，然后直奔文殊院，进而攀登莲花峰，转上光明顶，继而北行，饱览了奇峰怪石、古松流云的绝妙景色，然后翻过始信峰，徒步到达太平县，稍做休息后，再登九华山。

这天，邵棠清晨起来，心想，九华自古乃神州佛教名山，既朝佛祖，理当素食洁身，以示心诚。当他沐浴完毕后，来到了一家剃头铺。这是一家不大的店，里面设有两个座位，靠东边的一张椅子上，已坐有一年约四十开外的主顾，老师傅正在尽心尽力地为他梳洗。邵棠进店后，就坐在西边的一张空椅上，由一位年轻的徒弟为他梳洗。经过一番整理后，当邵棠起身付钱正欲出门时，只见东边椅子上的那位客人，梳理早已完毕，老板十分殷勤，又是敬烟又是端茶，可是这位客人却不屑一顾，把头一扬，抬腿就走。老板见状，赶忙上去，躬着腰，笑着向客人说："李大爷，你老人家还没有付账呢，赏我几个钱吧。"

这个傲慢无礼的李大爷，乃是太平城内无人不知无人不晓的大恶霸李士良，人称"李黑虎"。只见他停下脚来，歪着脑袋说："太平城内，我李某对本土乡亲，可以说是贴心贴肝，百般照顾。你等不思图报，反倒问我要钱，简直是岂有此理！今天，老爷看得起你，才光顾你这小店。方才你不提付账的事，我倒忘了，你一提付账的事，我可记起来了，老爷今天要出远门，却被你磨磨蹭蹭，耽误了很多时间，这笔账怎么算？"他指着旁边的邵棠说："你看，这位客人后来却先理好，我先来反而后理完，是何道理？你给我说清楚。"店老板忙打躬作揖地解释道："大爷威望高，又富贵，又体面，我为你理发，实是尽心尽意。功夫过细，所以是慢了一些，绝非磨蹭。""胡说！正因为你磨蹭，才误了我出远门的时间。我已雇好轿夫，我的佣人早为我去谭家桥订了宿店，你得赔偿这笔开销。"

邵棠听到这里，已逐渐明白，眼前这个所谓的李大爷，完全是在仗势欺人、无理讹诈。于是，他向前劝解说："你出远门，事先并未打招呼，老板为你尽心尽意理发，正所谓'慢工出细活'。你不仅不付账，还反要老板赔偿误工损失，我看走遍天下也没有这个理。你大爷财宽量大，何必与这位师傅计较。依我看，还是付了账为好。""不行，他要是不赔偿耽误我时间的这笔损失，我就砸烂他这个铺子。"邵棠说："凡事都要讲个理，你理发不给钱，反要勒索敲诈，我就不信你敢把铺子砸了。""砸了就砸了，你敢怎么样？"于是，李黑虎抓起一只铜盆，顺手一扔，只听哗啦一声，水流遍地。回过头来，他复举起洗脸架，砸向桌子，又听哗啦一声，茶壶茶碗全被打碎，洗脸架也被摔成数块。老板哭丧着脸，颤抖着身体，不知如何是好。

这时，邵棠的气也跟着上来了。他跳过去一把抓住这个恶霸的右手，强行反扭向恶霸的背后，痛得恶霸嗷嗷直叫，不由自主地单腿踢地。邵棠说："你理发不给钱，反砸烂了剃头店，今天你有本事不赔钱，我就有本事打断你的腿。"他转过身来，叫老板拿棍子，可老板却不敢拿，于是邵棠侧身抓过一条凳子，高高举起，厉声道："我是一个说话算数的人，我就不信打不断你的腿！"李黑虎歪头一看，觉得大事不好，急忙求饶说："大兄弟住手，这可开不得玩笑，我愿赔，我愿赔。""谁跟你开玩笑！愿赔就好，你就老老实实地来付账赔钱吧！"

李黑虎心想："好汉不吃眼前亏，我暂时赔了款，回头再找这个家伙算总账。"他站起身来，极不情愿地取出一包碎银子和铜钱砸在桌子。哪知，这些碎银子和铜钱并没有被紧紧地包在一起，钱顺着桌子滚落到地上，其中一枚

"乾隆通宝"竟不偏不倚地跌进桌边的一堆鸡屎里。邵棠见到后，眼睛一亮，心想，这一回我可有彻底制服这个家伙的办法了。于是，他对李黑虎说："看见没有？你把乾隆爷扔进了鸡屎里，侮辱太上皇，该当何罪？你说。"

李黑虎低头一看，不觉大吃一惊，急忙跑过去捡起，再慌慌张张地用衣衫角擦净，揣入怀里。他深知自己闯下了大祸，不敢狡辩，反而赔着笑脸，自己认错说："我理发不认账，反亏理勒索并砸坏东西，这些全是我的错，我应通通赔偿。你们说赔多少？我就赔多少，绝不讲假话，就请这位大兄弟原谅我这一次。"

邵棠说："你把银钱砸在桌子上，这说明你不是心甘情愿给钱。我知道你是太平一霸，你伙同狐朋狗友仗势欺人，到处明抢强夺，而别人却对你无可奈何。方才老板不敢拿棍子给我，这足以证明，他还在怕你，可我却不怕，我要彻底制服你，为太平清除一霸。"于是，他厉声问道："你叫什么名字？"这时，李黑虎已被完全镇住，他小心翼翼地说："回大兄弟的，敝人姓李，名士良。""好吧！你别走，在这里等着。"于是邵棠叫老板取来纸笔，写了状纸后，和老板一起，拉着李黑虎，前往县衙。

太平县知县是一位新来不久的县官，这位知县到任以来，常闻本县有一位姓李的恶霸，到处敲诈勒索、胡作非为，然而迄今为止，尚未见到哪位百姓具状上告，深觉怪异。可这几天，这位知县却并不是想着恶霸有没有被人状告的事，而是为无处筹款抢修明伦堂日夜忧愁，因为全县童生今秋将集中来此地考试。目前衙内库银匮乏，时间紧迫，知县正为此而大伤脑筋。这时，忽听值衙入内呈报，衙前有人告状，于是，知县立即起身更衣。

升堂之后，首先由剃头铺老板申诉事由，并呈上状纸。知县打开一看，见上面写着：

太平恶霸李士良，仗势欺压剃头匠；

进店理发不付款，强行勒索砸店堂；

而今尤为可恨者，居然扔钱鸡粪上；

明目张胆辱国宝，居然玷污太上皇；

恳请老爷严惩办，为民除害正朝纲。

知县心想，终于有人状告李黑虎了。这恶霸竟敢强行勒索、砸坏店铺，确实胆大妄为。至于状纸所说将钱扔进鸡粪，恐怕是无心之失，记得早年，我就曾经不小心将钱落进粪坑。不过，对这种仗势欺人、为非作歹的恶霸，则必须绳之以法。于是他问："李乡绅，你理发不付账，反强行勒索，并砸坏店铺，可有此事？""是，小民一时糊涂，干了蠢事，小民愿赔，求老爷宽恕。""李乡绅，你将乾隆通宝扔进鸡粪里，可有此事？"李黑虎觉得，玷污太上皇可是要杀头的，此事非同小可，怎敢随便认罪，于是他说："小民在剃头铺时，即愿赔钱，谁知掏钱时，不慎掉到地上，并未扔进鸡粪里，求老爷明察。"

这时，邵棠在一旁作证说："这恶霸将乾隆通宝扔进鸡粪里，大家有目共睹。当受到指责后，慌忙捡起铜钱时，他还用衣衫角擦去鸡粪，然后揣入怀里，大人可以让人检查他的衣衫角和怀中那枚沾着鸡粪臭的铜钱。"

此事经衙役查验属实后，知县一拍惊堂木，大声说："大胆刁民，竟敢在本官面前撒谎，拉下去责打二十大板。"

行刑后，李黑虎被打得皮开肉绽，知县伏案俯身说："你可知道，玷污太上皇，论罪当诛？"李黑虎哭丧着脸，连连磕头说："小民罪该万死，求老爷慈悲，予以宽容。"

这时，县官忽然想起抢修明伦堂的事，一下有了主意，便说："好吧！姑念你初犯，这笔犯上的账，本官权且记下，就暂从宽发落，以观后效吧。"于是提起笔来，写了下面的判词交予值衙宣读：

当朝礼仪邦，岂容民犯上；

罚粮两百担，修复明伦堂。

事后，知县着令李士良向曾经被他敲诈勒索过的县民逐家赔款道歉，然后当堂具保结案，释放回家。从此，太平县的恶霸销声匿迹，太平的百姓再也不受欺凌。而邵棠呢，却不知什么时候，去了九华山。

巧指点废墟变工场

　　家住北村的程老头，是远近颇为有名的石匠。他手艺精湛又勤劳，家中除老伴外，还有三个儿子，老大在家务农，老二是程老头的得力副手，老三则在外经商。老大和老二都已成婚，程老头安排他们分住于正房的东西两间，至于他和老伴及三儿子，则搬到正房侧面的两间小厢房居住。程老头心里盘算，再过两年，如果老三成家，住房就很成问题。为了长远打算，他拿出多年的积蓄，买下了邻居三年前不幸被火烧掉的一个靠山的屋场，并计划在两三年内盖好新房。然而天有不测风云，当场地四周砌了半截矮墙而场内瓦砾尚未开始清除时，旅外经商的老三染上时疾，竟突然病逝。程老头夫妇痛不欲生，结果积忧成疾，不到半年，相继离世。程老头一死，家里没有了主心骨，盖房的事也就停了下来。当兄弟二人料理完父亲的后事之后，一天，老大对老二说："你我兄弟早年先后成婚时，父亲就给我俩分了家，我们都各自有了自己的猪圈、茅厕和田地，只是父亲和三弟原住的两个厢房和那个屋场还没有分。现在父亲和三弟都已先后过世，我俩是不是把它分了算了，你看如何？"

　　老二说："分了也好，反正迟旦都得分。"

　　老大说："要分的屋场比厢房大几倍，估计这两样的价值大致相等。既然你同意了，那么我俩就来拈阄吧。"于是老大拿来纸笔，暗自写上了字，并搓成纸团，丢在桌上。老二顺手抓起一阄随即打开，见上面写着"屋场"二字。这时，老大笑着说："你得屋场，我自然是厢房。"于是，信手抓起那个剩下的纸团，连看也不看，就把它撕丢了。

老二回到房里，老婆知道后，问他："你拈到了什么？"

"我吗？拈到了屋场。"

老婆大叫起来说："屋场哪有厢房好，厢房是两间现成的房子，即使不住人，也可以堆放东西。可是你那屋场却是瓦砾成堆，上不遮天，下不盖地，毫无一点用处，不知你这阄是怎么拈的。"于是老二就一五一十地将拈阄经过说给老婆听。

老婆听他讲完后说："你拈到了屋场后，当时可曾看你大哥拈的那个阄？"老二说："这倒不曾看。其实，当时大哥他自己也没有看，他认为既然我已拈到屋场，他自然就是厢房。所以信手就将纸团撕丢了。"老婆冷笑着说："我看你大哥一定是在搞鬼。事情十分清楚，他做的那两个阄，肯定写的都是屋场，所以你不拈到屋场那才真叫怪事。"

老二听老婆这么一讲，觉得颇有道理。深悔自己当初太大意，没有去看大哥阄上的字，但想到事情已经过去，也就算了，反正肥水不流外人田。可是老婆却为此成天唠叨，逼他去找大哥重新拈阄。在无可奈何之下，老二只好找大哥说明情况。

大哥听了之后说："也怪我当初太自以为是，才生出这些枝节。今天你既然提出来，我想我们兄弟也不是外人，再重新拈一次阄，我看问题不大。"没想到他们所说的话，被房里正做针线活的大嫂听见了，她是一个火暴性子，马上冲出房间，高叫着："已经拈好了的阄，岂能反悔。当时你看不看阄，那是你们自己的事，怎能怪别人。男子汉，大丈夫，要是我呀，就是一堆狗屎，我也憋着气把它吃了。更何况屋场比厢房大数倍，虽不是房子，但同样值钱，也谈不上吃亏，这有什么好讲的呢？"老二听大嫂一说，想想也对，他无意和大哥大嫂争执，便返回自己的房间。没想到一进房里，老婆就冲着他说："你呀，真是个木头，屋场怎能比厢房，他家子女多，既得了厢房岂能轻易让你，你造不起房子，屋场再大又有什么用？我看大嫂也不是一个省油的灯。与其喋喋不休的争吵，不如找前巷的程大爷写张状纸，呈送县衙，请县老爷明断，这样将会省事得多，你看如何？"

老二听了老婆的话后，觉得确实抹不下面子，如果互不礼让，不仅伤了和气，而且定会搞得两家反目成仇，不如按老婆所说，状告县衙，相信县衙一定能秉公执法，作出公正裁判。可是状纸呈递后，一年过去了却不见动静。于是老二又请程大爷加重语气，写了第二张状纸。然而又是一年过去了，仍然石沉大海，音信全无。这使老二怀疑程大爷笔头功夫是不是不过硬，才遭到知县老爷的冷落。此时，他忽然想起伏岭下的那位非常有才气的邵棠，心想，这事可不能再耽误，何不请他写一张有力量、能一告即发的状纸呢。他打定主意之后，便前往伏岭下，向邵棠说明自己的家庭状况和分房经过及告状过程，最后，他说："这个知县老爷真该死，两次告状，他都不理不搭，民间疾苦他一点也不管，真是一个泥塑木雕的菩萨。"

邵棠听后，笑着说："你说的这几句话，如果删去一些多余的字，却是一首信手拈来、讽刺县官的好诗。"

老二红着脸说："四先生别开玩笑，我是一个粗人，哪里会作什么诗。"邵棠说："不信你就听着，让我写下你刚才念的这首诗：这个县官真该死，两次告状不理搭。民间疾苦他不管，泥塑木雕一菩萨。这回你该相信了吧。"

老二听后不禁哈哈大笑起来，觉得邵棠真是不简单，几句平常的话，经他一说，居然变成一首顺口溜的诗，这要是说给别人听，简直就是奇人奇事。

这时，邵棠接着说："你这首诗，说县官之所以该死，是因为两次告状都不理搭。难道两次没有理搭就要杀县官吗？这未免有些过分，不如把第三句拉到第二句上来，有了这一句，你原来的第二句也就没法再要了。这样，才会让人感到这个县官确实该杀。至于下面空着的第三句，我认为随便加一句比喻或者什么其他的都可以。经过这样一加工，这首诗就讽刺得更有力了。现在听我再念这稍做改动的诗给你听：这个县官真该杀，民间疾苦不能察。任尔重捶鼓不响，泥塑木雕一菩萨。这样你认为比刚才的是不是略为好一些。"

老二说，"不能察民间疾苦的昏官确实该杀，不过该不该杀都由不得你我。说实话，今天我来，不是听先生说诗，而是请先生为我写一张一告即发的状纸，以求尽快解决家产纠纷。"

邵棠说："你明明知道县官是泥塑木雕一菩萨，那么我即使画只老虎也吓不到他，再写状纸又有什么用呢？不过，刚才我听了你所说的分产经过，我认为不管你大哥做阄时有没有搞鬼，所分家产都是非常恰当的。"

老二说："要说恰当，我大哥拈到厢房，倒是称心如意，可以说是十分恰当的。他家人多，厢房正好住人，可是我得到的仅仅是一个破屋场，有什么用？"

邵棠说："当然有用，明天你叫你大哥一起来，我愿意用两个时辰的功夫，处理好县官两年都未为你们家解决的房产问题。"老二听了，半信半疑，又不便打破砂锅问到底，只好告辞，返回北村。

次日一早，老二邀着大哥，一同来到伏岭下。见到邵棠，老大说："我们兄弟二人，一父所生，情同手足。关于房产的事，在我来说，即使重新拈阄也不算什么。只是两个女人，老是斤斤计较，才闹得妯娌反目、兄弟不和。听老二说，先生能为我们处理好房产问题，真是再好不过的，还望先生指教。"

邵棠说："昨天，我就对老二讲过，根据你两家的情况，你们各自拈的阄，分的家产都十分恰当。就说你老大吧，你结婚早，子女多，急需房子，两个厢房分给你，正好让孩子们居住，这样，你和你的女人都没有意见。而老二分的却是一块瓦砾满地的旧屋场，因为这个屋场要是不重新盖房，就没有什么用处，所以老二和他的女人都有意见。难道你们家的屋场，除了盖房之外，就真的没有别的用处吗？我认为有没有用处，关键在乎人，就拿老二来说吧，结婚不久，人口不多，有没有厢房都无所谓。但你想过没有，你是石匠，按老规矩，涵接坑路，一般都是主顾上门订货后，才临时上山采石并雇人帮着抬回自家门前加工，如遇雨雪天气，特别是农忙季节，有时甚至是连人都难以雇到，这不仅工作辛苦，而且费时费工。如今，老二有了屋场，尽可在农闲或天气好的时候，多采运些石料堆放里面。工作不忙时，还可事先加工一些石磨、石臼、猪食槽以及未刻字的墓碑、未计尺寸的条石等东西，一旦货主订货很快就能完工。反正你那屋场有墙围，离家不远，我看即使不锁门，也不会有人偷。有了这个屋场，不但闲时采石容易，而且忙时不误工时，正所谓一举两得。所以我说你们拈的阄，分的产业，十分恰当。回去后，只需和你大哥一起将屋场的瓦砾清除干净，就可采运石料开始干活，无需再去求那泥塑木雕的菩萨为你们公断，这不是很好吗？"

老二听后，连连点头，心想，我怎么就没有想到这一点呢，说县官是泥塑木雕一菩萨，自己却原来也是一块榆木脑壳硬疙瘩。这样的昏官，配上我这样的愚民真是"城隍庙的鼓槌——一对"。老大老二回到家后，兄弟齐心协力，清除屋场瓦砾，运回大小石料，使废墟成了工场。不久之后，由于加工及时，交货迅速，订货越来越多，生意逐渐兴隆起来，原来反目成仇的两家，终于重归于好。

至于老二请邵棠写状纸和写诗改诗的趣闻，人们就像摆故事那样，逐渐传遍了绩溪。从此，县官李老爷有了一个"泥老爷"的雅号。人们当面称他"泥老爷"①，而背着他的时候则叫他"泥菩萨"，归根结底都是一个意思。时间长了，当县老爷风闻背后有人称他是李菩萨后，心中琢磨着，认为菩萨的含义，不外乎两种：一是菩萨救苦救难，普度众生；二是菩萨大慈大悲，万民景仰。根据这个立点，毫无疑问，肯定是本县政绩卓著，受民爱戴，故获此殊荣，因此沾沾自喜。可是过了一段时间，当"泥菩萨"的来由逐渐弄明白后，他恨死了邵棠，心想：这个该死的家伙，总有一天，我会让你知道得罪本官的下场。然而，过了没多久，当他还没来得及向邵棠报复时，这位尸位素餐的"泥菩萨"却迁往邻县，高高坐进另一所新的庙堂了。

---

① 按当地方言"泥"与"李"同音，而民间也常把菩萨称作老爷，如灶司老爷、社公老爷、关老爷等。

谢仗义新娘施凉茶

皖南的东南部与浙江毗连，尤其是绩溪的伏岭下与浙江的昌化县（现属临安）只是一山之隔。尽管相隔仅仅是一座山，但要翻过这座颇为有名的"江南第一关"逍遥岩，却也不是一件十分容易的事。因为从横芝桥进山，顺着悬崖峭壁，一上一下就是四十里，一路山高路险，攀登艰难，可这却是绩溪通往杭嘉湖一带唯一的捷径。

这年的七月，季节虽已进入初秋，然而天气却炎热无比。邵棠因受同乡所托，为处理一桩冤案，不得不冒着酷暑，顶着火辣辣的太阳，徒步翻越逍遥岩。当他艰难地翻过这座巍峨陡峭的大山后，由于沿途人烟稀少，无处求水，实已口渴难忍。在穿过一座路亭后，他来到了昌化所属的白牛桥，远远见村口有一杂货店，于是快步疾走，向这家店主求水喝。店铺老板是一个约四十开外、一脸横肉的大块头，当他知道邵棠的来意后，马上拉下脸，对着这位走得大汗淋漓的过路人鄙视地说："我这里南来北往的人可多着呢。可知道柴在青山，水在河湾，那里有的是柴，有的是水，要冷要热，悉听尊便。"

邵棠听了，非常气愤，心想，不给水喝也就罢了，为什么还要话中带刺、冷嘲热讽？实在太刻薄！正想要反驳两句时，胖老板却一转身，甩摆着肥大的屁股进入了内室，气得邵棠牙根咬得咯咯地响。虽然心中憋着一肚子的气，但邵棠却无可奈何，只好忍着难耐的口渴，继续往前走。

邵棠顺着村路转过一弯后，忽见一年过花甲、衣着破烂、头发蓬松的老妇人，伏在门边的石凳上，号啕大哭，其声凄楚，十分哀伤，旁边一群围观者也都窃窃私语，唏嘘不止。也许是出于同情和好奇，当邵棠走近这位老妇人的身边时，不禁弯下身问道："老人家，你哭得如此伤感，所为何事？"

老妇人抬起头来，见是一位过路的外乡人，便说："人不伤心不流泪，老身纵有千难万苦，但先生毕竟是过路之人，谈之何宜？"邵棠忙说："老人家，话虽如此，但伤心的事憋在心里，总不好受，对人说说一定会好过一些。我虽然是一个过路之人，帮不了什么忙，但或许能替你出点小主意什么的，也未可知。"

老妇人觉得这位过路的客人问得很诚恳，说得很有理，就将了一揖头上的乱发，直起身来说："先生，我有一子，幼年丧父。二十年来，母子相依为命，一直依靠租佃来的两亩薄田种棉度日。今年春天为儿子完婚后，由于负债过多，我儿复向亲戚告借银两，与另一伙伴出门做小本生意。谁知，离家不到一月，他的同伴回家了，我的儿子却没有回来。一问情况，才知他在外因求水不得，喝了冷水，染上时疫，竟不幸病故。人死了，微薄的本钱也为办理后事花光了，落得人财两空。我儿媳妇闻此飞来横祸，顿时晕了过去。醒来之后，想到丈夫亡故，连个尸骨也未见着，而自己呢，如此年轻就当了寡妇，剩下老小俩婆媳，还欠了一屁股的债，不知今后日子将怎么过，昨晚竟背着我偷偷上吊自尽了。现在天气如此炎热，尸体即将腐烂，而老身又借贷无门，不知如何收拾残局，故此怨哭。"

正当老妇人边诉说边哭泣的时候，忽见对面深巷里，冲出一哭红双眼的姑娘，似有莫大怨苦，急匆匆地飞步向村南跑去。她家里的人则十分焦急地一边追赶，一边呼唤着："你千万不能死！你回来！回来！"邵棠一问情况，才知道是怎么一回事。

原来，这位姑娘的父亲一直租佃着村头那家开杂货铺的名叫王富老板的田地。去年，她的哥哥结婚，姑娘父亲曾向王老板借了二十两银子。一家人本想今年勤耕勤种、省吃俭用，偿还欠款。岂知天不佑人，偏逢干旱，致使棉田减产。如今，还不了债。王老板就乘机谎说二十两银子是聘娶姑娘做妾的礼金，并扬言已定好黄道吉日，将于三日后抬花轿迎娶姑娘。村里的人都知道，老板已年过四十，而姑娘才十六岁，年龄悬殊，更何况姑娘嫁过去还是当人家的小老婆。此事落到谁的头上，谁也不会同意。但由于还不起债，无力抗衡，姑娘只好寻求一死，以了此生。刚才她急急奔往村南，人们都说她是跑到河湾自尽。

邵棠听后，怒火中烧，气愤不已。心想，这恶棍不给我水喝倒也罢了，没想到他竟如此横行霸道，鱼肉乡里。看来我得帮一下姑娘不可。于是邵棠对老妇人说："老人家，不必啼哭，办法有了。只是我现在口渴难忍，能不能先拿点你家的水给我喝？"

老妇人一听，心想，一个过路人能有什么办法？但看着这位先生十分自信的样子，不由得半信半疑。不过家里虽穷，水总还是有的。于是急忙起身进屋并捧出凉茶递了过去，然后静静等待。

邵棠接过水来，边饮边思，水喝完了，渴解了，办法也想周全了。他说："老人家，你家有纸笔吗？"

"这可没有。"

"那么就到哪家去借一下吧！"

旁边一位邻居说："我家有，让我去拿来。"

邵棠接过纸笔，蹲在地下，将就着在旁边的石凳上奋笔疾书。写完之后，对着老妇详细地解释了一遍，并说："老人家，你把这张状纸拿到昌化县衙门里，去告村头王富这个恶棍吧。反正人死了，死无对证，不由他不承认。这样，安葬你儿媳妇的事，不但有了着落，而且刚才那个跑去河湾自尽的姑娘也用不着怕他再用花轿来抬人了。"

众人一听，个个拍手叫好，于是簇拥着这位老妇人，向昌化县衙鸣冤。

县官升堂之后，接过状纸一看，见上面写着：

恶棍王富，村头开铺。

色胆包天，欺凌主顾。

民女上店，棉花换布。

强拉室内，撕裙扯裤。

无端受辱，一索命故。

哀请严惩，以申冤苦。

县官看后，认为此事事关人命，非同小可，立即传令衙役拘捕恶棍王富问罪。众人在堂上也都纷纷帮着老妇作证，揭穿了王富强娶民女的恶毒阴谋。县官按律明断，督令王富埋葬老妇人的儿媳，为老妇人安家，并责打王富四十大板，判刑三年。

王富挨了板子后，心想，过去撕裙扯裤的事，虽然也曾有过，但今天的这件事，确实冤枉。如今既然死无对证，纵然一身是嘴也难解释清楚。如果不认账，那么屁股肯定还得继续吃苦。思前想后，只好哑巴吃黄连，默默承受，甘认倒霉。

当老妇人打赢了官司，回到村旦寻找那位过路的先生时，才知这位陌生客人早已离开白牛桥，不见踪影了。事后，经村里人多方了解，才得知这位先生就是大山那边绩溪县大名鼎鼎的邵棠。老妇人因未能当面感谢这位仗义行善的好人，感到非常内疚。心想，我的儿子因为讨水喝而遭白眼，现下，在这酷暑季节，又有多少行人因得不到水喝而在烈日下受煎熬折磨呢？为了感谢这位先生行侠仗义，于是，她天天挑着茶水，来到村口路亭，向往来于这条路上的行人施茶。

不久之后，此事被对门深巷那个原想投河自尽的姑娘知道了。姑娘心想，过路的先生不但救了老大娘，更主要的还救了我。老大娘年纪大了，身体不好，我岂能让她老人家天天担茶送水。于是不容分说，抢过茶水担，由她天天在路亭向行人施茶。

几年后春末，姑娘的妹妹嫁到不远的前村，这位新娘想到姐姐现在已经有了儿女，家务繁杂，这每年夏季施茶的事，就由她取而代之。光阴易过，一晃又是两年。也许是一种巧合，这两人村里的人谈论起施茶的事时，都说凡是新娘在路亭施过茶的人家都家庭和睦，人畜兴旺，万事如意。从此之后，凡是这两村里结婚的新娘，都争先恐后，年年夏季主动施茶，并逐渐形成了一种不成文的乡规。

随着故事的广泛流传和新娘们的自觉行动，每年夏季在昌化、于潜、临安这条百里之遥的阳关大道上，新娘行善之风不断扩大延伸，从而大大方便了往来行人。

如今，两百余年过去了，这条路上，一些年岁较大的人还在津津乐道着新娘施茶的故事。

棕荐岭劈山筑卷洞

    绩溪境内有一座山，名叫翚岭，它横贯东西，以山脊为界，把整个县域分为岭南岭北两个自然区。岭南古称登源，可不知什么时候，人们不知不觉中把"登源"变成"东源"。土语中"登"与"东"同音，根本无法区别了。而这两个不同的字包含着两种不相同的概念。登源泛指岭南地区，东源则指的是发源于绩溪南部的一条小河以及河流两岸的大片土地，从地理上讲它的面积要比旧时指的"登源"缩小许多。

    当时，在东源这片土地上，主要有两条道路：一条沿着小河通往县城，另一条经德井（俗称对井）过石京到扬溪，并沿着扬溪源，翻越翚岭去岭北。那条沿着小河通往县城的大路，比较平坦，而另一条通往扬溪的大路，却颇为曲折，特别是从德井到石京这段十里左右的路，虽然路程不算太远，但必须攀登棕荐岭，而且中途没有人家。每逢冬夏，行人前不着村后不着店，无处避风躲雨，被视为畏途。有一首流行民谣，是这段路的最好写照：

    俺有脚板劲，能翻棕荐岭。

    最怕大风雨，无处找路亭。

    许多人都想，如果能在岭上盖一路亭，方便往来行人避雨歇凉，那该有多好！可是又有谁来出钱盖亭呢？封建王朝根本没有此项开支。那时，较大的公益事业一般都是以在任知县或本地当官者作为发起人，捐资建筑，至于修小桥、筑路亭等较小的公益事业，则由本乡士绅富户捐银修建。在东源这片土地上，富豪人家虽然不少，但毕竟吝啬者居多，并非个个都乐善好施，因此这首古老的歌谣，成了东源村民的一首期望之歌，唱了一代又一代。

这年的初春，邵棠的父亲德辉公不幸染上时疫，生了一场大病，直至端午过后，才告痊愈。德辉公深知自己年迈，身单力薄，风烛残年，不得不考虑为身后事做些准备。为此，特着人请来岭北颇有名气的风水先生，并嘱咐邵棠好好侍候，陪同先生在十里范围内寻找墓地。邵棠从来就不相信风水，可是父命难违，只好硬着头皮，顶着烈日，跟着这位风水先生，漫山遍野觅地。他们断断续续地找了一个多月，可这位风水先生却一直未发现满意的风水宝地。

一天，他们冒着酷暑爬上了棕荐岭，两人都走得气喘吁吁，满头大汗，不得不在旁边的一块大石头上坐下休息。这时，邵棠举目四望，见路弯弯曲曲，山林莽莽苍苍。他想，这山形山势确实很好。然而，这也不过是一种自然景观，纵然在这样的地方找到了墓地，那么，它与活人又有什么关系呢？说句老实话，实在是风马牛不相及呀！父母活着的时候没有教育好子女成"龙"，难道死后有一好墓穴，就能"寅时葬，卯时发"，使后代飞黄腾达？真是奇谈怪论！晋时，有一位文学家，曾说过这样的话："神之于形，犹利之于刀，未闻刀没而利存，岂容形止而神存。"大意是说：人的灵魂和身体的关系，就像锋利的刀刃与刀子的关系一样，没有听说刀子没有了，它的锋利还在的，怎么能相信人死了，他的魂魄仍然存在呢？因此，他认为风水先生所说的"风水宝地"只不过是他们为了混饭吃而故弄玄虚，自欺欺人。休息一阵之后，风水先生站起身来，以手遮阳，极目观望，见岭西左侧一片枫林，于是与邵棠一同前往观看。当走近那片枫树林后，风水先生似乎发现了什么秘密，只见他不停地上下左右往来观望，并取出罗盘，多处摆弄，又看指南又算干支，折腾了整整两个时辰。最后，他对邵棠说："贤弟，这是一块难得的好墓穴，方圆十里之内，万难再有如此福地。"

"何以见得？"

风水先生非常神秘地说："我不说，你当然不会知道。现在你站到这个地方来看，上面是"凤"头，这里是"凤"身，在身的两侧是翅膀，下部拉得长长的几个分布均匀的小山岗是"凤"尾，这块地的布局和走向，活生生就是一只'凤凰'。"

邵棠说："经你一指点，似乎有那么点意思。不过，这形状如果说它是一只其他的什么鸟，我看也未尝不可。"

"不！老弟，你不懂，你太外行了。这形状和其他的什么鸟，我可以斗胆地说，完全不一样。你看："这'凤'身上生长着一片茂密的枫林，说明身红似火；它的两翼杂生着多种大型乔木，说明双翅色彩斑斓；它那既长而又分散的尾部，生长着更为广阔的大片松树林，那青翠欲滴和难以计数的松球，活似凤尾花翎。它简直就是一只栩栩如生的'火凤凰'！其他的鸟，岂能与之相比？"

邵棠说："照先生这么一解释，确实非凤凰莫属。但这些枫树、松树总有一天会被人们砍伐，到那时岂不成了'脱毛的凤凰不如鸡'了吗？"

风水先生说："这怎么可能呢？"只见他连连摇头，解释道："老树砍了，小树又会长出来，而且必然会比原来的树更多，这就叫'螽斯繁衍①'。须知凤凰始终是凤凰，根据这块风水宝地，纵使是所生的凤，也必将雏凤清于老凤声。换句话来说，也就是一代更比一代强，这是毋庸置疑、不言而喻的。而尤为可贵的是这'凤凰'的身后横流着一条小河，如果这'凤凰'是在河对面，那对你们家的好处就不大了，因为按照阴阳地理，古来就有隔河千里远的说法。'凤凰'过了河，已距千里，将无暇反顾，回不回来可就很难说了。"

邵棠见他越说越来劲，越说越离奇，好像这只"凤凰"就是他，不禁淡然失笑，逗趣说："这只凤凰显然在小河的这一边，但难保什么时候一时兴起飞过河去。"

风水先生十分坚定地说："这是绝对不可能的，你没有看见，它的头正对

---

① 螽斯繁衍：螽斯，是一种虫子，像蚱蜢，繁殖很快。此句旧时用来祝福多子多孙。

着东方，出神地望着太阳，望着你们的家，正振翅欲归呢！总而言之，这是一座名叫'丹凤朝阳'的吉穴，是你们家祖上有德，才让我好不容易找到这块风水宝地。老弟，痛快，痛快啊！"

邵棠一听他说"丹凤朝阳"，忙跑到"凤"头上抬头望去，正好看见棕荐岭上的那个垭口，不由得想起了那个东源村民代代相传的民谣，于是豁然开朗，心想，要是在垭口上造一路亭，那才真正是"丹凤朝阳"。然而路亭有轮有廓，根本不像太阳，再一想，如果筑一个卷洞，则洞是圆的，岂不活似东升的太阳！有了卷洞，行人就不再"最怕大风雨，无处找路亭"了，这样就可为这首民谣找到归宿了。想到这里，他不再故意和风水先生唱反调，于是转过身来说："先生所言极是，只是太阳日升夜落，随处可见，愚见以为如能在棕荐岭的垭口上造一卷洞，象征着一个极为形象而又日夜不落的太阳，岂不使'丹凤朝阳'更加贴切！"

风水先生原先在这个山头上折腾了两个时辰，不过是在搜肠刮肚，为编排荒诞的风水宝地打腹稿而已，可他却没有想到在垭口上造一个"太阳"。现在邵棠一说，顿觉耳目一新，忙顺着竿子爬，笑嘻嘻地说："老弟提的这一层，敝人早已想到，造一卷洞要超过筑一座坟墓许多倍银两，所以未敢贸然启口。现在，老弟既已提出，真所谓是'英雄所见略同'，不谋而合。今后卷洞造好，不仅有神奇的'太阳'，而且又可方便行人躲雨乘凉，大积阴德。这将会使你们子孙后代如雨后春笋，更加欣欣向荣。关于这一点，我完全可以在令尊面前打包票，决不含糊。"

邵棠心想，这老江湖简直可以把死人说活，真不愧是一张混饭的嘴。但表面上却极为虚心地说："我提出筑卷洞这个想法，完全是因听了先生宏论，才领悟出来的。更何况你事先早已想到，理应归功于你。应该说，你才是真正的'英雄'。因此我想，一旦确定了这块墓地，回去后在家父面前可千万别提到我也曾说过筑卷洞的事，否则不仅使家父产生一些不必要的联想，节外生枝，还会影响先生威望，你可千万别忘了。"

　　风水先生听后，捋着山羊髭子，心想，这正是老夫求之不得的事，哪能忘记得了。看来这位四少爷还算识趣，于是他说："贤弟考虑周到，事情不怕一万，只怕万一，敝人一定遵命，一定遵命。"

　　邵棠为什么一定要对风水先生说这样的话呢？原来，关于棕荐岭筑路亭的事，邵棠心中早已捉摸很久。他是一个急公好义的人，曾两次到棕荐岭察看，筹划着盖一可以住家并供茶水的路亭，可是在这座岭上，却找不到水源。他心想，即使不供茶水，盖一简易路亭也是好事。他曾多次请求老父捐资修建，然而却被父亲一一推拒。

　　今天，在风水先生一派胡言的吹嘘下，没想到"歪打正着"。因为怕节外生枝，所以邵棠才对风水先生说那样的话。

　　他们回家之后，风水先生忙绘声绘色地向德辉公描述了这"丹凤朝阳"的来龙去脉和它的斑斓色彩，接着又故弄玄虚地大谈阴阳地理、天干地支以及何为相生何为相克等一些连他自己也弄不明白的一套易卜①术语加以立论。最后，他提出应在棕荐岭上筑一卷洞，既扣住了"丹凤朝阳"的命题，又暗积阴德，为"宝地"增辉添色。当德辉公听完风水先生一番奇妙的言论之后，虽不完全懂，但却非常满意，然后一锤定音。站在旁边的邵棠也随之高兴不已，因为修筑卷洞的事终于落实了。然而，令他大惑不解的是风水先生的奇谈怪论，竟有如此巨大的影响力，他想大概是人们常说的"什么样的锁匙开什么样的锁"的缘故吧！

　　卷洞在邵棠的主持和安排下，首先拓宽垭口，接着是安置拱架，然后就地取材，顺着拱架垒筑石块，拆拱后，砌阶铺路，并在卷洞两侧制作长方形石凳，供往来行人憩息。同时邵棠还亲书"望云""执父"两词，刻于卷洞的门楣之上。因为这两个词表达的是思念母亲、执行父志的意思，所以他的父亲对此尤为满意。

　　卷洞历经四月，终于竣工。人们站在洞口，只见道路逶迤，山峦陡峭，

_____
　　① 易卜：据《易》理卜筮之术。

清风送爽，风动树摇，别有一种超脱的山野情趣，令人赏心悦目、心旷神怡。曾经有一位进士在路过卷洞时，面对此处自然风光，情怀大动，即兴写下了一首诗：

造化为功不掩关，巍然一岭洞中间。

"望云""执父"昭遗泽，此景人生得句难。

堂堂进士竟难以找到形容它的佳句，可以想见，此处的天然景色已达到何等奇妙境界！难怪当地乡民把棕荐岭列为东源八景之一，看来，不是没有道理的。

事情过了许多年以后，大石门东面的一座山，被人们费了很大的劲，凿出一条弯曲的路来，人们叫石头岭。这岭虽然不算高，可却很陡，从伏岭下经此路，过大石门去扬溪，要比走棕荐岭近十余里。从此，原来通往扬溪的阳关大道，因行人稀少而逐渐荒凉，只留下棕荐岭上那饱经风雨的石头卷洞与东升西落的太阳交相辉映。

我们小的时候，每逢清明，随父辈们前往"丹凤朝阳"扫墓，来到卷洞休息时，总见左侧墙脚有一个被掏去了两块巨石的大洞。据父辈们说，这里面原是一个金窖，后来被人挖走了。那么这金窖是谁窖的呢？为什么要窖到这里？后来又在什么时候被谁挖走了呢？这些问题，至今仍是一个未解之谜。

如今，时光流逝了两个世纪，每当我回忆起这条荒凉的大道及那残破的石头卷洞时，就会想到现在的城乡公路，早已四通八达。昔日从伏岭下去县城，需走四五个小时，而今乘坐客车，只要三四十分钟，两相比较，这是一种多么惊人的巨大变化！

吃汤圆老板遭斥责

这年深秋，天气晴朗，邵棠前往镇头访友。出门时，见邻里元三正扛着扁担绳索，去二都挑油枯，于是二人结伴同行。一路秋山红叶，边走边谈，颇为融洽。

他们翻过棕荐岭，过了塘塍后，元三说："从这里绕过前面那个山，即到西山，再顺着小河往前走就到了扬溪。"

邵棠说："你对这一带的路真熟。"

元三说："年年都要用油枯做肥料，因此年年都得去二都。这条路，我已数不清走了多少回，哪能不熟？"

邵棠问："你知道扬溪桥头，有一家颇有名气的汤圆店吗？"

元三回答说："知道。说起来，这家的汤圆确实不错，只是老板有点'狗眼看人低'。每逢各种富商或是衙役书吏走进店内，他就又点头又哈腰，活像一条摇着尾巴的狗；如果进来的是身穿短衫、脚踏草鞋的农人，他就又傲慢又无礼。有时，那些穿长衫后来的人都吃完走了，而着短衫先来的人反没有轮上。所以，很多务农的人都十分痛恨这个势利的老板。"

邵棠说："我只听说这家汤圆店有名，却不知道老板这样可恶。今天，你只管跟着我进去吃，如果老板真的看不起农人，那么就让我来惩治他，你看如何？"

元三笑着说："那实在太好了。今天，我就看四先生用什么办法来收拾这个可恶的汤圆老板。"

　　一路畅谈，不觉来到了扬溪桥头。只见有一家双开间的汤圆店，坐北朝南。门头上方，挑出一面长方形龙牙镶边的旗牌，上面写着"王记汤圆"四个大字。炉台横砌门前，远远望去，只见汤锅热气腾腾，顾客进进出出，生意十分兴隆。邵棠和元三走进了铺子，老板见来了一位身穿长袍还带着一挑夫的先生进店，急忙跑过来热情招呼说："先……生，这边……这边坐。"原来老板是个结巴。这时，邵棠见两位老农旁边有两个空位，于是就和元三坐了下来。

　　时间没有多久，两碗热气腾腾的汤圆由老板亲自送到邵棠面前。邵棠指着两位老农说："他们的呢？"

　　老板说："你……先生……事忙，先……吃，他们等……一下，没有……关系。"

　　邵棠说："这不好。"随手将两碗汤圆推向老农，并对老板说："快端来。"

　　老板见这位先生如此讲理，也不好再说，急忙转身，很快又端来两碗。邵棠边举筷子边说："继续送来。"旁边的老农也说："我们还要。"老板连连答应。

　　邵棠看着老板的背影，觉得这个家伙显然势利，正如元三说的"狗眼看人低"，好吧，那么就让我来惩治他一下。但怎么去治他呢，他吃着想着，忽见桌子侧面爬着几只蚂蚁，不觉计上心来，忙用筷子挑了一点馅子糊在旁边，先扰住这些小东西。这时，老板又端来汤圆，送到邵棠面前，邵棠也不推让，心想，来得正是时候，忙夹开一个汤圆，并用筷子顺手向桌旁一拨，顿时粘住了一只蚂蚁，将它塞进馅子，再夹开另一碗里的一个汤圆，又在馅子里塞进一只蚂蚁，然后高声呼叫老板。

　　老板闻声，急忙跑来。邵棠说："你这汤圆怎么有蚂蚁？我夹开两个碗里的汤圆，可两碗汤圆里都有蚂蚁，这到底是怎么一回事？你过来看看。"

　　老板端起碗来细细寻觅，果见两碗汤圆的馅内都有一只死蚂蚁，奇怪！这蚂蚁从哪里来的呢？他想，蚂蚁是黑色的，芝麻也是黑色，即使有蚂蚁，也不易发现。真是活见鬼，他是怎么发现的呢？既然被他发现了，只好自认倒霉。于是忙打躬作揖连连道歉，并端回去重换。坐在旁边的两位老农人，因不知真相，信以为真地竖起大拇指，连声赞誉说"这有死蚂蚁的汤圆，要是放在我们碗里无论如何也发现不了，早把它连皮带骨一起吞吃了。先生你真是个细心人，好眼力！"

关于邵棠塞蚂蚁进汤圆的事，元三因顾着吃，也没有看见。但他心里却疑惑着，心想，哪能这么巧，两碗汤圆都有蚂蚁？会不会是四先生在搞鬼？如果是的话，蚂蚁岂能说来就来？那么这到底是怎么一回事呢？想了半晌，也悟不出个道理来。

这时，老板已第四次送来了汤圆，邵棠说："继续端来。"他们正在吃着，忽见老板对着两位老农说："客……人这么多，都在等等……着吃汤圆，还不……快吃！"

邵棠听后，不觉火起说："你是在催我们吗？你太放肆了！"老板忙说："不敢不……敢，我……是在说……这两个……老头。"

邵棠说："我们都还没有吃完，他们又怎么先吃完呢？我问你，是不是他们吃的汤圆你不收钱？"

老板讷讷地说："那……倒不……是。"

"是不是他们的汤圆比我们的价钱便宜？"

老板忙说："都一样，都……一样。"

"既然一样，为什么要区别对待？你真是一条势利狗，快给我再送汤圆。"

老板见惹恼了这位先生，不敢吭声，急忙端来两碗汤圆，并说："都是我……的不……是，你先生别……生气就……趁热……吃吧。"

邵棠不理他，趁他转身招呼别的客人之机，又夹开汤圆塞进了两只蚂蚁。心想，前两碗有蚂蚁的汤圆是惩罚他看人分等级的不是，这两碗有蚂蚁的汤圆是惩罚他看不起农人无理催客的不是。于是，把桌一拍，高叫："老板过来。"

老板见客人拍着桌子，感到事情不妙，急忙小心翼翼地跑来。邵棠气汹汹地说："你们店里是卖汤圆还是卖蚂蚁？你看看是怎么一回事？"

老板不敢不看，端起碗来，只见两碗汤圆馅里，又是两只死蚂蚁，这蚂蚁究竟是哪里来的？怎么偏偏都跑到了这位先生的碗里？他实在弄不清到底是怎么一回事，只好连连点头哈腰，不断地向客人赔礼道歉。

邵棠说："不用再讲，反正你这有蚂蚁的汤圆我也不想吃了，于是起身掏钱付账，给了他两个汤圆的钱。老板心想，加上他的同伴他们两人一共点了七碗，觉得钱不对，忙说："错了，不只是两个。"

邵棠说："一碗两个，一个卤咸，一个甜，不是两个是多少？"

老板说："一个卤咸，一个……甜，是两个，而你们……吃……了……七碗。"

邵棠说："是啊！一个卤咸一个甜，已经吃①完，这是不会错的。"

许多顾客也都说："大家都是一个卤咸，一个甜，一碗两个，错不了。"

老板更急了，抢着说："一……共是……七碗。"

邵棠笑着说："你是不是昏了头？怎么把有蚂蚁的汤圆也算到我们的账下？告诉你，我没有砸烂你的碗，就算对得起你了，你还敢和我耍无赖。各位，你们看，这家汤圆店的汤圆馅里，有很多死蚂蚁，如若不信，可马上过来当面看清。"于是，把两碗尚未端走的汤圆高高举起，许多好奇的客人都争着来看。

这时，店里正在吃着汤圆的顾客，听闻馅里有蚂蚁，都停下筷来，不敢继续再吃。外面进来想吃汤圆的客人，见有人高举着有蚂蚁的汤圆，哪里还有勇气尝试，都掉转头走了。

老板看着汤圆，也说不明白到底是怎么一回事，反正理亏，觉得如此闹下去，生意就别想再做，只好忍气吞声，收了两个汤圆的钱。

此刻，店里的人已全部走光，邵棠见老板原来对农民的那股傲慢无礼的

---

① 按当地土语"吃"读"qi"，与"七"同音。

劲头已被打掉，于是对老板说："今天的事，你知道错在哪里？"

老板垂头丧气地说："只怪……汤圆里……有蚂……蚁。"

邵棠说："不完全对。你们店里有蚂蚁是一回事，以后桌子多洗刷，多注意就是。我认为你错就错在看不起务农的人，你店里做汤圆的面，馅里的芝麻、花生，你每天吃的粮食从哪里来？应该说，种田的人才是你——当然也包括我和其他的人——的衣食父母。他们到你店里吃汤圆，同样付钱，怎能以衣帽觑人？我看不惯你这种恶劣习气，所以略微惩罚你一下。要是论起性来，我就是砸烂你的碗，掀翻你的锅也不为过。以后如再有"狗眼看人低"瞧不起农人的事发生，那就绝对不是几只蚂蚁的问题了。要记住，我可是一个专门打狗的人，到那时，你可别后悔！"说着，又掏出一些碎银来，放在桌子上，并告诉老板说："你讲我们吃了七碗汤圆，这没有错，念你今天在我面前只是初犯，就原谅了你，把钱拿去吧！"

老板收下碎银还没有醒悟过来，邵棠和元三却早已走远了。他觉得这位先生虽然整人很厉害，但说话句句在理，心想，我这看不起农人的毛病，今后得好好改。不过回想今天的事，实在蹊跷。正当他垂头丧气待在那百思不得其解时，锅里的汤圆由于时间太长，已烂成一锅稀粥糊。门外的人，隔着汤锅，看见因蒸气飘动而被扭曲了的老板的身影，活像是一条丧家之犬。人们窃窃私语，似乎是在说："这回，汤圆老板可真的碰到打狗的人了。"

建路亭方便往来人

　　绩溪县东，有一条发源于逍遥岩的小河，这条小河的两岸，散落着颇为密集而又大小不一的许多自然村。历代以来，人们普遍地把小河流经的区域称为东源，这条东源乡民们的母亲河，年年月月养育着这里土生土长的数万乡亲。

　　小河落差较大，它自逍遥岩的乱石丛中穿越而出，流经地势颇为开阔的竹山圩、王凤圩，平缓地流过北村，然后直达坑口，其间虽也有一些大小村落，但全部都在河的南岸，与通往县城的大路隔河相对。因此，严格地说起来，从北村到坑口这段约十里的道路上，可以说是荒无人烟。每逢冬夏，行人途经此地，既无处避风躲雨，也找不到歇凉饮水之处。东源的乡亲，包括绩溪东北的许多地区，如磡头、胡家等地的乡民，对这段荒凉的大路都颇为畏惧。

　　这年的酷暑，来得比往年还早，许多出行的人，顶着火辣辣的太阳，徒步往来于这段荒凉的大路。由于久旱未雨，高温缺水，竟发生了数起中暑事件，其中一人，因抢救无效不幸亡故，许多村民对此一筹莫展，只好望路兴叹！然而，世世代代又有多少乡民，在这条艰辛的大路上遭受着严寒酷暑的折磨，甚至遭遇生命之忧呢？这恐怕谁都难以计数。

　　当邵棠听说此事后，不禁回忆起许多年前，途经昌化白牛桥时，因向老板求水而被奚落的事。他深知口渴难忍的滋味，心想，既然昌化的新娘能主动施茶，我们为什么不能在这个荒凉的地段盖一座茶亭，供往来行人歇脚饮水呢？他是一个既性急又果断的人，说干就干。于是，邵棠亲自去那段大路察看，发现北村至坑口的中部，正好有一处山泉，那是一处比较理想的地方。只是大路傍山而走，没有空地，必须花大力气挖掉路旁的泥石，开出地基，才有可能盖成一座能住家的茶亭。回来后，他立即设计亭子的式样，并发动乡绅筹集银两。经过一年的努力，这座式样新颖的茶亭，终于落成。

茶亭傍山而立，是一幢徽州地区十分流行的"三间两过厢"的砖木结构建筑。大门正对前面的道路，其特别之处是顺着住房又接出三间屋架，横跨大道，两头留出较宽的门洞，正面的墙，砌有固定坐凳，其屋面则覆盖青瓦。它的妙处在于横跨部分的门洞无门，行人在任何时候都可通过或坐下来休息。而路亭的主人呢，除了在门边的三脚架上摆上带盖的茶桶和竹子做的竹杯供行人饮用茶水之外，不管是白天劳动或者是晚间睡眠，均可任意锁门或栓门，对过客毫无影响。

邵棠发起建盖的茶亭虽然落成，可新的问题又来了。应该让谁住茶亭呢？本乡本土的人，大都有家有室，有自己的亲属和田地，根本不可能去那荒无人烟、独门独户的地方居住，而外地人则大都是补铜壶、耍猴子、变戏法等到处串乡走村的人，再有就是流浪汉和乞丐，这些行踪不定的人，根本不合适。如此，邵棠十分焦急，因为无人住路亭就意味着无人供茶水。

一天，居住在太子庙旁边一个名叫德沛的人，他家房子突然起火了，尽管众乡亲拼命抢救，但由于风大火急，不到一顿饭的工夫，竟把一幢好端端的房子化为灰烬。只见老头子在废墟面前声嘶力竭地号叫着说："是我糊涂，是我混账，是我害死了姑娘，我亏心我对不起她呀！"

原来，德沛老头一家四口，除老伴外尚有一对儿女，家中男耕女织，小日子虽谈不上富有，倒也过得颇为安定。后来，女儿大了，其姑妈曾为她做媒，说她邻居有一青年，初通诗书，一表人才，家有田地屋宇，与姑娘十分般配。而姑娘呢，小时常去姑妈家，不仅熟悉青年而且经常和他在一起玩耍。长大后两人逐渐有了感情，每次见面，都难舍难分。姑娘闻说此事，自然是求之不得。谁知在互换生辰八字时，老头子觉得男方年龄倒还勉强将就，关键是对方属虎，而姑娘属羊，这虎羊成姻，岂不羊入虎口！今后我女儿嫁过去生肖相克，不但不会有好日子，弄不好还丢了小命，这事绝对行不得。由于老头子既迷信又倔强，婚事只好作罢。姑妈虽疼爱自己的侄女，也无能为力。姑娘知道后痛苦万分，久而久之，竟积忧成疾，常常神志不清。不管是清醒或者是糊涂的时候，她内心都存在着一个强烈的信念，即认为是这个家毁了自己。因此，她想不论什么时候自己都要摧毁这个家，并与之同归于尽。

过了不久，又有一家人家前来提亲，男方是个独生子，有手艺，家产颇丰，是属鸡的。老头子掂量半天，认为男方小女儿两岁，固然不太理想，但对方是独子，有手艺，又有丰厚的家产，而更为重要的是鸡羊不相克，而是相生，于是就答应了这门亲事。

女儿本来就受了刺激，神智早已不完全清醒，现在听了此事，打击更大，一下子就进入了更迷糊的状态。也许是姑娘性格内向，家里人只知她一向寡言少语，却没有发现她因美满姻缘未能如愿而产生的变态心理。

这天，姑娘突然慌慌张张地跑到父亲的面前说："昨夜我梦见火德星君①，告诉我说我们家有火事②，三天后就会被火烧。"

老头子听后，甚为吃惊，过后一想，则认为年轻人的梦不一定准，因此没有在意。可第二天女儿又慌慌张张地跑来说："昨夜火德君又来了，说两天后，我们家的房子一定会被火烧。"

这回老头子心理压力大了，也许是因潜意识的感染或者是偶然的巧合，当天晚上老头子竟也做了一个和女儿一样的梦！这样一来，可真的吓坏了他，不由得让他想起了一个流传久远而又十分相似的故事。

从前，有一户人家，主人乐善好施，儿子却作恶多端。一天，火德星君

---

① 火德星君：俗称火神。
② 火事：即火灾。

向他托梦说："你行善，儿作恶，三天后你家当有丙丁之灾①。念你心地善良，故特相告。"此梦连做三夜，由不得主人不信。于是，他忙将房屋腾空。到了第四天，主人端了一把椅子坐在中堂，他想，现在只剩下空房，我倒要看看这火到底从哪里烧起来。他等着等着，不觉已到中午。这时，他忽见一只老鼠在啃房柱上忘了取走的一个秤砣的绳子。他还没有弄清是怎么一回事时，绳子被老鼠咬断秤砣掉了下来，砸在柱石上，冒出火星，竟点燃了地上一只老鼠身上的毛，老鼠负痛，到处乱跑，于是不明不白地通屋起火，一幢房子被烧掉了。

尽管故事离奇，已经到了不可信的地步，可老头子想，这些扑朔迷离的事谁又能说得清楚呢？今天，火德星君不也像神话一般三次托梦了吗？管它，宁可信其有，不可信其无，于是，老头子就安排大搬家，他们将家具抬到沟边清洗，衣服搬到晒坦晾晒。晚上，大家就在坦上乘凉过夜。

次日，也就是火神托梦要烧房子的这一天，老头子想：现在房中已一无所有，房柱子更无秤砣，我看它将怎样起火。然而，一个漫长的白天过去了，房子平安无事。当举家准备吃晚饭时，未见姑娘，老头子在门口随便叫了两声，却没有人答应。他折回厨房时，忽听外面有人大喊："不好了！火烧房子了！"老头子一听，大惊失色，没想到不幸的事终于来临，立即跑到堂前查看，他从天井上方望去，见火已冲出房顶，急奔上楼，见满楼烟雾，火苗乱窜，呛得令人几乎窒息。于是，不得不退了下来。这时，邻居们都纷纷挑水端盆，前来救火，只见房前房后，人声鼎沸，乱成一片。

为什么楼上会突然起火呢？原来，神志不清的姑娘竟趁大家忙着捣柴生火煮饭时，就像鬼使神差一般，迷迷糊糊地从灰堂抱了一捆毛柴上楼，然后脱下衣服，倒上灯油，并吹燃纸捻。于是，一场熊熊大火就这样燃烧起来了。

当房子里的火被众人扑灭后，发现姑娘已经烧死。老头子痛哭流涕。想起因未允前一桩婚事，姑娘曾说过的"只求一死"的话，于是一下子醒悟过

---

① 丙丁之灾：丙在五行中属火，丙丁乃火日，丙丁之灾即火灾。

来。不就是因为自己强行包办婚姻才造成今天的恶果吗？没想到爱女儿反害了女儿。如今房子被烧，无处安身，一家三口，不得不搬到小得可怜的太子庙暂住。

邵棠知道此事后，对大火的发生和姑娘的自焚深为惋惜。为了解决他家的住房问题，就建议他搬到新盖好的茶亭里去。老头子说："烧了旧房住新房，倒是好事，可是我们田地都在伏岭下，这里距茶亭十余里，这哪里能行呢？"

"大叔，这里有多少田地？"

老头说："不多，只有两亩三分田、一块地、几畦菜园。"

邵棠说："那么就把这里的田地卖掉，再用这银子在茶亭的河对岸开三亩田，在亭子的附近开几畦茶园和三两块山地，如果钱不够，我再想别的办法添补。只是每年夏季，须烧水供应往来行人，不知大叔意下如何？"老头听了，笑得合不拢嘴，满口答应。

搬家那天，邵棠特在路亭两头的门洞上，各写了一副对联。去县城方向的门洞上，两侧是：

此去坑口足十里，何妨小憩，

走到路亭算一站，且先饮茶。

横批是：自得其乐

从县城去东源的方向是：

傍山筑亭，权为过客遮风雨，

有缘经此，且品凉茶论古今。

横批是：别有洞天

关于这两副对联，据说，当年来往的文人墨客，曾先后纷纷评论，但褒贬不一。有的说："此联对仗似欠工整，词藻也有粗俗之嫌，难登大雅之堂。"有的说："此联切合实际，朗朗上口，雅俗共赏。"不过，过往行人一致公认，对联的字气度不凡，潇洒飘逸，词意如同说话，明白易懂，造句不雕琢堆砌，一目了然，它不仅是对联，也是指路碑。而尤为值得称道的是，这两副对联似乎是主人与过客之间的对话，好像一方在坦诚相告，一方则正合心意。他们是那样的无拘无束，又是那样的顺乎自然，从而倍增主客之间的和谐与情趣。今天，如果人们细细玩味，也许也能领悟到些许道理。

两百年来，路亭曾被多次维修，并且一直为往来行人无偿提供茶水，人们无不称赞邵棠之德。此亭直到20世纪60年代建筑县乡公路时，才被全部拆除，从而结束并完成了它辉煌的历史任务。

劝大叔撕约买仁义

　　这几天，邵棠龋齿发炎，牙齿痛得非常厉害，左侧脸颊已肿得像个吹鼓手。家里人说，上村有个老郎中，医术高明，叮嘱他前往诊治，于是他决定前去求医。当他走出巷街，来到三角坦时，见坦上围着许多人正在观看一位扎着长辫子的凤阳姑娘打花鼓，而另一位年纪显大一点，头上梳着发髻的女人，则在坦旁的一家门口为一位老头取牙虫。她那聚精会神、一丝不苟的样子，给这位患者带来了很大的信任和安慰。

　　据说，她们是姑嫂俩，自凤阳逃荒辗转来此。

　　凤阳地处安徽中部，淮河南岸，那里田地广袤，素有"走千走万，抵不上淮河两岸"的美称。然而，自南宋至明初的两百余年间，由于战祸连绵不断，百姓不堪徭役流离失所。加之黄河夺淮，淤塞了入海河道，致使淮河流域水涝旱灾连年不断。在这地广人稀的土地上，特别是凤阳一带的农民，因无力抵抗天灾，只好采取广种薄收的办法，每年夏季播下稻种之后，即三两成群身背花鼓，到处逃荒。直到秋后，才返回家园去收割那些无人管理，稀稀拉拉的稻谷，以度寒冬。

　　这时，邵棠来到人群，见那位年轻的姑娘双手在空中不停地抛舞着三根鼓槌，就像耍杂技那样非常熟练，一边敲打着背在身上的花鼓，一边还唱着家乡的凤阳小调。可邵棠却因牙痛得十分厉害而无心细听。转过身来，当他看到那位大叔在被取完牙虫后高高兴兴地给钱时，不禁联想到自己的牙齿。心想，我的牙痛是否也是牙虫在作怪呢？现在出门就碰上了也许这也是一种缘分，何不就请这位大嫂子治一下。

大嫂子见邵棠走来，忙热情招呼他坐定。她仔细端详了一下邵棠的牙齿，取来一碗清水，并用筷子在他口腔内拨弄了一阵子，随即取出筷头在清水里轻轻摇晃一下，立刻见到有许多形状像蛆、长约一分的死虫漂浮在水面上，并说："先生的牙齿全是这些牙虫在作怪，现在取出来，只要痛完这一回，以后就不会再痛了。"

邵棠看了碗里的死虫之后，觉得非常奇怪，人的嘴里怎能会有如此多的虫子呢？平常哪怕一根头发、一粒碎碴，舌头都能辨别，这些既大又多的虫子，在嘴内爬来爬去，哪会没有一点感觉？尽管心里十分疑惑，可是水面上飘着许多虫子的那只碗却明明白白地摆在桌子上，由不得你不信。

大嫂子一边收钱，一边对着众人说："牙虫是每个人都有的，只有在牙齿不痛的时候取出牙虫，以后牙齿才不会痛。如像这位先生，因为牙齿已经痛了，尽管牙虫已经取出，但牙内已为牙虫所啮，牙痛就不会马上转好。所以说，取牙虫是一种防止牙痛的最好办法。好！现在哪位大伯大妈来取牙虫？"

这时，只见人群晃动，有许多人走上前去。看样子，取牙虫的生意似乎非常不错。

邵棠因牙齿疼痛，无暇细看，忙折还家里休息。可是煎熬了一夜，牙齿仍然痛得要命。他二伯告诉他说："往年我也取过牙虫，根本不管用，这些跑江湖的，无非是混碗饭吃，哪会有什么真本事，不可相信。近些年来，我犯牙痛都是上村那位老郎中给治好的，我看你还是去上村请老郎中为你医一下吧。"邵棠听了二伯的话后，就匆匆去上村治牙。

上村和伏岭下，原本只隔着一个和尚寺，最多也不过一两里路，他请老郎中诊治后，开了药方，就从原路回家。当他路过竹马坦时，见昨日打花鼓的那位凤阳姑娘和一位接生婆从后巷走来，彼此打了招呼后，接生婆笑着告诉邵棠说："昨夜那位取牙虫的凤阳媳妇，在挂蚊帐时不慎踩翻了凳子，伤了胎气，结果早产了。孩子生下后，穿的盖的，什么都没有，怪可怜的，我想帮助他们找几件旧衣裤。"

邵棠说："那小孩的衣裤，可是你们妇女的事了，我可帮不上什么忙。"接生婆说："我是说，见到了你，就想帮她到你们家去讨几件孩子穿的旧衣裤、小被褥什么的，也算是你们家做了一件好事。"

"我们家一大家人，几件旧衣服总会找得到，你们只管去。"说完，邵棠即走进药铺抓药。

两天后，这位曾经和接生婆一起到他们家要过小孩衣服的凤阳姑娘又来了，她一见面，即跪倒在地，被邵棠一把拉住。她十分伤心地哭诉道："我和我嫂子从凤阳逃荒路过这里，本想流浪数月，度过饥荒，再回老家。谁知我嫂子不幸早产，现在正坐月子，想走走不了。我们三口人，每天要吃要用，要付店钱，就我一个人打花鼓，在这偏僻山村，根本挣不来几文钱，万般无奈，我只好到住处对面一家大户人家告借银两。这家老大爷倒也慷慨，一下就借给我三十两银子，但有一条件，就是要我留下，为他家帮工两年，我因需钱迫切，未加思考就答允了他。回到住处，我大嫂埋怨我做事太鲁莽，好心的老板娘则责怪我事先未和她商量，她叫我赶来求先生，或许先生能有办法解决好这件事，所以我就冒冒失失地上门求救了，万望先生可怜可怜我们两个异乡女子和这个才出生的苦命孩子。"说罢，姑娘哭泣不止。

邵棠听后，亦感十分凄楚，忙安慰凤阳姑娘说："你说的我全都明白，别急，待我先到那人家去看一下情况再说，总之我一定尽力帮助，等你嫂子满月后，让你们三人一起返回老家。"

姑娘千谢万谢地走了，邵棠也跟着起身，前往那家借钱给凤阳姑娘的大户。相见之后，邵棠双手抱拳并笑着说："大叔，听说你买了一妾，貌美如仙，晚辈特地前来祝贺。"

大叔瞪着眼说："哪有此事！我只是可怜一个外地女人，不幸早产，赠给她三十两银子，她的小姑娘说，无功不敢受禄，硬要给我帮工两年，事情的全过程就是这样。"

"大叔说的倒是在理，但有什么根据呢？"

"有呀！"大叔忙从抽屉内取出一份盖了手印的契约递了过去。

邵棠接过一看，见上面写着：

立契约人李琼，兹因家嫂逃荒途中不幸早产，目前尚在坐月，急需银两，承大爷怜悯，赠纹银三十两。

邵棠连连赞扬说："这契约一看就知道是大叔手笔，大叔菩萨心肠，慷慨解囊，救人于水火之中，实是乐善好施的楷模，敬佩敬佩。"

"不，下面还有第二张呢。"

邵棠再一翻看，果然下面还有一张，见其紧接前面写着：惟小女子无功不敢受禄，思虑归还无期，乃决心为大爷帮工两年，以清此债，空口无凭，特立此据。

邵棠看后，惊叫起来："哎呀！这张写的实在是画蛇添足，既然欲使对方帮工还债，又何必在第一张上写那么多的漂亮话呢？按大叔的心意，是借钱不能吃亏，漂亮话也要说，因为这样不仅能缓和双方的雇佣关系，而且也充分体现了主人的善心。"他见邵棠开门见山，一语道破，便不客气地说："是的，我借她银子，她给我帮工。严格地说，这是一种公平交易，即使是借，也同样缓解了她们的困难，就凭这一点，不也是一种善行吗？"

"哎呀，大叔说的借，与纸上写的赠，这两者之间，却毫无一点共同之处呀！总之，我认为你写的这份契约，既有第一张，就不应有第二张，否则，第一张上面说的赠，就成了骗局。我想，大叔在桑梓德高望重，绝对不是这样的人呀！"

"借银也好，赠银也好，反正我是把银子拿出去了，难道这也有错？"

"赠银没有错，错就错在不该写那第二张纸。这样吧，让我为大叔处理一下，保证双方都有好处。"

"怎么个处理法？"

"我自有办法。"邵棠说完后，忙跑到门口，大声叫来了住在对面店里的凤阳姑娘，匆匆嘱咐了几句话就带她到大叔面前说："大叔，我把凤阳姑娘带来了，我虽不是战国时的冯驩^①，但我可以学他那样，为大叔买回仁义。"随即叫姑娘跪下，不容分说，三把两把地把契约撕得粉碎。

凤阳姑娘见契约已撕，感激涕零，一边磕着头，一边大声说："感谢大老爷，大老爷是大慈大悲的活菩萨，是我们家大大的救命恩人，小女今生还不了这笔债，来生一定要变牛变马报答大老爷的大恩大德。"

大叔可没想到邵棠会来这一手，弄得他猝不及防，手足无措。现在，事情已到了这一步，而姑娘尚在地下磕头如捣蒜，他内心虽不是滋味，但也只好强作大方，拉起跪在地下的姑娘，并说了一些不必客气之类的话，然后对邵棠说："你呀！慷他人之慨，不觉得做得有些过分吗？"

邵棠说："大叔，话可不能这么说，你老人家粮满仓，金满斗，还在乎这几十两银子？俗话说，生不带来死不带去，银子多了其实也没多大用处，难道有朝一日归天了，真的拿去垫棺材底？那可是硌屁股，不会好受的。我虽撕了你的契约，可却为大叔积了德，天上神灵知道乐善好施的是您老人家，菩萨心明如镜，定会保佑大叔长命百岁，阖家康宁。"

大叔心想，漂亮话说了一大箩，顶个屁用，但表面上还是心平气和地说："我知道你是一个好心人，今天为凤阳姑娘也算是尽心尽力了，你看你的脸仍肿着半边，还是早点回去休息吧！"

不久之后，这个逃荒来的大嫂生的孩子已经满月，她抱着孩子和小姑先到赠银的老大爷家拜别辞行，然后来到邵棠家里辞谢。临行时，邵棠赠送了十两银子，使这位大嫂激动得掉下眼泪，她动情地说："没有想到先生如此好心，三番两次救我们。俗话说，滴水之恩，涌泉相报，我们今生报不了恩，可也不能在恩人面前说假话。今天我们要走了，如果这话不说出来，必将使

---

① 冯驩：战国时人，为齐国孟尝君食客，曾为其主收债于薛，可他违反受托原意，与息者收其息，不与者烧其券，既收"利"，又市"义"。后孟尝君被废，回到薛，百姓感恩戴德，争相迎接。

我终生不得安宁。"她停顿一下后说:"记得一月前,我们初来的时候,我曾为先生取过牙虫,其实那纯粹是骗人的。在我们家乡有一神草,状似芦苇,它的花蕊极像小虫,摘下来晒干收藏,取牙虫时,借手帕作掩护,用湿筷头沾上一点往水碗里一放,就成了牙虫。想起那天的事,实在令我惭愧,其实,我们为了活命,也是迫不得已,还望先生原谅。"

邵棠笑着说:"当时我也十分怀疑,心里想,半截头发落进口里,舌头不但知道,而且还会识别,一分长的小虫,纷纷在嘴里蠕动岂能没有感觉?不过我只是不知道你所说的这些小虫的内幕罢了。逃荒是没有办法的事,但骗人是不对的,我看你以后还是和你小姑一同打花鼓吧,这样得来的钱,要正当而且安心得多,你说是吗?"

凤阳大嫂连连点头。最后,她们终于背着花鼓,抱着新生的婴儿走了。

从那时起,直到新中国成立,一晃又过去了近两百年,记得我们的小村也曾多次见过凤阳逃荒来此的妇女,她们仍然和两百年前一样打花鼓,取牙虫,代代相传。而这里的村民,也一如既往,心安理得地让这些凤阳姑娘为他们取牙虫,同时,还非常有兴趣地围成一圈,看姑娘们用三支鼓槌抛耍击打花鼓,唱着古老的民歌:

说凤阳,道凤阳,凤阳本是好地方,自从出了朱洪武,十年倒有九年荒……

其实,黄河夺淮,淤塞河道造成灾害连年,那是朱元璋之前就发生的事情,而战祸连绵,早在南宋即已开始,只不过是到了朱元璋起义以后,凤阳农民眼里看到的是朱元璋所造成的灾难。连年征伐,致使灾害不断,百姓流离,所以将一些不完全是朱元璋所造成的灾难都归咎到他一人头上罢了。

归故里养晦①深闭门

数年前，邵棠曾经为湖村搭台唱戏的事出谋划策，解除了当地百姓的危难，并迫使县令在台上三跪九叩首。尽管这位知县早已晋升徽州知府，但知府对此极为愤恨，一直耿耿于怀。而邵棠呢，也深知自己得罪了这个官吏。因此，为了避免被知府报复，他采取"敬而远之"的办法，没有事决不去徽州府，万一非去不可，则尽量少耽搁，速去速回。

这天邵棠为写《黄庐纪游》这本书，必须去徽州府查找有关资料。他头天徒步到县城，在友人处住了一夜，次日走了一天抵达徽州府时，已是万家灯火。由于连日步行，旅途疲劳，因此胡乱吃了晚饭，即投店安歇。

第二天起床，略事梳洗，邵棠就忙去书院查找资料。中午，又在书坊选购了一些有关书籍，方折回正街时，突然见到知府幕僚陈师爷，从路口的转弯处匆匆走过。他内心虽吃了一惊，但想到未被发现，也就不以为意。不过，见到这位师爷，却令他不由想起一件往事。

那是数年之前，现今的知府当时还是绩溪知县。某次，乡绅胡某为其老母作百岁寿辰，因其母亲与知县是同乡，而且似乎多少有点折角亲，故特恭请知县光临，以增荣耀。而这位知县根本不想理睬，但为了应酬场面，就委托陈师爷前往胡府祝贺。

寿诞这天，胡府请来了城乡名士，各处豪绅，只见门前车水马龙，庭院鼓乐喧天，正厅和厨房两侧，均整齐地排列着一桌桌精美筵席。宾客济济一

---

① 养晦:指隐居匿迹。

堂，欢声笑语，好不热闹。这位代表知县的陈师爷理所当然地被安排在正厅正中筵席的首位，一些颇有声望的知名人士和邵棠也被安排在这桌酒席上，主人一一介绍，并在末座作陪。

开筵后，乡绅胡某站起来说："今逢家母百寿之庆，承蒙陈老夫子及各位名士豪绅光临寒舍，深感蓬荜生辉，荣幸之至。今日寒舍略备菲酌，不成敬意，务望各位尽兴，开怀畅饮。"

陈师爷拱着手说："此次欣逢令堂寿诞，因知县大人公务繁忙，不能抽身，故特遣敝人前来祝贺，尚请海涵。"经过一番客套，在鼓乐声中，宾客互相举杯，觥筹交错，把宴会推向高潮。酒过三巡之后，席上上了一道名叫"拔丝莲藕"的甜菜。但客人并未马上举筷，尚在慢腾腾地互相礼让观望，而师爷呢夹起莲藕，因为有丝，就不断在盘内翻滚，企图将丝弄断。一位名士认为众人都不懂这道菜的吃法，就眯着醉眼说："这道名叫拔丝莲藕的菜，原是明朝宫中的御菜，后来传入民间。所谓拔丝莲藕就是将冰糖在锅内加水溶化，放上蜜饯橘饼等辅料，再倒进炸好的藕片，到时起锅即成。其制作方法并不复杂，关键是起锅时的火色，如果不到火候，吃时拔不出丝，假若过了火候，亦同样没有丝。所以，如今京城和一些大地方的酒楼里，每逢上这道菜时，大厨师都要走出厨房，站在堂口，看着顾客吃。内行的客人见菜在桌上，即乘热举筷，夹藕直接入口，被拔起的长长的糖丝遇冷会断落在桌上。客人吃完这道菜时，如果盘子四周均匀地遍铺着一根长长的糖丝，直到桌子边缘，就像一轮红日光芒四射，那么站在堂口的厨师就会认为这是一次成功的合作，非常欣慰。所以这道名菜即使色香味俱全，也还得有十分在行、善于品尝的客人不失时机地进行享受，因为，吃的本身也是一种艺术呀！"

一番宏论，说得满桌宾客个个点头称是。可陈师爷听了却相当不舒服，认为这是对他刚才吃藕的有意讽刺，于是放下手中的酒杯说，"子曰：'君子食无求饱，居无求安。'如果一味肆意奢求享受，乐此不疲，实为志士所不取。"

这时，邵棠也许是多喝了几杯，听后不以为然，忙说："奢侈固然不好，但品尝并非奢侈，两者岂可混为一谈？老夫子别光顾说话，快快吃菜。要不然藕冷了就拔不出丝来了。"

陈师爷听邵棠一说，可能是受到一种下意识的指使，竟信手将筷子伸向藕盘，岂知莲藕早已凉了，筷子接触后，被厚厚的即将凝固的冰糖汁牢牢粘住，缩手时，几乎连盘子都被提翻了，弄得满桌宾客哄堂大笑。陈师爷感到很难堪，认为这完全是在故意捉弄，气得一时说不出话来，急忙用手捂住嘴巴，连连咳嗽，虚作掩饰，并恶狠狠地用眼睛瞪着邵棠，恨不得一口把他吞掉，心想，等着吧，我是不会放过你的。

邵棠请他吃菜，原意不过是转移话题，本无恶意，谁知弄巧反拙，却得罪了这位陈师爷。没想到，一句闲话竟惹火烧身，给自己种下了麻烦。

今天，邵棠在府城看见了陈师爷，他庆幸自己未被对方察觉，心里盘算着，下午只需再查证一些资料，明日一早即可回家。于是吃过午饭后，又去了书院。

其实，事实并非如邵棠所想。那位老奸巨猾的陈师爷，在转弯前，早已觑见了他，为了不使邵棠疑心，却装作没有看见的样子，并马上转向另一条街，然后折返府衙，禀告知府。知府得悉情况后，大喜过望，认为这可恶的家伙，等了他几年，今天终于自己送上门来了。但考虑到邵棠毕竟未触犯刑律，如果明目张胆地抓人，似乎欠妥。不过，我可以先关城门，待到夜间再抓他来好好收拾，甚至还可拘禁他三月五月，以雪当年戏弄本官之耻。于是，知府立即令陈师爷通知值衙官，布下罗网，做好周密安排。

此时，邵棠尚在书院，对知府的布置根本一无所知。他忙于查证资料，直到申时，才缓缓离开。走出书院后，他心里想，今天见到陈师爷，绝非好事，为了避免发生意外，还是小心为妙，决定哪也不去，早吃饭，早休息。走着走着，不觉来到了一家同乡开设的饭店，坐定后，叫了两碟菜，便吃起饭来。这饭店老板恰从外面回来，看见邵棠，十分高兴。互相寒暄之后，老板忙添了两道菜、一壶酒，陪着同吃。叙谈中，他说："刚才我从城外回来，见城门已关，两侧还有兵把守，往来行人，一律准进不准出。一个熟悉的衙役告诉我说官府今晚要抓一个什么人，嘿！管他是什么人，反正这些都是官家的事，与你我毫不相干，来来来，干杯！"

邵棠一听，不禁联想到今天中午的事。经过分析，他判定陈师爷当时可能是为了怕被自己发现，才装作没看见的样子，真是一只坏透了的老狐狸。于是，他小声地告诉同乡说，官家今晚要抓的这个人正是自己。

老板一听，急了，忙说："你怎么会成了官家今晚要抓的人呢？可现在城门已关，你看如何是好？"

邵棠边喝酒，边思索，考虑成熟后，即悄悄地对老板说："官家为什么要抓我，此事说来话长，容我以后有机会再和你慢慢细述。现在时间紧迫，情况危急，就请你看在同乡的分上，为我赶快办件事吧。"随即附在老板的耳朵边，如此这般地说一遍，老板听后，连连点头，立刻站起身来出门办事去了。而邵棠呢，就像没事一样，仍然安闲地继续喝他的酒，吃他的饭。

黄昏时候老板雇来了一班吹鼓手和一顶花轿，邵棠则进入后房，做了一番细微的化妆和打扮。只见他身披凤冠霞帔头盖大纱巾，被众人簇拥着扶上了花轿。这时，鞭炮轰响，喇叭齐鸣，一支迎亲队伍从店前出发，浩浩荡荡向东门走去。

在封建社会的传统观念中，有一条不成文的常规，那就是不论朝野上下，都认为人生最大的大事，莫过于洞房花烛夜，故结婚的这一天，被说成是人生的"大红日"。因此，凡逢花轿迎亲，任何人均不得阻拦。据说，即使官府出行相遇，也要为之让路。当花轿在吹吹打打和鞭炮声中来到东门时，邵棠从帘缝里见到陈师爷和兵丁正守候在城门口。这位陈师爷见花轿来到，立即对所有的轿夫和吹鼓手以及送亲的其他人员，逐一验看检查，最后还掀开轿帘，察看轿里除了新娘之外是否还躲藏着其他的人。经过查验认为邵棠确实不在其中，于是开了城门，全部放行。顷刻之间这支迎亲队伍，便消失在黄昏的暮色之中。

当黑夜降临，府城门在兵丁们的把守下，逐一对行人进行搜查，折腾了整整一晚，却没有捉到邵棠。各路衙役回衙禀报后，知府大惑不解。邵棠到哪里去了呢？难道他长翅膀飞了不成？几经查问，都说城门关后，除了放行过一班送亲队伍之外，并未漏放任何一人，陈师爷接着说："即使这班迎亲队伍我也曾一一验看，甚至连花轿我都掀帘查过，见新娘座下空荡，我可以斗胆说一句，花轿之内，无论如何是藏不住人的。"

知府说："那么，新娘子你是否也验看了？"

"新娘身披霞帔，头盖红巾，那是不会有错的。"

"如果她是一个男人打扮成这个样子呢？"

陈师爷一下明白过来，于是耷拉着脸，讷讷地说："这倒不曾想到。"

"笨蛋！你没有想到，可邵棠想到了。"知府气急败坏地说，"白折腾了一晚上，结果还是让他跑了，都是一群饭桶，有什么用？还不给我统统滚出去！"

师爷和那些衙役走后，知府心想自己一个五品知府竟斗不过一个穷儒，实有辱官声。下次，邵棠如再在府城露面，我必立即擒拿，以解心头之恨。

再说，邵棠逃出府城，来到郊外，打发了那班送亲队伍后，便独自夜行，他走到临溪住了一晚，次日，终于平安到达伏岭下。经过这次的意外事件，使他深刻地感到数十年来，由于放荡不羁、疾恶如仇，在仗义执言中确实得罪了不少达官富户。此次巧妙地逃脱了知府的搜捕，躲掉了一场飞来横祸，实在是侥幸。其实我不犯法，其奈我何？只是光阴似箭催人老，自己已无太多精力与这个世界上的恶势力搏斗，况且自己不过是穷居僻壤的一个寒士，即使浑身是铁，又能打几颗钉？抚今追昔，邵棠不禁心灰意冷，于是闭门谢客，静下心来全力从事文学创作。

不久之后，那位曾经想捉拿邵棠并发誓要收拾他的知府大人，因侵吞救灾银两，竟被弹劾罢黜。新接任的知府据说为政清廉，对此，邵棠十分高兴。他想，这回不仅从此了结了与前任知府的积怨，而且也期望着这位新来的知府体恤百姓，造福于民。

绝仕途遂改人生路

从伏岭下南行一里至石纹桥（俗称新桥），绕过两座石牌坊顺着石级上山，行约一里，即到永福庵。这里的人们都称它为四姑庵。

永福庵为什么叫四姑庵呢？据说在很久很久以前，此庵建成后，由于近处难以找到尼姑，主管之人即从九华山的一座大庵堂里，请来了四位女尼，并选吉日大做佛事①，为菩萨开光②。

当时，九华、临安等地的庵堂，都纷纷遣尼前来献礼供奉，可谓盛况空前。佛事断断续续做了七七四十九天，终于功德圆满。一个多月来，这些女尼见此山树林茂密，四季披青，此庵粉墙白瓦，小巧玲珑，而尤为值得称道的是，下山一里即有人家，今后不管是结缘化缘请做法事，或者采办供品以及生活所需，都极为便利，认为这可比九华山的庵堂方便得多了。因为那里山高路远，即使最近的庵堂距离山下村落少说也有十里之遥。她们经过权衡利弊之后，决定向主事和伏岭下的族长提出请求，她们将不再返回九华，愿意终生留庵，供奉佛祖。而族长呢，也正在为找不到常住庵堂的尼姑发愁。当他听到了尼姑们愿意终生留庵后，就好像瞌睡碰到了枕头，求之不得，于是这四个尼姑就这样定居下来了。许多年中，人们只知道这个庵堂常住着九华山来的四个尼姑，平时化缘做法事，采供品，所见到的也都是这四个尼姑，因此，永福庵无形中慢慢地就被称为四姑庵了。

---

① 佛事：指僧尼等所作诵经祈祷、拜忏礼佛等事。
② 开光：神佛的偶像雕塑完成后，选择吉日，举行仪式，揭去蒙在脸上的红绸，开始供奉。

提起四姑庵，早在乾隆二十八年（1763年），伏岭下邵氏宗祠筹修谱牒时，邵棠的祖父邵振翔曾写过一篇《纹川记》（纹川即伏岭下），载于宗谱，上面写道：西南界灵胜有永福庵，池水清涟，较它水有异。先人于此为纹川雅会。永福庵建于何年已无可考，但它却坐落在山清水秀、林静谷幽之中，是一处超尘脱俗、修身养性的好处所。毋怪乎数百年中，纹川文人常去庵中雅会。据说，当年邵棠也常到庵中览胜，他熟读诗书，生性颖悟，年轻时，志得意满，认为求取功名如拾草芥势在必得，其父德辉对他也寄予厚望。

一天，邵棠和学友们正在四姑庵聚会时，门外突然进来了一位云游的老和尚，只见他双目炯炯有神，精神矍铄，那仙风道骨的气质，不由得使在座生员肃然起敬。老和尚进门后，见左侧厢廊的客厅里，坐着一些青年士子，忙双手合十说："阿弥陀佛，各位施主，贫僧稽首了。"众人连忙起立还礼。一女尼引老和尚至右侧厢廊客厅坐定，并由老尼出堂接待。彼此相见，原来他们是姑舅亲戚，久别重逢高兴万分。不久，尼姑端出素面，众人也不客气，吃了起来。这时，老尼对老和尚说："舅舅，两年前你就答应给我写一幅字，今天你老人家来了，真是天从人愿，可千万别再推托。"

"行，待我吃完就给你写。"

素面吃完了，文房四宝也早已备好，老和尚站起身来，未加思索就挥写起来。邵棠和学友们见老和尚写字，也都围过来观看。顷刻之间，老和尚一挥而就，见上面写着：

虔诚节录南华经，巧者劳而知者忧，无能者无所求。饱食而遨游，泛若不系之舟。

众人见那字体大有张旭①之风，如蛇行，如龙游，洒脱奔放，流畅无比，不觉大加赞赏。这时，老尼见老和尚似乎余兴未尽，忙笑着说："舅舅雅兴不减当年，此间庵堂大门两侧，粉墙净白无比，何不再请你大笔一挥。"

"行！但哪有如许浓墨？"

① 张旭：唐代书法家，尤善草书。嗜酒，每大醉才挥写。时称张颠，史称"草圣"。

邵棠看着老和尚写的条幅，简直如大江流水，一泻千里，早已佩服得五体投地，现在又要写门前大字，心想，正是一个学习的好机会，忙说："上好的徽墨我们家有，只是尚待磨研。"

"行，今晚老衲①将挂单②贵地和尚寺，施主可先行准备。明日中午，贫僧定来此涂鸦③。"老尼在旁边随着说："有劳施主费神。"

邵棠谦让一番之后，即约他的学友回家磨墨。次日又磨了一个上午，然后倒进小桶，提着墨汁上山。这时，老和尚已来庵，只见他在大门两侧的墙上略作测算后，即令老尼找来两块麻布，将它拼在一起，作为大笔，上沾墨汁即迅速往墙上书写。不到一袋烟的工夫，见"安中第一"四个大字，已均匀地排列墙上，那未干的墨汁尚在阳光下熠熠生辉。众人见字体庄重有力、气度非凡，均赞不绝口，老尼也倍加赞赏地说："舅舅不愧为当年翰林④，如此绝妙手笔，实使庵堂增辉。"

邵棠说："法师书法功力已达出神入化境界，即使江南人文之地，也颇少见。但俗家常见一般寺院庵堂，其红墙、照壁，大都写着'南无阿弥陀佛'，而法师却书写'安中第一'，可谓别具特色，另是一种意境。"

老和尚说："众生稽首'南无阿弥陀佛'，祈求死后能登极乐世界，此固然美好，然而贫僧以为，人尤应该在活着的时候，稳中求安，力求善始善终。当今仕途风险太大，世风尔虞我诈，人心变化莫测，人情薄如春冰，而佛门乃清静无为之地，超凡脱俗，与人无争，与世无争，正所谓'跳出三界外，不在五行中'，所以，贫僧认为'安中第一'非我释家莫属。"这时，老和尚指着殿堂里挂着的一副对联，邵棠抬头一看，见上面写着：

① 老衲：年老的僧人，也用作老僧人的自称。
② 挂单：(游方和尚)到庙里投宿。
③ 涂鸦：唐代《示添丁》诗"忽来案上翻墨汁，涂抹诗书如老鸦。"后世用"涂鸦"形容字写得很差(多用作谦辞)。
④ 翰林：唐以后皇帝的文学侍从官，明清两代从进士中选拔。

日伯日侯，十万乾坤无色相①

争荣争禄，三九公卿尽归元②

老和尚说："像这副对联就写得很好，很有意境。佛门讲的是万物皆空，不管是王侯或是将相，也不管是荣华或是福禄，天地间一切事物，都是暂时呈现的一种色相，都是过眼烟云，到头来终还要通通归元。"

邵棠心想，是呀！这副道理洞彻而又明显的对联，我过去为什么就没有注意到呢？这也许就是人们常说的熟视无睹吧！他看了对联并听了老和尚的一番宏论后，似乎若有所悟，但又不甚了了，经回家反复捉摸，同时与老和尚多次促膝长谈，使他对当今这个世道有了较为深刻的了解，从而逐渐明白了许多道理。

原来，这位老和尚未出家之前，是国子监③出身，参加殿试后，适逢皇帝为公主择婿，在未定名次前特设御宴于便殿，并命主考官带领十名成绩优异的举子赴宴，由皇帝面试（实际就是甄选驸马）。宴会间，尽管这位和尚在策论、答问以及诗词歌赋、琴棋书画中艺高一筹，压倒群英，但因为相貌平平未被选中，待发放金榜时，他只是名列第五。前四名全为一色的达官子弟，特别是那位颇为熟悉、学识平常的同监监生，因被皇帝看中选上驸马，竟幸运地点了头名状元。此事当时大家虽然不知底细，而老和尚认为皇帝考官也分不出好歹，不由心灰意冷。不久，他供职翰林院，这里虽然是清水衙门，但同僚间互相排挤，明争暗斗，不到半年，老和尚竟为一桩莫须有的事所牵连，险些遭了不测，于是弃官出走。在几经磨难之后，顿悟万事皆空，退而遁入佛门，云游天下，寄情山水之间。

连日来，老和尚在四姑庵和邵棠谈了许多历朝兴亡、官场黑暗、世风险恶等问题，并一一列举鲜明的事例予以佐证。这对邵棠触动很大，他不仅对

①色相：佛教指一切物体的形状外貌。

②归元：佛教语。归真。谓超出生灭界，还归于真寂、本元。

③国子监：我国封建时代最高的教育管理机关，有的朝代兼为最高学府。

此信服之至，而且将过去热衷于读书做官的一腔热情，转为愤世嫉俗，厌恶科举。老和尚走了，邵棠敬佩他的学识渊博，但却不赞同他遁入空门，认为这是一种逃避现实的行为，觉得人应该面对人生，既不"摧眉折腰事权贵"，更不能为"五斗米折腰"，要敢于伸张正义、不畏权势，要刚直不阿、宁折不弯。这样的人生，即使毕生碌碌无为，也深感无愧于自己，无愧于祖先。从此，邵棠不再死读四书五经，钻研八股，而是博览群书，自我完善。他常为邻里及村民扶危解难，因此深受乡亲爱戴。他的不求闻达，无意功名，使他父亲大为不悦，但却又无可奈何。后来见邵棠一身正气，急公好义，乐于助人，知者无不颂其德，并逐渐饮誉皖浙，其父才转忧为喜。

日子一晃又是许多年。这天，邵棠从外地归来，偶登四姑庵，发现庵堂因年久失修，不仅墙体断裂，而且佛身斑驳，乃发起修缮。他本人首先捐银八十两，并献出水田一亩。村中乡绅富户，在他的说服下，也都纷纷捐赠。庵堂修好后焕然一新，结余银两也被用于在山脚、半山和山门左侧不远的桥下增修三座砖石结构的"天门"，此称一、二、三天门，以壮景观。竣工后，邵棠送了一块蓝底镂花金匾，上面写着"我心即佛"四个大字。据说，这四个大字因含义既抽象又广泛，说不清他心中有佛还是没有佛，是信佛还是不信佛，而使后人众说纷纭。

假托梦拯救拜佛人

　　皖南的九华山是中国四大佛教名山之一，名扬四海。但皖南还有一处寺院，名叫小九华。那地方虽没有九华山的名气大，可它在安徽的东南部和浙江的西北部却十分知名，远近的善男信女视为仅次于九华山的佛门圣地，竞相顶礼和参拜，代代相传。因此，数百年来，香火十分兴旺。

　　小九华位于绩溪东北的荆州，距县城约有百里，那里山清水秀，树木郁郁葱葱。其入口处有一堵陡峭挺拔的巨大山岩，形如矗立的大刀，人称"关公刀"。穿过山岩旁边的石牌坊，沿着石板路前行，经一天门、二天门、三天门，即达小九华胜境。大殿傍山而立，屋檐翘角，端庄肃穆。从山下顺石级而上，登临殿前，见山青畦翠、林静谷幽，一弯溪水从山边流过，周围殿宇、回廊、僧房尽收眼底。由于大殿形状酷似九华山的肉身殿，而且同样供奉着地藏王菩萨，只是规模和场所比九华山小，因此人们称它为小九华。据说，地藏王菩萨的生辰是农历七月三十日，可是闰七月三十日至少需要十多年，甚至二三十年才能遇到一次。可见这个日子对诚心去小九华拜佛的人来说，是何等难能可贵。如果正巧碰上闰七月三十日，那么这一天前往小九华朝山敬香的善男信女就会比平常年多好几倍，甚至几十倍。其盛况远胜一般庙会，可谓热闹非凡。

　　为什么非要在这一天，大家才去小九华朝山敬香呢？据说，地藏王菩萨曾经发誓，自这一天始，必须度尽六道①众生，方能成佛，乃现身于阴阳两界，普救沉沦，因此，这既是地藏王菩萨生辰，又是其开始普救众生的第一天，也就成了善男信女认为菩萨最灵验、烧香拜佛最吉利的一天。

到小九华朝山敬香的信士，有祈求赐福的，也有许愿和还愿的。他们为了显示拜佛的虔诚，在起程的前三天，即开始斋戒沐浴，并自由结伴，一般以几人、十几人或几十人为一队，由年长的领队肩扛写有"朝门敬香"的杏黄旗，旗杆的前面，挂一铜锣，其余香客则身背黄色香袋，内装香烛、干粮，一个跟着一个，随着领队的锣声，边走边吟诵经文。凡逢寺庙、石桥，都得焚香下拜。而另一些更为虔诚的香客，则双膝捆绑着棉垫（类似现代的护膝），并由另一人手牵着系有绳子的蒲团，走三步，拜一拜，一直从家里跪拜到小九华。当然，也有一些香客，只是在过庙过桥和进村庄时，才行三步一拜之礼。据说，这种长途跪拜的拜佛方式，不仅十分艰辛，而且一天最多只能行三十里，然而，信士们都乐此不疲，似乎觉得非如此不足以显示自己拜佛的诚意。

这一年，恰逢闰七月三十日，这是一个难得的日子，众多的善男信女，从皖东南、浙江西北，纷纷奔赴小九华敬香。于是，整条登源大道，一反常态，竟日锣声不断，经声朗朗，打破了往日的宁静。

这几日，天公不作美，整日下着细雨，傍晚，邵棠见雨渐渐停止，即去上村会友。当他走过和尚寺时，见寺前的廊檐下，坐着两个身背香袋、一身泥泞的青年香客，那个稍大一点的，似乎有病，脸色蜡黄，疲惫不堪，另一个则一脸忧愁，正无可奈何地回答着对方的问话。他说："明天就是三十日，这里距小九华，估计尚有五六十里，且这样三步一跪，即使今晚一夜不睡，明日也无法赶到，更何况你病还没有完全好，你问我怎么办？我也和你一样，实在想不出有什么好办法来。"

① 六道：佛教语。谓众生轮回的六去处：天道、人道、阿修罗道、饿鬼道、畜生道和地狱道。

此话刚好被从他们身边走过的邵棠听见了，觉得这确实是道难题，他也为他们着急，于是，好心地问："两位从哪里来？"

"我们是兄弟俩，从歙县乡下来，原打算十天走到小九华，没想到这几天忽然下雨。我哥因整日跪拜，身上为雨水淋透，不幸发烧生病，无法继续随队行走，耽误了三天的路。今天，我哥拖着还没有完全好的身体，紧赶慢赶，好不容易才到这里。可明天就是小九华拜佛的正日，此去路途尚远，如继续整日跪拜，实难如期到达，所以为此作难。"

邵棠说："说难确实难，不过，说不难也不算难。如果不再继续三步一拜，那么明天一天即可到达小九华。"

有病的哥哥说："这恐怕不行，因为家父三年前不幸患重病时，曾向地藏王菩萨许下心愿，如疾病痊愈，当嘱我们兄弟三步一拜，赶在闰七月三十日前，跪向小九华还愿。本来，我们计算得很好，可谁知半路出了差错，故此作难。"

邵棠说："患病并非你们所愿，看你们俩跪拜了一天，折腾得像两个泥人，我相信菩萨慈悲，即使明天你们不再跪拜，地藏王菩萨也不会怪罪的。"

哥哥说："家父当年许下的心愿，哪怕再苦再累也要去完成，岂可言而无信，欺骗菩萨！"

弟弟说："如果继续跪拜，至少还要三天才到小九华，若是硬要撑下去，弄不好会生大病的。"

哥哥仍然坚持己见，他说："这大概是菩萨对我们兄弟的一次考验。我想，纵然累死病死在路上，我也要坚持到底，继续三步一拜，前去小九华。"

邵棠听后心想，这年轻人竟固执到带病去拼死的地步，实在蠢得可怜，如果继续淋雨劳累，那么纵然不死，也会脱一层皮，何苦来哉？假如菩萨有灵，相信亦非其所愿。这时，他眉头一皱，计上心来。于是，十分郑重地说："你们可知我为什么要对你们再三规劝吗？"

"不知道。"

"你们当然不会知道。告诉你们,这完全是菩萨的旨意。昨天晚上,地藏王菩萨给我托了一个梦,说今天傍晚,将有两个淋雨有病的拜佛人路过伏岭下,嘱我到时来和尚寺等候,说佛心向善,免除你们长途跪拜,迅速就地治病,明日赶到小九华敬香。方才因迟来一步,没想到你们却先到了这里。现在,我既然知道是你们二位,那么就根据菩萨的旨意,带你们到上村一家老郎中那里看病,然后再回寺中借宿服药,今晚好好休息,明日一早上路,你们看如何?"

兄弟俩听后,齐声说:"菩萨托梦,这是真的?"

邵棠极为认真地说:"千真万确,一点不假。"

这两位拜佛人因突然来到的"菩萨旨意"容光焕发,立刻转忧为喜,他们高高兴兴地跟着邵棠去上村老郎中那里看病,然后转回和尚寺服药休息,美美地睡了一个好觉。

第二天起床,烧退了,病好了,天也放晴了,兄弟俩急忙背起香袋,匆匆上路。他们一边走一边谈着昨天地藏王菩萨托梦的事,尽管感到既离奇又神秘,但却深信不疑,认为佛法无边,菩萨无所不在。可不是吗?还没走到小九华,地藏王菩萨就显灵了。

经过一天的跋涉,两人赶到小九华时,已是夜幕来临,那些各处前来朝拜的善男信女,也都礼拜完毕,早已返回。寺中除了一些和尚之外,更无他人。他们虔诚地烧香拜佛之后,宿于僧舍,一夜无语。

次日凌晨,因寺中再无其他香客,他们烧到了第一炉香,喜不自禁。临行前向方丈辞行时,他们如实告诉了方丈来时不幸患病,以及菩萨托梦的经过。老和尚听后,微闭双眼,双手合十说:"阿弥陀佛,两位施主淋雨患病尚不忘长途跪拜,至诚感神,才得免祸消灾,善哉,善哉!现老衲奉送木版地藏王佛像两张,另外一张,就由你们转送给菩萨托梦的那位施主吧。二位可知他的尊姓大名?"

"不知道,只听那位为我们看病的老郎中称他为四先生。"老方丈说:"老衲知道这是一位乐善好施的好心人，二位见到他时，代为贫僧稽首。"

兄弟俩告别老和尚，来到伏岭下，找到了四先生，转达了方丈的话，并交予了佛像。邵棠心想，我从未到过小九华，老和尚也不可能认识，那么他为什么说知道我，还说我是乐善的好心人呢？他看着那张地藏王佛像，恍然大悟，顿时领悟到佛家说的广结善缘与人们常说的"与人为善"以及"从善如流"之间的关系。他想，这老和尚真聪明，他这样做，不仅弘扬了佛法，默认了菩萨托梦的事，同时也证实了佛祖的灵性，为小九华传名，真可谓一举数得。于是，他进一步感到人世间的许多事理，往往真真假假，虚虚实实，相互交织。此中道理，十分微妙，比如伏岭下的那两座"天灯"，一座紧挨村头的小桥，一座贴靠村尾的小岭，这两座"天灯"一直由上半村和下半村人家，为敬天神而分别在黄昏时轮流添油点灯，数百年来，从未间断。然而，根据这两座灯的地理位置，可以明显地看出，它纯粹是一盏照明的路灯。如果告诉村民们，这是一盏路灯，用来照亮小桥、山岭，方便过往行人，恐怕就不可能产生这种数百年如一日，代代添油点灯的效果。按照这个道理类推，那么千百年来，人们所说的阴与阳、形与神、真与假、虚与实，它们不都在不同的时代、不同的情况下，发挥着各自的能量吗？假如是这样的话，那么，这次的假托梦，不也是一种解决矛盾的善行，一种合理的手段吗？想到这里，他十分心安理得，便顺水推舟地说："你们此次去小九华还愿，吃了不少苦头，幸喜菩萨慈悲，使你们消灾免难，真是受福不浅。"

"是呀！我们虽然晚到，但诚能感天，今天早晨还烧到了第一炉香呢。"

邵棠说："你们能烧到第一炉香，确实不易。听说，明朝的时候，清官海瑞在九华山连续三次都没有敬上头炉香，看起来，你们可比这位清官幸运多了。"

"清官为什么三次都烧不到头炉香呢？"

邵棠说："这不过是一个传说中的故事。据说，海瑞斋戒沐浴，一早来到九华大殿，准备上香时发现佛桌上早已有香，他想，也许是心尚未诚，于是再次斋戒沐浴于次日早晨重来大殿，而香炉内仍然有香，他怀疑自身杂念尚未除净，又再次斋戒沐浴，起得更早，但大殿的香炉内早已香烟袅袅，他十分诧异，百思不得其解。这时，旁边的长老看了一看海瑞说：'佛门乃素净圣洁之地，大人足穿皮靴，是否亵渎佛祖？'

海瑞听后，不以为然，反问老丈说：'那么殿前的鼓，不也是牛皮做的吗？'这时，忽听轰隆一声，大殿前的鼓竟自行炸裂了。从此之后，九华山大殿的鼓，以布代皮，直至现在。这个故事说得似乎有些离奇，既不可考，也不可信。但你们在小九华因晚到而上了头炉香却是事实，说明你们信佛心诚。今后，就遵从佛祖旨意，代佛行善，多做好事吧！"

俩兄弟听后，连连点头。他们回到家里，在村里人面前，大肆宣扬菩萨显灵的经过，此事一传十十传百，遍及歙县、休宁等地。从此，每逢七月三十日，结队前去小九华烧香的善男信女，就更加多了起来。

信风水乡绅惹祸端

　　站在伏岭下，隔河南望，就见对岸有一小村，那就是罗坑。虽说隔着一条河，可两村相距并不太远，最多也不过是一两里路。

　　罗坑有一家姓胡的，是这个村里的首富，有田地、屋宇和山场，为防邻里偷砍树木，家里还雇有长工兼守山林。这家乡绅，由于财大气粗，村里人都敬而远之。比如说，每当村民们迎面碰到这位乡绅时，即自觉侧身让路，村民心里想的是"惹不起躲得起"，而乡绅则认为这是村里人对自己的一种尊敬行为，两方虽想不到一块，但彼此之间表面上似乎十分和谐。每当乡绅买田买地时，虽说有占便宜思想，但他认为这是两厢情愿的事，在他来说对邻里既没有强买强卖，也未仗势欺人，这就是"兔子不吃窝边草"的具体表现，因此与大家相处，倒也平安无事。

　　这位乡绅，有一块离林边不远的地，埋葬着他家的祖先，而紧贴这墓的背后，则是属于伏岭下一家姓邵的小片山地，姓邵的人家很想用这小片山地来做风水①，曾请风水先生观察。据说，此处背靠大鄣山，龙脉、水瑞②都止于此，名为"坐井观天"形，是一处百里挑一的好穴，姓邵的人家听了之后，非常高兴。可是这地的前面正是胡姓乡绅的祖坟，当地流传着这样一种说法，即如果坟墓的后方，紧接着再开穴建墓，就叫作"斩脑"，意思是说坟墓的

---

　　① 风水：指住宅基地、坟地等的地理形势，如地脉、山水的方向等。徽州人称的"风水"，有狭义和广义两种，狭义的"风水"专指坟墓。

　　② 水瑞：古人附会水的某种异象为吉祥之兆。

"后脑"被戳了一刀，这预示着将不利于后代。碰到这种情况，一般迷信风水的人家，是绝不会同意的，更何况将要被"斩脑"的是胡乡绅的祖坟，他是罗坑的首富，能惹得起吗？于是，姓邵的人家犹豫了：想造坟吧，确实不敢；不造吧，又觉不甘。他思之再三，毫无办法，只好去找邵棠商量，请他帮着出个主意。邵棠听后说："按照道理，在自家的地里造墓，名正言顺，谁也无权干涉。至于说什么'斩脑'的话，我看完全是那些阴阳先生故弄玄虚，编出来骗人的，实不可信。如果说，在坟后造坟就叫'斩脑'，那么在坟前造坟就可以说它'剑喉'了。在坟墓的西侧造坟，则更可以说成是'斩手'了。假如真是这样的话，那么义塚山上，新坟老坟，上下左右，连成一片，要是都相互忌讳，家家坟主岂不永无宁日？不过，本乡本土既然流传着这种迷信说法，为了和睦邻里，我看最好不在那里造坟。"

这个姓邵的人家说："我也想到了这一点，但除了这个地方，再无合适位置。花钱另买吧，又没有这个能力。如今先父灵柩停厝家中已经三年，今年非埋不可，而现在有地不能葬，你说怎么办？"

邵棠说："如果我家的祖坟是在胡家那个地方的话，我一定让你在后面开穴，我就不信那个邪。只可惜胡乡绅不是我，他现在是罗坑首富，有钱有势。俗话说'八字衙门朝南开，有理无钱莫进来'，一旦打起官司，即使胡家不找门路，不施贿赂，我看你也没有那么多的时间、那么多的钱，陪着他天天到衙门讲理。"

"照你这样说，我是造也不行，不造也不行，岂不是活活让胡乡绅一把捏住——两头不出了？"

邵棠说："也不能这么说，如果非得在那个地方造坟，办法还是有的，只是时间要长一点。"

"时间长一点没有关系，有什么好办法？你快说。"

邵棠说："你可以抽空闲时间，或一早一晚，挑石头堆放地里，为坟墓备料。如果胡家询问，就说是砌田坎，要是田坎无需太多的石头，那么胡家就会产生怀疑，甚至警惕起来，派人看守。而你呢，待石头以及其他材料备齐后，瞅准胡乡绅外出的时候，一夜之间把坟墓造好，并将暂厝家中的灵柩抬放进坟内，封死墓门。这样，即使他次日回家，见坟墓已经造好，也就无可奈何了。"

"为什么无可奈何呢？他家不也可以派人把新坟撬翻吗？"

邵棠说："那可不行，没有埋人的坟墓被对方撬翻了，只不过是双方一般性的纷争，埋人了的坟墓被撬翻了，就成了挖别人祖坟或者是盗棺的犯法行为。这是朝廷制度绝不允许的。你想，已埋了人的坟墓，明摆着是一个陷阱，他胡乡绅敢睁着眼睛往这个火坑里跳吗？"

这位邵姓人家听了邵棠的话，头脑一下清醒过来，他眼睛笑得像豌豆角，拍着巴掌连声叫好，并说："亏你想得出，这真是一个妙计。回去后，我一定照你说的办。"于是，再三感谢之后，高高兴兴地走了。

日子一天一天地过去，这位邵姓人家挑往山地上的石头，也跟着一天一天地多了起来。胡乡绅看到这越来越多的石头，心里逐渐明白。可对方现在并未动手造坟，他看着这堆石头，也毫无办法，只好派遣长工轮流值守，以防止伏岭下人家突然开穴造墓。这位姓邵的人家，经过长达四个月的努力，终于按照这块山地的面积备齐了一墓五棺的材料，五件头的坟面也已暗自打好，现在是万事俱备，只欠东风。只要打听到胡乡绅出行，那么一声呼喊，村里的众本家自会全力以赴，一夜建成坟。可是，这位胡乡绅却像一尊菩萨一样岿然不动。不要说外出远行，即使偶尔到近处溜达也还要三步一回头。

数月来，胡乡绅确实绞尽脑汁，他想：人家在自己的山地上开穴造坟，原本无权干预，可"斩脑"之说却又不能不信。如果对方强行建坟，我完全有理由把坟墓撬翻，但撬了坟不等于就此完事，因为你撬他还可以再造。于是，他想到最好的办法是把这块山地买过来。他请人说情，价格高出同样山地的两倍，可伏岭下邵姓人家就是不卖。胡乡绅想，不卖就用二倍的山地互换吧！而对方同样不干，这让胡乡绅窝了一肚子的火。他想，没料到这家人家如此固执，竟吃定了我，可我也不是吃素的。好吧，你敢造，我就敢撬，不管十次百次，我都奉陪到底，看你有几个穷钱，敢和我比试！

这家姓邵的人家，为什么如此不通情理，既不肯卖，又不肯换呢？原来，他是个风水迷，他听信了那个胡说八道的风水先生的说法，说这块坟地妙就妙在这个"坐井观天"的井字上。这井，邻近大河，永不干涸。井里有水，自然会发。他想，胡家现在已经红得发紫，如果再有这墓穴，岂不是如虎添翼，加倍地发下去。要是这样，哪里还有咱们穷人的好日子过呢？如今不说"皇帝轮流做，明年到我家"，但起码也得要改换一下门庭，让咱们家的后代，也像胡乡绅那样风光风光。然而，这位胡乡绅却整天在家，一步不离，也许他已看出咱们家的意思，因此，姓邵的人家成天急得像热锅上的蚂蚁。

这天，恰逢胡乡绅五十寿诞，儿女们争相献礼，为老父做寿，他见子女如此孝顺，十分欣慰，于是大宴亲朋。一方面固然是为生辰之庆，另一方面也是为坟墓的事，想请亲友出些主意。席间众亲朋虽然发表了不少意见，但都觉得没有什么高招，因为对方不造坟，你总不能把人家堆在自己山地上的石头扔掉，怎么办呢？

目前唯一的办法，只有派人继续监视，他想，这样一来，确实难为了这些长工们，今日既是本人生日，那就多赏一些酒肉慰劳一下长工们吧。长工们得到主人的犒劳，欣喜若狂，立即开怀畅饮。当他们酒足饭饱，晕乎乎地去墓地看守时，忽见一人挑着草柴，从罗坑坞出来，一年轻长工提矛拦住，说他偷柴，樵夫理直气壮地说："我又没有砍树，这算什么偷柴？"由于两人互不相让，于是当场呼叫起来。年轻长工借着酒性稀里糊涂地一矛刺去，没想到正中左胸，竟把樵夫当场刺死了。事情发生后，才知道死者是离罗坑不足一里的新桥郑某。按照乡规，砍草柴根本不算偷，郑某家人感到郑某死得太冤枉，于是马上捉住凶手，并请邵棠代写状纸。邵棠说："杀人本来就应该抵命，这好办。不过，凶犯只是一个帮工，一贫如洗，我认为告他不如告那管教不严的主人，然后再连同凶犯送往衙门，岂不更好。"

郑某家人认为还是邵先生想得周到，于是就照先生邵棠所说的办。他们待邵棠写完状纸后，就押着凶手连夜起程了。

次日一早，来到县衙，击鼓鸣冤，并呈上状纸。知县打开一看，见上面写着：

罗坑胡绅，姑息家丁。

从不管教，恶如大鹰。

一担草柴，能值几银。

残杀樵夫，戏同蚁蝇。

提矛猛刺，一命归阴。

目无王法，草菅人命。

放纵凶犯，法不容情。

为平民愤，务请严惩。

知县看后，极为愤慨，立即将凶犯打入大牢，并令衙役拘传凶犯主人。

当胡乡绅得知长工醉后杀人并被绑送县衙后，感到大事不好，心想，"好汉不吃眼前亏"，急忙将家事托付给小舅子，自己则连夜逃往杭州躲难。传票来时，胡乡绅小舅子谎说主人半月前即去杭城，至今尚未回来，愿代主听审。邵棠得悉情况后，马上将此事告知那位邵姓人家。这位邵姓人家见机会已来，立即约请亲朋和兄弟辈，一夜之间将坟造好，并把老父的灵柩迁进新坟。

关于胡家长工杀人的事，经知县验审后，如实上报。而凶犯主人胡乡绅，则犯有管教不严之罪。念其案发时，本人不在，权且从轻发落，承担全部丧葬费用，并抚恤死者家属约银一百两，事情才算了结。

胡乡绅在杭州得知案子已结后，即返家乡。当他走过村口的罗坑桥时，远远就看见一座新坟，正好地垛在他祖坟的后脑勺上，顿时大惊失色，并惨叫着说："这是'斩脑'，是斩我们胡氏祖坟的脑呀！"他走到墓前，看着这座已经埋了人的新坟，不禁双腿发软，一下瘫倒在地上。事后，听说气得生了一场大病。

再说，伏岭下这家姓邵的，埋葬了老父的灵柩后，心满意足，觉得事情办得如此顺利，首先应该感谢邵棠，很想表示一下心意，可家中却没有什么好东西可以馈赠给他。想来想去想到那座一共五棺的新坟，除了父母和自己老两口之外，尚余一棺，何不就把这只棺送给他。于是，他跑去向邵棠表示谢意。邵棠笑着说："为你出个主意，算不了一回事，不值得一提。如果你确实多余一棺，那么就打本作价给我。"大家推让一阵之后，由于邵棠的坚持，最后只好按他所说的办。

村里人知道邵棠为新坟出主意，又买下了其中一棺，因不知细里，总以为那抢葬的坟墓一定不同凡响。有些人出于好奇，曾当面问他："听说你买了新坟一棺，但不知此墓妙在何处？"邵棠哈哈大笑说："'青山何处不埋人？'依我看，再好的坟墓也不会有什么妙处。人们常说的什么龙脉、水瑞、山势，全部是风水先生胡编出来骗人的，千万不可轻信。比如说那新坟定名叫做'坐井观天'形，即使四山环抱也绝不像井，听着这个名字，就觉得不伦不类。如果真的印证了风水先生所说的'坐井观天'，那么子孙后代还有多少作为呢？不过，也不能说他一无是处，这坟墓最大的优点是离家近，便于子孙今后祭扫，节省时间，也许这就是我为什么买这只棺的根本原因。"

道光十三年，邵棠一病不起，他告诫儿子大震说："为父一生，虽然无所作为，可未曾摧眉折腰，瞒心昧己，自问无愧于天地，无愧于祖宗，我死之后，可埋我于罗坑。上坟时，当你们抬头见到此处那座荷花形的山时，应常常想到出淤泥而不染，必须清清白白地做人。为父一生厌恶官场，无意仕途，但并不反对我的子孙踏入仕途，'学而优则仕'。然而，当官应该为民办事，否则宁当百姓，免得尸位素餐①，贻害于民，你等务须牢记。"这年秋天，邵棠不幸逝世，终年七十八岁。墓碑上这样写着：

清奎文阁典籍绮园棠邵公之墓。

邵棠逝世后，一百多年来，远近村民对他生前的轶事趣闻却一直在传说着……

---

① 尸位素餐：空占着职位，不做事而白吃饭。

任典籍①来去匆匆

自上次邵棠假扮新娘，躲脱徽州知府深夜捉捕后，他隐居故里，闭门谢客，将大厅命名为"寄蜉堂"。"蜉"就是蚍蜉，是一种小虫的名字，古有"随雨而出，朝生夕死"之说，寓意于"生寄死归"，也就是说，死了才真正回归到原来的无极世界。他的这种无常②思想，也许是年轻时受到了那位在四姑庵门墙上写"安中第一"的老和尚的影响。他在家除了积极写作外，还在前后庭院广种梅花、桃树、枇杷、桂花、竹子及其他各色花卉，使庭院四季常青，色彩纷呈。园中设有石台、石桌、石凳可供小憩，他把这个庭院取名为"绮园"，即这是一座极为绮丽多彩的花园。他常在园中赏花写作，自得其乐。

一天，家中突然来了一位衙役，他心想，过去曾经惹恼过那些知府和知县，然而，这些官吏都早已被罢黜或革职，不可能再找麻烦，那么今天这位公差来是因为什么事呢？一问情况，才知道是县衙转来徽州知府的请柬，他想，我与这位现任知府素昧平生，他怎么有这种闲情逸致请我这个山野村夫呢？衙役送的既是请帖，而不是拘票，看来不会有什么风险。本不想去，又觉不妥。为了顾全双方的体面，也只好自己辛苦一趟了。他来到徽州府衙，被知府迎入内院，相互寒暄之后，知府说："去年府学教授送来先生已刊行的大作《徽志补正》和《黄庐纪游》共四篇，本府阅后，深觉文章论证充足，

---

① 典籍：记载古代法令、制度的重要文献。这里指官职，掌管官府图书文献的职务。

② 无常：佛教语。佛教认为世间一切事物不能久存，都处于生灭成败之中，故称无常。

见解独特，而纪游部分则书写细腻，有声有色，引人入胜，故特上呈。巡抚大人阅后，大为赏识，赞不绝口。他是本府当年科试宗师，师生情谊深厚。据抚院告知，省奎文阁①原典籍不幸病故，目前尚无适当人选，本官深知先生才华横溢，定能担当此任，乃向巡抚大人举荐，抚院也觉得先生学问渊博，定可充任，故特告知。现付书信一封，希略做准备，迅即起程。"

邵棠听后觉得十分意外，自己本无意仕途，可现在却非走上这条路不可。心想，奎文阁是一个庞大的书库，到那里任职后可博览群书，此亦人生快事，于是接过书信，欣然应命。

邵棠来到省城任职后，并未按例拜客，一些官员怀疑此人来头不小，而另一些官员则指责他不识时务。众人各执己见，议论纷纷。然而，有一点却是共识，那就是一有机会，必对这个自命不凡的家伙予以惩治。

这年秋天，道台②欲将其先母灵柩运回江西老家。由于逆水行舟，路途遥远，正愁费用过大、花钱太多时，其幕僚建议说："大人何不以扶柩回乡为名宴请宾客，这样所收奠仪，不仅可以解决灵柩的费用，而且在筵前还可敦请巡抚大人书写幡文，果能如此，必将更增运柩风光。不知大人以为如何？"

道台听后，转忧为喜说："如此甚好，一举两得。你就安排一下，择日发柬，宴请嘉宾吧。"

开筵那天，所请七品以上官员，几乎全部到齐。只见门前车水马龙、熙熙攘攘，好不热闹。

这天，邵棠也被邀请并出席了宴会。他进入大厅后，当主持人介绍时，许多官员才知道这位就是新任职不久的奎文阁典籍。众人见他昂首直入，目不斜视，就觉得这家伙目中无人，一身傲气，感到极不顺眼。其实，这样的评论对邵棠来说实在冤枉，主要是他新来不久，又未拜客，几乎谁也不认识，

---

① 奎文阁：藏书的阁名。

② 道台：清代省以下、府以上一级的官员,主管范围有按地区分者如济东道,有按职务分者如盐法道。

因此引起了许多的误解。

不久，道台在灵柩前作简单的祭奠，并请抚台赐书，运柩引幡。巡抚既写不好字，也根本不想写，于是他说："在座哪位大人能为本院代劳？"

这时，那些对邵棠颇有成见的官员中，就有一人站起来举荐说："何不请奎文阁典籍邵大人一显身手？"

众官员听后，觉得这正是一次看好戏的机会，于是他们怀着隔岸观火的心态，高声叫好。巡抚想，奎文阁典籍是老夫门生所荐，虽见过他的刊行书籍，但尚未见其书法手笔，今日众官推荐，何不就让他书写。于是，他捋着胡须，笑着对邵棠说："众官员如此推荐，邵典籍你就为本院代劳吧！"

邵棠见巡抚已经明确地指定自己书写，难以推辞，忙站起来说："谨遵台命。"随即走到案前，在一面做得非常精致的细绢白幡上，写了"魂兮归来"四个大字。众官员见邵棠写的那四个大字，有如江水奔腾，气度非凡，不得不由衷地叹服。他们万万没有想到这一身土气的家伙，却出人意料地写了一手流畅的好字。既然这次没有看到笑话，那就等待下次吧！而巡抚大人呢，对邵棠写的大字也十分满意，他想，"强将手下无弱兵"，看来，我这门生颇有眼识，举荐的这位典籍果不负老夫所望。

日子一晃又是数月，这些月来，邵棠在奎文阁虽然大事不多，但琐事不少，不是今天这家完婚就是明天那家死人，再不然就是今日为这个官员写条幅，明日为那个官员写中堂。虽身在书库，可哪有时间静下心来，好好读书。由于事与愿违，有失当初原意，他非常后悔来此多事。

这天，臬台纳妾，大宴宾客，邵棠也被邀请在列。他来到内院，见官员济济一堂，甚为热闹。交谈中，得知臬台大人今天迎娶的这位如夫人，是春香院名妓，不仅年轻美貌，而且能歌善舞，使众位宾客称羡不已。大家正在谈论的时候，听见前庭花炮轰响，鼓乐齐鸣。原来花轿已经来到，两旁的婢女掀轿帘搀扶新娘下轿，众官员也都站在旁边观看。这时，只见这位如花似玉的新娘跨出花轿，缓步前行至邵棠的面前时，竟一头倒进他的怀里，并娇滴滴地说：“大人，这半年你到哪里去了？元宵节的晚上，你对我说那么多情意缠绵的话，现在怎么扔下妾身不管了呢？你好狠心。”说毕，哭泣不已。

这一意外之举，不但使邵棠大吃一惊，而且也轰动了满堂宾客。一些原来就想要看邵棠笑话的官员，一下子活跃起来，他们想，我们正找不到整治你的机会，而你自己却当众出丑。现在，看你将怎样向枭台交代？

邵棠来省城，根本没有到过春香院，春香院的名妓也不认识邵棠。那么，这枭台大人的如夫人，怎么会扑到邵棠的怀里呢？此事就连聪明的邵棠也一下子悟不出缘由来，他想，那么多的官员怎么偏偏冲着我来，会不会是认错人了？

原来，这春香院的名妓早已名花有主，根本不愿嫁与年过六旬的枭台为妾，可妓院的鸨母①却不管名妓愿不愿意，强行将她卖与枭台为妾。当收下赎身银两后，鸨母不容分说，立即将她塞进花轿，并在一班迎亲人员的护送下，抬向枭台内院。这位新娘在花轿内，既不能逃脱去死，又不甘心情愿做枭台的小妾，怎么办呢？她想，等一会走出花轿后，一定选一个憨厚老实的人，并和他假意周旋，让大家不明真相，这样，既可使枭台出丑，也可发泄自己心中的恨意。至于以后的事，自己也无法预料，那就等以后再说吧！当她走出轿门，看到邵棠时，觉得他既憨厚又土气，是一极为理想的人选，于是急急向他扑去。她想，这回看枭台大人当着众多的宾客，将怎样处理这件事？

名妓终于这样做了，她的这种逆反行为，实际上也是对枭台的反抗，对这个世道的反抗。可是，这一来却急坏了邵棠，他一把拦住新娘，并解释说：“我既未到过春香院，也未见过夫人。今年元宵节我还在皖南农村为儿子扎制玉兔花灯呢！夫人如不是认错人，则一定是故意逗趣。本来嘛，天下之大，无奇不有，无所不允。今天夫人在这大喜的日子里，当着众多宾客的面，开这样大的玩笑，确实妙趣横生。只是我从来不会演戏，没有扮好你想象中的角色，真是遗憾。”

---

① 鸨母：鸨母又称鸨儿、老鸨，旧时开设妓院的女人。

这时，早有人飞报内室那位准备出堂迎亲的臬台，臬台听后气得脸色发白，他说："把那个姓邵的典籍给我叫来。"

邵棠来到后，忙说明了事情发生的经过，并进行解释，最后他说："不管她是真的认错人或是故意逗趣，但事情发生在这种场合，毕竟使大人和在下都感到十分尴尬。我想，应该采取巧妙的办法，挽回这个不愉快的场面。"

臬台本就知道典籍确是今年三月间才来省城到任的，他听了邵棠的解释后，火气逐渐平缓下来，但却不知道该如何处理这件事，便说："依你之见？"

"这好办，反正春香院绝色佳人甚多，大人只消向宾客宣告说是迎亲人疏忽大意，错认新娘。然后，大人亲自出马重新挑选新娘，抬回住所，不就稳稳当当，什么事也没有了吗？"

臬台听后，大喜，急忙来到客厅如法炮制，于是，一场风波顿告平息。那位原来应该是臬台小妾的名妓连做梦都没有想到会躲脱今天这场已经形成定局的灾难，可她又怎么能相信，正是这个面貌敦厚、穿着朴实还带着一身土气的陌生人使她化险为夷呢。当然，臬台也决不会吃亏，他去春香院，同样也会得到另一个如花似玉的夫人。只是一些想看邵棠笑话的官员，却未能如愿以偿，不能不认为是一大憾事。

这年初冬，邵棠的父亲德辉公不幸病逝。当他接到噩耗后，悲痛万分。他想官场丑恶，世事纷杂，何苦为"五斗米折腰"而远离故土，来此异乡。现在，老父与世长辞，何不趁机返归故里。随后，他向抚台上了辞呈，回家服丧。

旧时，朝廷非常重视孝道，父母死了，子女服丧三年，已形成定例。当巡抚批复辞呈时，对他不得不回家服丧觉得十分惋惜。

邵棠来到了徽州府，向原先举荐他出任奎文阁典籍的知府说明了此番回来的原因，知府听后，叹惜不止。他说："明年即逢秋闱①，以你之才，不难获取功名。本想到时由府院直接保举应试，而今你回家服丧，失去了明年登

① 秋闱：即秋试。明清两代科举制度，乡试在秋季举行，叫作秋试。

科^①的机会，实在可惜。"

邵棠说："我原本无意功名，跻身官场也非本人所愿。这次归来，正好是'名与利付之天，笑把鱼竿上画船。'只是辜负大人一片好心，深觉抱歉。"

知府说："事情已到了这一步，看来也只好如此。这样吧，你先回去，等以后我再派人来看你。"

邵棠随即辞职回家。等他到达家里时，父亲的丧事早已料理完毕。从此以后邵棠再也没有出仕。

---

① 登科：旧时凡应试得中，即算登科。

编后记

本书主人翁邵棠著作资料的发现和民间故事的搜集编撰，前后历经了六七年时间。最初是在伏岭下邵昌后先生家中发现了一本《伏岭下邵老四的刀笔传奇》的毛笔手抄本。在阅读了这毛笔抄写的22个故事后，我对这位清代乡贤产生了浓厚的兴趣。我想，我们可以从其传奇一生以及对讼辩解难的热心中，获得当时徽州社会的许多信息，他应该作为一个案例纳入徽州人物研究。

多方打听下，我找到了毛笔抄写本的手抄人伏岭信用社退休干部邵涵春，问清了手抄本的来龙去脉。后来，我又在邵茂凯先生那里看到了邵华昌、邵华昆兄弟编的《邵老四的传说》最初油印版本，这是手抄本的"母本"。顺着这一思路，我又陆续从民间搜集到了8个口述故事，形成了现在比较完整的"邵棠传奇口述集"。这种历经数代口传、数人记忆文字整理而形成的民间口述故事，意义深远而伟大。

从研究的角度看，对邵棠这位清代民间传奇人物来说，光有民间口传口述是不完整的。其实，邵棠作为一个饱读诗书的学者，作为获得过官方认可并褒奖的"文苑"士绅，他留下了许多关于徽州史实考证和游记的文字，留下了许多活动线索和踪迹遗存。于是，我开始了进一步的线索追踪，先是考察了俗名"桂花树下"的邵棠故居，看到了邵棠二百多年前手植的桂花树。后来，恰巧又看到了16册的光绪《华阳邵氏宗谱》，并从邵茂凯口里得到了"文苑"匾的初步下落。也是万幸，我在绩溪县三雕馆程元满馆长的帮助下，在一个文物储藏室的角落里找到了没有登记在册的"文苑"匾。紧接着，又在伏岭邵名郎先生家藏的《半痴子小影》中看到了邵棠的亲笔"祝寿诗"，见到了他的"书法"。我在罗坑找到了邵棠的墓，看到了这位奎文阁典籍的墓碑。

邵棠博览群书，有考证考据偏好，善于做学问，喜欢补正勘正，是一位难得的考据学者。他的许多纠史考证观点，在当时学界影响极大。我又苦苦寻找邵棠生前留下的三本著作，想把他散失的文字整理在一起。在祖籍伏岭、任职中共安徽省委宣传部的邵晓辉先生的帮助下，在安徽省博物馆找到了《徽志补正》的稿本。在邑人广州图书馆馆长方家忠先生的帮助下，又在国家图书馆找到《闻见晚录》稿本。唯一遗憾的是《黄庐纪游》一书虽经多人努力，至今没有找到下落。我想，邵棠可能还有更多散失的著述，或者已被岁月湮没，或者没有被发现。

岁月如水，历史如梭。成书过程中，邵茂深、邵华昌、邵涵春老人先后去世，在网上古籍店发现《黄庐纪游》著作假信息时受骗，邵昌后先生家中曾见过的《黄庐纪游》手抄本无法找到，让我一度萌发了放弃此书的念头。

但我深知，有关邵棠这些珍贵的口传故事，大多是"家族口传"，有其真实背景，地名人名、状词判词都是"史实"，很有价值，可以作为口述史来进行研究。尽管流传下来的只是一部分，可他们在斗转星移中面临再次失传的危险，如果不把这些资料结集出版，若干年后又会消失在时间的长河中，这就更增添了笔者要抢救、挖掘民间口传遗产的紧迫感和使命感。我们不能再犯同样的错误，要把邵棠的智慧、邵棠的精神留在人间，以告慰这位先贤。

在这里，我要特别感谢邵华昆、邵华昌两位已故的老先生，正是他们在历史重要关头担当起了"文化传承"的重要接力者，邵棠的故事才得以流传至今，才有了这本书的"前身"。

在这一漫长过程中，我得到了许多人的帮助和鼓励。安徽师范大学历史与社会学院院长徐彬教授，为本书的正式出版作出了巨大努力，并欣然作序；

安徽师范大学出版社孙新文老师为编辑出版此书，花费了大量的精力；邵棠第五世孙，安徽财经大学原党委书记、校长邵有为先生，在八十高龄、视力不好的情况下为本书作序。

歙县张艳红老师、安徽师范大学历史与社会学院吴兆龙老师、安徽师范大学图书馆董家魁老师为邵棠原著点校给予了大力帮助。此外，本书还得到了邵昌后、邵茂凯、邵宗惠、程林达、邵名郎、鲍义来、胡卫星、邵名农、王光静、章锡其等人的帮助，没有他们的鼎力相帮，此书或许会永远封存在抽屉里。正是由于众多人的真情感动激励了我，本书最终才带着稍许遗憾面世，了却了我一桩心愿。在此谨表万分感谢。

方　静

2019 年 3 月 18 日于仁里榴园